누군가는 성공을 꿈꾸고, 누군가는 깨어나 움직인다.
당신은 당신 운명의 주인이다.

Some people dream of success, while others wake up and work hard at it.
You are the master of your destiny.

나폴레온 힐

나폴레온 힐
부의 법칙

Think and Grow Rich
by Napoleon Hill

All rights reserved.
First published in 1937.
This edition was created and published by Global Grey in 2021,
and updated on the 16th January 2024.

이 책의 한국어판 저작권은 ㈜북이십일에 있습니다.
저작권법에 의하여 한국 내에서 보호를 받는 저작물이므로 무단전재와 복제를 금합니다.

Think and
Grow Rich

나폴레온 힐
부의 법칙

세계 단 1%만 아는 부를 축적하는 13가지 법칙

나폴레온 힐 지음 | 이미숙 옮김

21세기북스

이 책을 읽기 전에

돈, 명예, 권력, 만족감, 인성, 마음의 평화, 행복….
당신의 가장 큰 소망은 무엇인가?

이 책에서 설명하는 '부의 법칙'은 명확한 인생 목표를 찾는 사람들에게 믿을 만한 성공 철학을 가장 핵심만 요약해서 제공한다.

먼저 이 책은 재미 삼아 읽을 만한 책이 아님을 읽기 전에 알아두면 좋을 것이다. 내용을 제대로 소화하려면 일주일이나 한 달로도 부족하다.

미국 전역에서 유명한 컨설팅 엔지니어이자 토머스 A. 에디슨의 오랜 동료였던 밀러 리스 허치슨 박사는 이 책을 다 읽고 나서 이렇게 말했다.

"이 책은 소설이 아닙니다. 큰 성공을 거둔 미국인 수백 명의 경험이 고스란히 담긴 성공 공식 교과서입니다. 연구하고, 소화하고, 묵상해야 할 책이죠. 그래서 하루에 한 장(章) 넘게 읽으면 안 됩니다. 읽을 때는 인상적인 문장에 밑줄을 긋고, 나중에 밑줄 그은 부분을 다시 읽어야 합니다. 진정으로 배우고자 하는 사람이라면 이 책을 그냥 읽지 않고 그 내용을 완전히 흡수해 자기 것으로 만들 겁니다. 모든 고등학교가 이 책을 필독서로 채택해서 졸업 시험에 포함시켜야 합니다. 이 철학이 학교에서 가르치는 과목을 대신할 수는 없겠지만, 책에서 습득한 지식을 체계화하고 적용한다면 시간을 낭비 없이 사용하고 그에 대한 적절한 보상을 받을 수 있을 겁니다."

이 책을 읽은 후 뉴욕시립대학교 학장 존 R. 터너 박사는 다음처럼 말했다.

"이 철학의 타당성을 가장 잘 보여주는 실례는 2장에서 드라마 같은 이야기를 들려준 저자 나폴레온 힐의 아들 블레어군요."

터너가 언급한 저자의 아들은 정상적인 청력을 타고나지 못했지만 청각 장애인이 되지 않았을뿐더러 이 책에서 설명한 철학을 삶에 적용함으로써 본인의 장애를 귀중한 자산으로 바꾸었다. 블레어 이야기를 읽고 나면, 당신은 이 책의 철학으로 물질적 부를 축적하고 마음의 평화와 이해, 정신적 조화를 얻을 수 있다는 사실을 깨달을 것이다. 나아가 어떤 경우에는 블레어처럼 신체적 장애까지 극복할 수 있다는 것도 말이다.

수백 명의 성공한 사람을 직접 분석한 결과, 저자는 그들이 하나같이 흔히 '회의'라는 방식으로 아이디어를 교환하는 습관이 있었음을 발견했다. 그들은 해결할 문제가 있을 때 함께 모여 앉아 자유롭게 이야기를 나누었다. 그리고 결국 아이디어를 공유하여 목적에 이바지할 계획을 발견했다.

이 책에서 설명하는 마스터 마인드Master Mind 법칙을 실천해보라. 원하는 수만큼 다정하고 조화로운 사람으로 스터디 클럽을 결성해 매주 1회씩 정기적으로 모임을 하는 것부터 시작하자. 모임을 할 때마다 책의 한 장을 읽은 후에 모든 구성원이 그 내용에 관해 자유롭게 토론하는 방식으로 절차를 진행한다. 각 구성원은 토론에서 영감을 얻어 떠올린 아이디어를 빠짐없이 적어서 기록을 남긴다. 클럽에서 공개 독서와 합동 토론을 하기 며칠 전에는 각 장을 주의 깊게 읽고 분석한다. 글을 읽을 때 색채와 느낌을 잘 표현하는 사람이 책을 낭독하도록 한다.

이를 끈기 있게 실천하다 보면 당신은 수백 명에 이르는 성공한 사람의 경험으로부터 체계화한 가장 훌륭한 지식의 총체를 얻을 수 있다. 훨씬 더 중요한 사실은 '자기 마음속에 있는 새로운 지식의 원천을 활용할 뿐만 아니라 다른 모든 참석자로부터 돈으로 살 수 없는 가치를 습득할 수 있다'라는 점이다.

또한 나폴레온 힐이 서문에서 언급하듯 앤드루 카네기가 막대한 재산을 모은 비밀 공식을 발견하고 적용할 수 있다는 확신을 갖게 될 것이다.

서문

당신은 부를 이룰 준비가 되었는가?

이 책의 모든 장은 돈 버는 비법을 다루고 있다. 500명이 넘는 엄청난 갑부에게 부를 선사했던 이 비법을 나는 오랫동안 면밀히 분석해 왔다.

이것은 카네기가 25년 전 내게 알려주었다. 빈틈없고 매력적인 스코틀랜드 출신의 그 노신사는 무심코 그 비법을 아직 풋내기였던 내 머릿속에 던져주었다. 그런 다음 그는 의자에 앉아 재미있다는 듯 반짝이는 눈빛으로 나를 빤히 쳐다보았다. 그가 한 말의 의미를 완벽하게 이해할 만큼 내가 영리한지 보려는 심산이었다.

내가 그 뜻을 이해했다는 사실을 알았을 때, 카네기는 그 비법이 없으면 실패자로 살아갈지도 모르는 사람들에게 비법을 전달할 준비 작업에 20여 년의 세월을 투자할 수 있겠냐고 물었다. 나는 그러겠다고 답했고 그의 협조를 받아 약속을 지킬 수 있었다.

이 책에는 다양한 분야에 종사하는 수천 명의 사람이 이미 실제로 검증을 끝낸 비법이 담겨 있다. 카네기는 돈 버는 법을 직접 알아낼 시간이 없는 사람에게 본인이 엄청난 부를 쌓을 수 있었던 마법의 공식을 전해야겠다고 생각했다. 그리고 여러 직종에 종사하는 사람들이 그 공식의 타당성을 시험하고 입증해주기를 바랐다. 그는 모든 공립 학교와 대학에서 이 공식을 가르쳐야 한다고 믿었고, 적절하게 가르칠 수 있다면 교육 제도 전반에 혁신이 일어나 학생들이 학교에서 보내는 시간을 절반 이상 줄일 수 있다는 의견을 내놓았다.

찰스 M. 슈와브나 다른 젊은이들을 만난 카네기는 학교에서 가르치는 많은 것이 생계를 유지하거나 부를 축적하는 데는 전혀 가치가 없다고 확신했다. 이런 결론을 내린 것은 그가 학교 교육을 거의 받지 않은 젊은이를 한두 명 고용해서 이 공식을 사용하도록 지도하고 리더십을 끌어낸 경험이 있기 때문이다. 나아가 그는 자신의 지침을 따르는 모든 사람에게 부를 선사했다.

이 책의 3장은 한 청년이 구상하고 실행한 거대한 미국철강회사에 관한 놀라운 이야기를 전한다. 이 청년을 통해 카네기는 준비된 모든 사람에게 본인의 공식이 효과적이라는 사실을 입증했다. 청년은 이 비법을 단 한 번 적용해 돈과 기회 면에서 모두 엄청난 행운을 거머쥐었다. 이 사례에서 공식은 어림잡아 6억 달러의 가치를 매길 수 있다. 그 청년이 바로 슈와브다.

이제 당신이 이 책에서 무엇을 얻을지 짐작할 수 있을 것이다. 물론 **자신이 무엇을 원하는지 알아야 한다**는 단서가 붙는다.

이 비법은 20년 동안 실제로 검증되기도 전에, 카네기가 계획한 대로 10만 명이 넘는 사람에게 전수되어 각자에게 이로운 방식으로 활용되었다. 그 가운데 일부 사람은 이 비법으로 큰돈을 벌었고, 또 다른 사람은 화목한 가정을 이루었다. 한 성직자는 이를 매우 효과적으로 이용한 결과, 연간 7만 5천 달러 이상의 수입을 얻었다.

신시내티의 재단사 아서 내쉬는 파산 직전에 이른 자기 사업체를 대상으로 이 공식을 시험해보았다. 그 결과 사업체는 활기를 띠었고 큰돈을 벌었다. 비록 내쉬는 세상을 떠났지만 사업체는 여전히 번창하고 있다. 신문과 잡지에서 매우 독특한 이 실험을 칭찬 일색으로 보도했는데, 100만 달러 이상의 가치가 있다는 보도였다.

그 비법은 텍사스주 댈러스의 스튜어트 오스틴 와이어에게도 전해졌다. 준비된 사람이었던 그는 직장을 그만두고 법학을 공부했다. 과연 그가 성공했을까? 그 이야기가 5장에 소개되어 있다.

제닝스 랜돌프가 대학을 졸업하던 날, 나는 그에게도 비법을 알려주었다. 비법을 성공적으로 활용한 그는 현재 3선 의원으로 활동하고 있다. 게다가 계속해서 비법을 활용해 백악관에 입성할 멋진 기회를 얻었다.

비록 명예직에 불과했지만 나는 라살대학교 평생교육원의 홍보 책임자로 근무했었다. 그때 J. G. 채플린 원장은 이 공식을 매우 효과적으로 이용해 그곳을 미국 최고의 평생교육원으로 성장시켰다.

이 비법은 이 책을 통틀어 족히 100번은 언급된다. 나는 그 비법에 직접 이름을 붙이지는 않았다. <u>준비가 되어 있고 비법을 찾아다니는 사람이 알아볼 법한 곳에서 발견될 때 비법은 더 성공적인 효과를 거두기 마련이다.</u> 그래서 카네기도 비법의 구체적인 이름을 알려주지 않고 조용히 내게 던져준 것이었다.

당신이 비법을 활용할 준비가 되어 있다면 모든 장에서 적어도 한 번은 이 비법을 알아볼 것이다. 당신이 준비된 사람인지 확인하는 방법을 알려주고 싶으나, 그 비법을 자기만의 방식으로 발견할 때 얻는 많은 혜택을 놓치게 될까 봐 그렇게는 하지 않겠다.

내가 이 책을 집필하던 중, 당시 대학 졸업반이던 아들이 2장을 읽어보더니 스스로 그 비법을 발견했다. 아들은 이를 매우 효과적으로 활용해 직장을 구했고 평균 연봉보다 더 높은 초봉을 받으면서 곧바로 중책까지 맡았다. 아들 이야기는 2장에 소개되어 있다. 그 이야기를 읽고 나면, 이 책이 초반에 너무 많은 걸 약속하는 듯한 느낌이 자연스럽게 사라질 것이다. 또한 낙담한 적이 있다면, 넋이 나갈 정도로 극복하기 힘든 일이 있다면, 노력했다가 실패했다면, 질병이나 신체적 고통으로 장애를 겪었다면, 카네기 공식을 발견하고 활용한 아들 이야기가 마지막 희망의 사막에서 당신이 찾아 헤매던 오아시스가 될지 모른다.

세계대전 당시 미국 대통령 우드로 윌슨은 이 비법을 광범위하게 이용했다. 전선에 파견되기 전 실시하는 훈련에서 이 비법을 모든 참전 병사에게 전수했다. 윌슨은 이것이 전쟁에 필요한 자금을 모으는 데 큰 힘이 되었다고 내게 말했다.

20여 년 전 필리핀군도 판무관이었던 마누엘 L. 케손은 자국민에게 자유를 선사할 영감을 이 비법에서 얻었다. 그는 필리핀의 자유를 쟁취하고 초대 대통령으로 취임했다.

이 비법의 특이한 점은 일단 습득해서 이용한 사람은 그야말로 적은 노력만으로도 성공 궤도에 오르고 다시는 실패에 굴복하지 않는다는 사실이다! 이 말이 믿기지 않는다면, 이 책에서 비법을 이용한 사람이 언급될 때마다 기록을 직접 찾아서 확인하라. 그러면 확신이 생길 것이다.

세상에 공짜는 없다!

물론 그 가치에 비하면 치러야 할 대가는 소소하지만, 내가 소개하는 비법을 공짜로 얻을 수는 없다. 목적을 뚜렷이 하지 않는다면 어떤 대가를 치르든 비법을 얻을 수 없다. 이 비법은 두 부분으로 나뉘어 공짜로 나누어줄 수도, 돈으로 살 수도 없다. 그리고 준비된 사람은 반쪽을 이미 소유하고 있다.

그 비법은 준비된 모든 사람에게 똑같이 효과적이다. 얼마나 배웠는지는 비법과 아무 상관이 없다. 내가 태어나기도 전에 이 비법은 에디슨에게 전해졌는데, 그는 고작 3개월밖에 학교에 다니지 않았지만 비법을 아주 영리하게 활용해 세계 최고의 발명가가 되었다.

그 비법은 에디슨의 동업자에게 전달되었다. 당시 연봉이 1만 2천 달러에 불과했던 그는 비법을 매우 효과적으로 활용한 끝에 엄청난 재산을 모았고 젊은 나이에 은퇴했다. 그의 이야기는 1장 도입부에 소개되어 있다. 이 이야기를 읽으면, 부는 결코 손이 닿지 않는 곳에 있지 않으므로 원하면 이룰 수 있고, 돈, 명성, 인정, 행복은 이 축복을 받기로 결심하고 준비한 사람이라면 누구나 가질 수 있다고 확신하게 될 것이다.

나는 이를 어떻게 알고 있을까? 당신은 이 책을 다 읽기 전에 답을 찾을 것이다. 어쩌면 첫 장에서, 아니면 마지막 장에서 답을 찾을지도 모르겠다.

카네기의 요청에 따라 20년에 걸쳐 연구 과제를 수행하는 동안 나는 수백 명의 유명 인사를 분석했다. 카네기의 비법으로부터 도움을 받아 막대한 재산을 모았다고 인정한 사람들은 다음과 같다.

헨리 포드, 윌리엄 리글리 2세, 존 와나메이커, 제임스 J. 힐, 조지 S. 파커, E. M. 스태틀러, 헨리 L. 도허티, 사이러스 H. K. 커티스, 조지 이스트먼, 시어도어 루스벨트, 존 W. 데이비스, 엘버트 허버드, 윌버 라이트, 윌리엄 제닝스 브라이언, 데이비드 스타 조던 박사, J. 오그던 아머, 찰스 M. 슈와브, 해리스 F. 윌리엄스, 프랭크 W. 건솔러스, 대니얼 윌러드, 킹 C. 질레트,

랠프 A. 위크스, 대니얼 T. 라이트 판사, 존 D. 록펠러, 토머스 A. 에디슨, 프랭크 A. 밴더리프, F. W. 울워스, 로버트 A. 달러 대령, 에드워드 A. 파일린, 에드윈 C. 반스, 아서 브리스베인, 우드로 윌슨, 윌리엄 하워드 태프트, 루서 버뱅크, 에드워드 W. 복, 프랭크 A. 먼시, 엘버트 H. 개리 판사, 알렉산더 그레이엄 벨 박사, 존 H. 패터슨, 줄리어스 로젠월드, 스튜어트 오스틴 와이어, 프랭크 크레인 박사, 조지 M. 알렉산더 대위, J. G. 채플린, 제닝스 랜돌프 의원, 아서 내쉬, 클래런스 대로

재정적으로나 다른 방식으로 성공을 거둔 미국의 수많은 유명 인사가 카네기의 비법을 이해하고 적용하면 인생에서 높은 지위에 이를 수 있다는 사실을 입증해준다. 그리고 여기에 이름을 밝힌 사람은 그 가운데 일부일 뿐이다.

나는 이 비법을 활용한 사람 중 스스로 선택한 소명에서 주목할 만한 성공을 거두지 못한 사람을 본 적이 없다. 또한 그 비법을 자기 것으로 만들지 않았는데 두각을 나타내거나 막대한 부를 축적한 사람도 본 적이 없다. 이 사실들을 바탕으로 나는 하나의 결론에 다다랐다. 자기 결정 능력에 필수인 지식의 한 요소로서 이 비법은 이른바 '교육'을 통해 얻는 것보다 더 중요하다고 말이다.

그렇다면 교육이란 무엇일까? 이에 대해서는 본문에서 아주 자세하게 답을 제시했다.

앞서 소개한 성공한 인물 중 상당수가 학교 교육을 거의 받지 못했

다. 와나메이커는 근대의 기관차에 물을 대듯이 '달리면서 물을 퍼담는' 식으로 학교 교육을 받았다고 내게 말한 적이 있다. 포드는 대학은커녕 고등학교도 졸업하지 못했다. 학교 교육의 가치를 깎아내리려는 게 아니다. 비록 교육 수준이 보잘것없다 해도 이 비법을 터득하고 적용하는 사람은 높은 지위에 오르고 부를 쌓으며 자기만의 방식으로 인생과 협상할 수 있다는 간절한 믿음을 표현하고 싶을 뿐이다.

  책을 읽는 동안 그 비법이 지면 어딘가에서 튀어나와 당신 앞에 담대하게 서 있을 것이다. 당신이 준비된 사람이라면 비법이 나타나는 순간 알아볼 것이다! 첫 번째 장에서든 마지막 장에서든 신호를 받아 비법이 존재를 드러내면 잠시 멈추고 생각할 시간을 가져라. 그 순간이 인생의 가장 중요한 전환점이 될 테니.

  이제 1장으로 넘어가서 내 절친한 친구의 이야기를 살펴보자. 친구는 그 신비로운 신호를 보았고 생각할 시간을 가졌으며 사업에서 성공을 거두었다. 그의 이야기를 비롯해 여러 이야기를 읽을 때 이 책이 누구나 경험하는 인생의 중요한 문제를 다루고 있다는 점을 기억하라. 그것은 희망, 용기, 만족, 마음의 평화를 찾고, 생계를 유지하고, 부를 축적하고, 심신의 자유를 누리기 위해 노력하는 과정에 발생하는 문제들이다.

  기억하라. 이 책은 허구가 아닌 사실을 다루며, 이 책의 목적은 부자가 될 준비된 사람에게 무엇을 해야 하는지와 어떻게 해야 하는지를 가르쳐주고, 시작하는 데 필요한 자극이 되는 위대한 보편적 진리를 전달하는 것이다!

1장으로 들어가기 전에 마지막으로, 카네기의 비법을 알아볼 때 단서가 될 단순한 사실을 제시하겠다.

모든 성취, 모든 부는 아이디어 하나에서 시작한다는 것이다!

비법을 맞이할 준비가 되었다면 벌써 절반은 가진 셈이다. 나머지 절반은 비법이 마음에 도달하는 순간 쉽게 알아차릴 수 있을 것이다.

나폴레온 힐

차례

이 책을 읽기 전에 … 4
서문 당신은 부를 이룰 준비가 되었는가? … 7

1장 생각하라, 그리고 부자가 되어라 … 19
2장 **부의 법칙 1** ◆ 부는 강렬한 열망에서 시작된다 … 39
3장 **부의 법칙 2** ◆ 강한 신념이 부를 끌어당긴다 … 65
4장 **부의 법칙 3** ◆ 내 손안의 부를 자기암시 하라 … 89
5장 **부의 법칙 4** ◆ 돈이 되는 전문 지식을 가져라 … 99
6장 **부의 법칙 5** ◆ 부의 열망을 구체적으로 상상하라 … 115
7장 **부의 법칙 6** ◆ 체계적 계획이 부를 눈앞에 가져온다 … 133
8장 **부의 법칙 7** ◆ 과감히 결단하고, 망설임 없이 움직여라 … 175
9장 **부의 법칙 8** ◆ 끈기 없이는 부의 성취도 없다 … 191
10장 **부의 법칙 9** ◆ 마스터 마인드의 힘으로 추진력을 얻어라 … 209

11장	**부의 법칙 10** • 성적 에너지를 열정과 창조력으로 바꿔라	… 219
12장	**부의 법칙 11** • 잠재의식을 긍정으로 채우면 부의 그릇이 바뀐다	… 243
13장	**부의 법칙 12** • 뇌에 숨겨진 잠재력을 폭발시켜라	… 255
14장	**부의 법칙 13** • 부와 성공은 육감이 이끈다	… 263
15장	6가지 두려움을 이겨내고 부의 열쇠를 얻어라	… 277

마치는 말 … 319

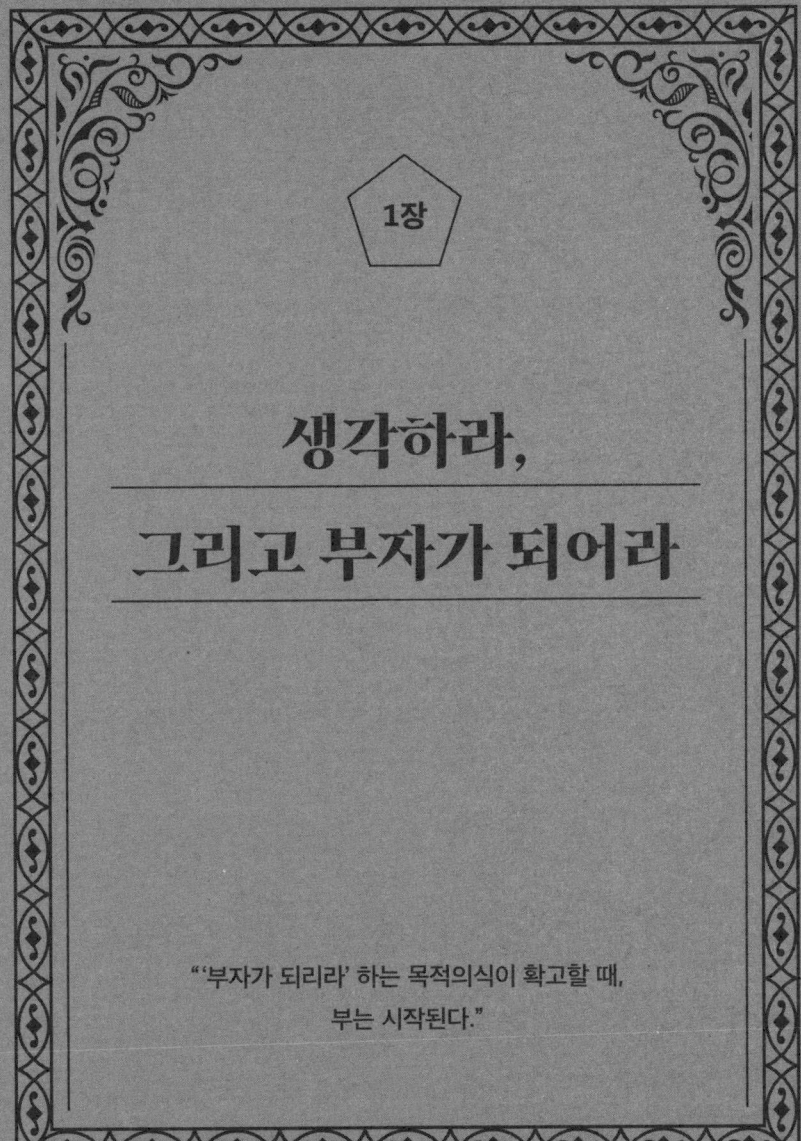

과연 '생각은 실체'다. 명확한 목표와 끈기, 그리고 이를 통해 부나 다른 물질적 대상을 얻겠다는 불타는 열망과 합쳐질 때 생각은 강력한 실체가 된다.

30여 년 전 반스는 인간이 진정 **생각의 힘으로 부자가 된다**는 말이 진리임을 깨달았다. 그가 이 진리를 하루아침에 깨달은 것은 아니다. 위대한 에디슨의 동업자가 되겠다는 불타는 열망을 품은 날부터 차차 깨달았다. 반스의 열망은 남달리 확고했다. 그는 에디슨의 아랫사람이 아니라 동업자가 되고 싶었다. 그가 열망을 현실로 바꾼 과정을 주의 깊게 지켜보라. 그러면 부의 법칙을 더욱 정확히 이해하게 될 것이다.

이 열망, 그러니까 마음속에서 맨 처음 번쩍이며 생각이 발화되었을 때 난관이 앞길을 가로막는 바람에 그는 당장 움직일 수 없었다. 우선 그는 에디슨과 일면식도 없었다. 그리고 뉴저지주 오렌지행 기차 삯을 치를 만큼 주머니 사정이 넉넉지 않았다. 이 정도 난관이라면 대다수 사람은 열망을 실현하겠다고 나설 엄두도 내지 못했을 것이다. 하지만 그의 열망은 예사롭지 않았다! 어떻게든 열망을 실현할 방법을 찾기로 굳게 마음먹은 그는 마침내 패배자가 되느니 짐짝이 되어 길을 떠나기로 결심했다. (쉽게 말해 이스트오렌지까지 화물칸에 실려 갔다는 뜻이다.)

그는 에디슨의 연구실을 찾아가 함께 사업을 하러 왔다고 밝혔다. 몇 년 후 에디슨은 그날의 첫 만남을 다음처럼 회상했다. "그는 그냥 흔한 부랑자 같은 모습으로 내 앞에 서 있었습니다. 하지만 그의 표정에는 자기가 원하는 걸 얻고야 말겠다는 결연한 의지가 담겨 있었죠. 제가 여러 해 동안 사람들을 만나며 배운 게 있습니다. 사람이 진정으로 간절히 무언가를 원하고 그걸 얻기 위해 단 한 번의 기회에 자기 미래를 전부 건다면 반드시 성공한다는 거죠. 전 그에게 원하는 기회를 주었습니다. 그가 성공할 때까지 어떻게 하든 버티기로 마음먹은 게 제 눈에 보였으니까요. 이후에 일어난 일들은 그게 실수가 아니었음을 증명해 주었죠."

그날의 만남에서 훨씬 중요했던 것은 젊은 반스가 에디슨에게 건넨 말이 아니라 생각이었다. 이것은 에디슨이 직접 한 언급이다! 반스가 에디슨의 사무실에서 일할 기회를 얻은 것은 겉모습 때문이 아니었다. 도움이 될 법한 외모는 분명코 아니었으니 말이다. 중요한 것은 그의 생각이었다. 당신이 이 말을 진심으로 이해한다면 더 이상 이 책을 읽을 필요가 없다.

반스가 처음 면담한 자리에서 에디슨의 동업자가 된 것은 아니다. 그저 보잘것없는 임금을 받고 에디슨에게는 하잘것없는 업무를 하면서 에디슨의 사무실에서 일할 기회를 얻었을 뿐이다. 하지만 에디슨의 눈이 닿는 곳에서 자신이라는 '상품'을 보여줄 수 있었으니 반스에게는 매우 귀중한 기회였다.

몇 달이 흘렀다. 반스의 목표는 전혀 이루어지지 않았다. 하지만 반스의 마음속에서는 중요한 일이 일어나고 있었다. 에디슨의 동업자가 되고 싶다는 열망은 끊임없이 커졌다. 심리학계에는 진정으로 어떤 일의 준비를 마치면 그 일이 스스로 모습을 드러낸다는 통설이 있다. 반스는 에디슨과 동업자가 될 준비를 마쳤고, 나아가 자신이 찾는 것을 얻을 때까지 계속 노력할 각오가 되어 있었다.

그는 '에고, 이래봐야 무슨 소용 있겠어? 마음을 고쳐먹고 영업이나 해볼까…'라고 생각하지 않았다. 대신 이렇게 생각했다. '에디슨과 사업하겠다고 여기까지 왔으니 남은 인생을 다 바치더라도 목표를 이루고 말 거야.' 그는 실제로 그럴 작정이었다! 사람들이 명확한 목표를 세운 후에 집념을 갖고 모든 것을 쏟아부을 때까지 목표를 놓지 않는다면 결과가 얼마나 달라질까!

청년 반스는 미처 몰랐겠지만, 단 하나의 열망만 좇겠다는 그의 굳은 결심과 끈기가 모든 역경을 물리치고 원하던 기회를 선사할 것은 이미 정해진 운명이었다. 마침내 예상치 못한 모습으로, 예상치 못한 방향에서 기회가 찾아왔다. 기회는 원래 그런 유의 속임수를 쓰곤 한다. <u>기회는 뒷문으로 슬그머니 들어오는 고약한 습성이 있으며 이따금 불운이나 일시적인 패배의 가면을 쓰고 다가온다.</u> 많은 사람이 기회를 알아보지 못하는 것은 아마 이 때문일 것이다.

그 무렵 에디슨은 에디슨 구술 녹음기, 지금은 에디폰^{Ediphone}이라 불리는 새로운 사무용 기기를 완성한 참이었다. 하지만 회사 영업 사원들은 그 제품에 그다지 반색하지 않았다. 웬만큼 노력해서는 팔 수 없을 것 같아서였다. 이때 반스는 자신에게 찾아온 기회를 보았다. 기회는 반스와 발명가를 제외한 누구의 관심도 끌지 못한 이상야릇하게 생긴 기계에 몸을 감춘 채 소리 없이 다가왔다.

반스는 에디슨 구술 녹음기를 자기가 팔 수 있다고 생각했다. 그는 에디슨에게 영업을 제안했고 곧바로 기회를 얻었다. 그리고 실제로 그 제품을 팔았다. 더구나 판매 실적이 아주 훌륭해서 에디슨은 반스와 제품의 유통과 마케팅을 맡기겠다는 계약을 맺었다. 이 협력 사업에서 "에디슨이 만들고 반스가 설치합니다."라는 광고 문구가 탄생했다. 사업상 제휴는 30년 넘도록 유지되었다. 이를 통해 반스는 큰돈을 벌었는데 사실 이보다 훨씬 더 대단한 일을 해냈다. '생각의 힘으로 부자가 될 수 있다'라는 말을 몸소 증명한 것이다.

반스가 원래 품었던 열망을 현금으로 환산하면 실제로 가치가 얼마나 되는지 알 길이 없으나, 그의 열망은 200~300만 달러를 벌어주었다. 하지만 이미 알려진 원리를 적용함으로써 확실한 지식의 형태로 그가 얻은 자산에 비하면 그 액수는 별 의미가 없다. '눈에 보이지 않는 생각의 발화가 물리적인 가치로 환산될 수 있다'라는 지식 말이다.

반스는 그야말로 생각의 힘으로 부자가 되었다! 반스가 가진 것은 자신이 무엇을 원하는지 아는 능력과 그 열망을 실현할 때까지 포기하지 않겠다는 결심뿐이었다. 그는 밑천 한 푼 없었다. 변변한 교육도 받지 못했다. 영향력도 없었다. 하지만 성공하겠다는 진취성과 신념, 의지가 있었다. 눈에 보이지 않는 이런 힘이 그가 역사상 가장 위대한 발명가의 동업자로 발돋움하는 데 밑거름이 되었다.

이제 다른 상황으로 눈을 돌려보자. 부를 입증하는 분명한 증거가 숱하게 있었음에도 자신이 좇던 목표를 바로 1미터 앞에 두고 '멈추는 바람에' 모든 것을 잃어버린 한 사람의 이야기다.

금맥을 1미터 앞에 두고 놓쳐버리다

실패의 가장 일반적인 원인을 꼽자면 그건 일시적인 패배에 좌절해서 포기하는 습관이다. 누구나 한번쯤은 이런 실수를 저지른다.

R. U. 다비의 삼촌은 골드러시 시대의 금광 열풍에 휩쓸려 땅을 파서 부자가 되겠다며 서부로 향했다. 그는 '땅보다 인간의 머리가 더 큰 금맥'이라는 사실을 모르는 사람이었다. 채굴권을 확보한 그는 곡괭이와 삽을 들고 땅을 파기 시작했다. 일은 고되었지만, 금을 향한 욕망은 확고했다.

몇 주 동안 일한 끝에 그는 금광석을 발견함으로써 그만한 보상을 얻었다. 금광석을 제대로 캐내려면 기계 장치가 필요했다. 그는 조용히 파던 곳을 덮어두고 왔던 길을 되돌아 고향 메릴랜드주 윌리엄스버그로 갔다. 그리고 친척과 이웃 몇 명에게 자신이 발견한 노다지에 관해 이야기했다. 그들이 돈을 모아 필요한 기계 장치를 사주자, 삼촌은 다비를 데리고 광산으로 돌아갔다.

처음으로 금광석이 채굴되어 자동차 한 대 분량이 제련소로 운송되었다. 돌아온 수익으로 보건대 콜로라도의 최대 광맥을 발견한 게 틀림없었다! 자동차 몇 대분만 더 파내면 빚을 청산할 수 있고, 그러고 나면 떼돈이 굴러들어 올 참이었다. 굴착기가 내려가면 다비와 삼촌의 기대치가 올라갔다! 그러다 일이 터졌다! 금맥이 사라진 것이다! 무지개 끝에 왔으나 금 항아리는 보이지 않았다!(무지개 끝에 금 항아리가 숨겨져 있다는 아일랜드의 전설을 비유해서 쓴 표현.—옮긴이) 금맥을 다시 찾으려고 필사적으로 계속 땅을 팠지만 모두 헛일이었다.

결국 그들은 포기하기로 마음을 정했다. 고물상에게 기계를 몇백 달러에 팔고 기차에 몸을 실어 고향으로 돌아갔다. 그런데 기계를 사들인 고물상은 남달랐다! 그는 광산 전문가를 불러 광산을 살펴보고 가능성을 타진해달라고 부탁했다. 전문가는 원래 소유주가 프로젝트에서 실패한 것이 금맥에 대해 잘 몰랐기 때문이라고 일러주었다. 전문가의 계산에 따르면 다비네 가족이 채굴을 중단한 지점에서 불과 1미터 떨어진 곳에 금맥이 숨어 있을 터였다! 그리고 정확히 그 지점에서 금맥이 발견되었다! 고물상은 광산의 금맥으로 수백만 달러를 벌었다. 포기하기 전에 전문가에게 조언을 구할 만큼 지혜로웠기 때문이다.

기계 장치 투자했던 돈은 대부분 당시 아주 젊은 나이였던 다비의 노력으로 조달된 것이었다. 친척과 이웃이 다비를 믿고 마련해준 돈이었다. 비록 몇 년이 걸리기는 했지만 다비는 그 돈을 모두 갚았다.

그로부터 한참이 지나 다비는 손해 보았던 돈을 몇 배로 만회했다. 보험업계에 뛰어든 이후 열망을 황금으로 바꿀 수 있다는 사실을 발견한 덕분이었다. 다비는 금맥을 1미터 앞에 두고 멈추는 바람에 어마어마한 재산을 놓쳤던 사실을 마음에 새겼다. 그리고 그때의 경험을 발판으로 삼아 직접 선택한 일에서 수익을 창출했다.

방법은 간단했다. '나는 금맥을 1미터 앞에 두고 멈추었지. 이제는 사람들이 보험에 들지 않겠다고 거절해도 절대 멈추지 않을 거야'라고 다짐한 것이다. 그는 연간 100만 달러 이상의 실적을 올리는 보험 설계사들만 가입 가능한 소수정예 클럽의 일원이 되었다. 그의 끈기는 금광 사업을 포기한 경험에서 얻은 선물이었다.

누군가 인생에서 성공을 맞이하기 전까지 분명 여러 번 패배하고 어쩌면 몇 차례 실패를 맛볼 것이다. 패배에 좌절하다 보면 포기가 가장 쉽고 논리적인 선택지처럼 보인다. 그리고 대부분의 사람이 정확히 그 길을 선택한다.

미국에서 가장 성공한 500명이 넘는 사람이 말했다. 패배에 좌절한 그 지점에서 한 발짝 더 내디뎠을 때 일생일대의 성공을 맛보았다고. 실패는 모순적이고 교활한 사기꾼이다. 성공이 거의 손에 잡히려는 순간, 실패는 사람의 발을 걸어 넘어트리면서 몹시 통쾌해한다.

50센트에서 얻은 끈기라는 교훈

다비가 '산전수전 인생 대학'을 졸업하고 금광 사업에서 얻은 경험을 되살려 수익을 창출하기로 마음먹자 곧바로 큰 행운이 찾아왔다. 어떤 상황을 목격하고 '아니오'가 반드시 거절은 아니라는 증거를 발견한 것이다.

어느 날 오후 다비는 오래된 방앗간에서 밀을 빻는 삼촌을 돕고 있었다. 삼촌은 흑인 소작농을 여러 명 둔 큰 농장의 경영주였다. 조용히 문이 열리더니 한 소작농의 딸인 흑인 소녀가 들어와 문 언저리에 섰다.

삼촌은 고개를 들어 아이를 보고는 "원하는 게 뭐냐?"라고 험상궂게 소리를 질렀다. 아이는 "엄마가 50센트를 보내달라고 하셨어요."라고 얌전하게 대답했다.

삼촌은 "줄 생각 없어. 어서 집으로 가."라고 쏘아붙였다. 이에 아이는 "네, 선상님."이라고 대답했으나 움직이지 않았다.

삼촌은 하던 일을 계속했고, 너무 바쁘게 일하다 보니 아이가 돌아가지 않았다는 사실을 한동안 눈치채지 못했다. 그러다 고개를 들어 여전히 자리를 지키고 서 있는 아이를 발견했을 때 그는 호통쳤다. "집으로 가라고 말했잖아! 어서 돌아가, 안 그러면 나한테 혼쭐날 줄 알아." 이때도 역시 아이는 "네, 선상님."이라고 말했지만 꼼짝도 하지 않았다.

삼촌은 제분기에 막 부으려던 곡물 자루를 내려놓더니 '너 이제 큰일 났다'는 표정으로 아이에게 다가갔다. 다비는 숨을 죽였다. 삼촌은 성미가 사나웠다. 그리고 그 지역에서는 흑인 아이가 백인의 말을 거역하는 일은 있을 수 없었다. 삼촌이 아이가 서 있는 자리에 이르렀을 때 아이는 재빨리 한 걸음 앞으로 나서더니, 삼촌의 눈을 올려다보면서 카랑카랑한 목소리로 소리쳤다. "우리 엄마가 50센트를 받아 오라고 했다고요!"

삼촌은 멈춰서서 아이를 잠시 바라보더니 주머니에 손을 넣어 50센트를 꺼내 건넸다. 아이는 자기가 방금 제압한 그 사내에게서 눈을 떼지 않은 채 돈을 받고 천천히 문 쪽으로 물러났다. 아이가 사라진 후 삼촌은 상자에 걸터앉아 10분 넘도록 창밖으로 허공을 내다보았다. 그는 놀란 가슴으로 방금 당한 일격에 대해 곰곰이 생각했다.

다비도 생각에 잠겼다. 흑인 아이가 단단히 마음먹고 백인 어른을 제압하는 모습을 본 경험은 그때가 처음이었다. 아이는 어떻게 그럴 수 있었을까? 삼촌에게 무슨 일이 일어났길래 사나운 모습은 온데간

데없어지고 양처럼 고분고분해졌을까? 아이는 어떤 불가사의한 힘을 써서 윗사람을 제압했을까? 이런저런 질문이 다비의 머릿속에 문득문득 떠올랐지만, 몇 년이 흘러 내게 그 이야기를 전해줄 때까지 그는 답을 찾지 못했다.

묘하게도 내가 이 예사롭지 않은 경험을 전해 들은 곳은 다비의 삼촌이 일격을 당했던 바로 그 오래된 방앗간이었다. 또 묘하게도 나는 때마침 그런 힘에 대한 연구에 거의 25년 동안 몰두하고 있었다. 무지렁이 까막눈 흑인 아이가 배운 성인 남성을 제압할 수 있었던 그런 힘 말이다.

우리가 곰팡내 나는 오래된 방앗간에 서 있는 동안 다비는 특이한 그 제압의 이야기를 들려주더니 이렇게 물었다. "어떻게 생각하십니까? 그 아이는 어떤 불가사의한 힘을 써서 삼촌에게 완벽하게 일격을 가했을까요?"

그의 의문에 대한 답은 이 책에서 설명한 여러 법칙에서 찾을 수 있다. 부족함이 없는 완벽한 답일 것이다. 그 작은 아이가 어쩌다 발견한 힘을 누구나 똑같이 이해하고 적용할 수 있도록 상세한 설명과 지침이 그 답에 담겨 있다.

항상 정신을 바짝 차려라. 그러면 정확히 어떤 불가사의한 힘이 그 아이를 도왔는지 알아차릴 수 있다. 다음 장에서 이 힘을 살짝 보여주겠다. 그리고 당신은 이 책의 어딘가에서 아이디어를 만날 것이다. 그 아이디어를 통해 재빨리 수용 능력을 키우고, 이 거부할 수 없는 힘을 자기 수중에 넣거나 자신에게 이로운 방향에 놓을 수 있다. 1장에서부터 아니면 나중에 어떤 장에서 불현듯 그 힘을 깨달을 수도 있다. 그 힘은 하나의 개념으로 혹은 어떤 계획이나 목적의 성격으로 나타난다. 때로 그 힘은 과거의 실패나 좌절의 경험을 떠올리게 한다. 그래서 패배하면서 잃어버린 모든 걸 되찾을 어떤 가르침을 수면 위로 끌어올린다.

나는 작은 흑인 아이가 자기도 모르게 발휘한 힘을 다비에게 설명했고, 그러자 그는 생명 보험 설계사로 일한 30년간의 경험을 재빨리 되짚었다. 그러고는 보험업계에서 자신이 성공을 거둔 데는 그 아이에게 얻은 교훈의 공이 적잖았다고 솔직하게 인정했다.

다비는 다음처럼 꼭 집어 얘기했다. "고객이 보험에 가입하지 않고 나를 내치려 할 때마다 그 오래된 방앗간에서 반항기 가득한 큰 눈을 부릅뜨고 서 있던 아이의 모습을 떠올렸습니다. 그러고는 '이 계약을 꼭 성사시켜야 해'라고 다짐했죠. 그간 내가 계약한 보험 중에는 고객이 '아니오'라고 말한 다음에 성사된 게 더 많습니다." 그는 또한 금맥을 불과 1미터 앞에 두고 멈추었던 실수를 떠올리면서 이렇게 말했다. "그 경험은 전화위복의 계기가 되었습니다. 과정이 아무리 힘들더라도 계속 밀고 나가야 한다는 가르침을 주었으니까요. 어떤 일에서든 내가 성공하려면 꼭 필요한 가르침이었습니다."

생명 보험 설계사로 생계를 유지하는 수많은 사람이 다비와 삼촌, 흑인 아이와 금광에 관한 이 이야기를 읽을 것이다. 나는 이 모든 사람에게 매년 생명 보험으로 100만 달러가 넘는 매출을 기록한 다비의 능력이 두 경험에서 얻은 것임을 알리고 싶다.

인생이란 신기하고 이따금 헤아릴 수 없다! 성공과 실패의 근원은 모두 단순한 경험이다. 다비의 경험은 평범하고 단순했다. 하지만 그 안에는 삶의 운명을 좌우할 해답이 담겨 있었고, 그래서 경험은 그에게 인생 자체만큼이나 중요했다. 두 극적인 경험이 약이 된 것은 그가 경험을 분석한 끝에 가르침을 발견했기 때문이다. 하지만 성공의 비결을 구하는 길목에서 실패를 되돌아볼 여유도, 그리고 싶은 마음도 없는 사람은 어떻게 해야 할까? 실패를 기회로 향하는 디딤돌로 바꾸는 기술을 어디서, 어떻게 배울 수 있을까? 이런 질문에 해답을 주고자 이 책이 탄생했다.

성공은 성공하려는 자에게만 찾아온다

질문에 답하려면 부의 법칙을 설명해야 한다. 하지만 기억하라. 인생의 불가사의를 곱씹게 했던 그 질문들의 해답이, 이 책을 읽는 동안 불현듯 떠오르는 어떤 아이디어나 계획, 목적을 통해 당신 마음속에서 발견될지 모른다.

성공에 필요한 건 오로지 탄탄한 아이디어 하나뿐이다. 이 책에서 설명한 여러 원칙에는 유용한 아이디어를 창출하는 방법과 수단에 대한 가장 훌륭하고, 가장 실용적인 정보가 담겨 있다.

13가지 부의 법칙을 설명하기에 앞서 당신에게 중요한 사실을 하나 전달하고자 한다. <u>일단 들어오기 시작하면 부는 숨 가쁜 속도로 어마어마하게 들어온다. 가난했던 시절에는 대체 부가 어디에 숨어 있었던 것인지 궁금할 지경이다.</u> 참으로 놀라운 말이다. 오랫동안 열심히 노력한 자에게만 부가 찾아온다는 통념을 고려한다면 더더욱 놀라운 말이다.

생각의 힘으로 부자가 되려는 순간, 당신은 노력이 아니라 목적의식이 확고한 마음 상태가 부의 시작점이라는 사실을 깨닫게 된다. 사람이라면 모름지기 어떻게 하면 부를 끌어당길 마음 상태를 갖출 수 있을지 궁금해해야 한다. 내가 2만 5천 명이 넘는 사람들을 분석하면서 25년 동안 연구한 것도 '부자가 어떻게 부자가 되었는지'를 알고 싶어서였다. 그런 연구가 없었다면 이 책은 탄생할 수 없었다.

이 대목에서 아주 중요한 사실에 주목하자. 1929년 시작된 경제 침체는 1933년 프랭클린 루스벨트 대통령이 취임한 이후에도 한동안 계속되어 사상 최악의 기록을 세웠다. 그런 다음 경제 침체가 차츰 자취를 감추기 시작했다. 극장에서 영화 상영이 끝나면 어느새 어둠이 빛으로 바뀌듯, 사람의 마음속에 존재하던 두려움이 서서히 사라져 신념으로 바뀌었기 때문이다.

아주 주의 깊게 지켜보라. 이 철학을 숙지하고 적용하기 위한 지침을 따르는 순간, 재정 상태가 나아지고 손대는 것마다 족족 당신에게 유리한 자산으로 바뀌기 시작할 것이다. 불가능하다고? 천만의 말씀이다! 사람들은 대체로 '불가능'이라는 단어에 익숙하다. 이는 인류의 중대한 약점이다. 효과가 없는 규칙을 모조리 꿰고 있고 할 수 없는 일이라면 모르는 게 없는 이들이 있다. 그러나 이 책은 그와는 다른 사람들을 성공으로 이끈 규칙을 찾고, 그 규칙에 기꺼이 전부를 거는 사람들을 위한 것이다.

아주 오래전 나는 좋은 사전 한 권을 구입했다. 내가 사전으로 가장 먼저 한 일은 '불가능'이라는 단어를 찾아 깔끔하게 오려내는 것이었다. 당신이 그리한대도 어리석은 일은 아니다.

성공을 의식하는 사람에게는 성공이 찾아온다. 무심코 실패를 의식하는 사람에게는 실패가 찾아온다. 원한다면 누구에게나 실패 의식에서 성공 의식으로 마음가짐을 바꾸는 기술을 전달하는 것, 그것이 이 책의 목적이다.

너무나 많은 사람에게 공통으로 발견되는 또 다른 약점은 모든 대상과 사람을 자기만의 인상과 신념을 기준으로 평가하는 습관이다. 이 책을 읽을 미래의 독자 중에도 일부는 생각의 힘으로 부자가 될 수 없다고 믿을 것이다. 가난, 결핍, 불행, 실패, 좌절만 생각하는 습관이 몸에 밴 나머지 부의 관점으로 생각하지 못하는 것이다.

이런 안타까운 사람들을 볼 때면 나는 미국식 교육을 받겠다며 미국을 찾아온 한 중국인 이야기가 떠오른다. 그는 시카고대학교에 재학 중이었다. 윌리엄 레이니 하퍼 총장은 어느 날 캠퍼스에서 이 동양인 청년과 마주쳐 걸음을 멈추었다. 그와 잠시 대화를 나누던 하퍼는 미국인의 가장 눈에 띄는 특징이 무엇이냐고 물었다. 그러자 청년은 말했다. "음, 이상하게 자기 기준으로 보는 거요."

우리는 이해가 안 되는 건 믿지 않으려 한다. 어리석게도 한계를 가늠할 때 자신의 한계가 적절한 척도라고 믿는다.

포드가 성공을 거둔 이후 수백만 명이 그를 부러워한다. 그가 이룬 업적, 큰 재산, 행운, 천재성, 혹은 그를 부자로 만든 무언가 때문에 말이다. 어쩌면 비율은 그리 높지 않겠지만 포드의 성공 비결을 아는 사람이 있을 테고, 만일 알아도 너무 겸손해서, 아니면 비결이 너무 단순해서 굳이 입 밖으로 내지 않을지 모르겠다. 그렇다면 그 비결을 완벽하게 설명하는 한 사례를 살펴보자.

몇 년 전 포드는 지금은 유명해진 V-8 엔진을 생산하겠다고 결정을 내렸다. 그는 여덟 개 실린더를 넣은 엔진을 제작하기로 하고 설계팀에 엔진의 설계도를 만들라고 지시했다. 곧 설계도는 완성되었으나 설계팀은 입을 모아 그런 엔진을 제작하는 건 불가능하다고 말했다.

포드는 말했다. "어쨌든 생산하시오." 설계팀은 응수했다. "하지만 그건 불가능합니다!" 포드는 명령했다. "진행하십시오. 그리고 시간이 얼마나 걸리든 성공할 때까지 계속하십시오."

설계팀은 시키는 대로 했다. 포드사에서 계속 일하려면 다른 방도가 없었다. 이후 6개월이 지났으나 성과가 없었다. 다시 6개월이 지났고 여전히 성과는 없었다. 설계팀은 맡은 임무를 수행하려고 가능한 모든 계획을 시도해보았으나 그 일은 실행 불가, 불가능처럼 보였다.

그해가 저물 무렵 포드는 설계팀에 상황을 확인했고, 이번에도 임무를 수행할 방법을 찾지 못했다고 보고받았다. 포드는 이렇게 말했다. "그냥 진행하세요. 내가 그걸 원합니다. 그러니 손에 넣을 겁니다." 설계팀은 계속 진행했다. 그런데 마치 마법처럼 어느 날 비법이 발견되었다. 포드의 결단이 다시금 승리한 것이다!

실제 이야기에서 많은 부분을 생략했으나 요점은 그대로다. 생각의 힘으로 부자가 되고 싶다면, 이 이야기에서 백만장자 포드의 비결을 찾아보라. 그리 어렵지 않을 것이다.

포드가 성공한 건 부의 법칙을 이해하고 적용했기 때문이다. 그중 하나는 열망이다. 즉, 자기가 무엇을 원하는지 아는 것이다. 이 책을 읽을 때 포드의 이야기를 기억하라. 놀라운 업적을 거둔 그의 비결이 담긴 대목을 보라. 포드를 부자로 만든 특정한 법칙을 자신에게 적용할 수 있다면, 어떤 것이든 각자에게 어울리는 일에서 그와 맞먹는 업적을 이룰 수 있다.

내 운명의 주인은 바로 나

영국 문학가 윌리엄 어니스트 헨리가 "나는 내 운명의 주인이다. 나는 내 영혼의 선장이다."라는 예언적 시구를 썼을 때 정확히 알려주었다면 얼마나 좋았을까. 우리가 내 운명의 주인이고 내 영혼의 선장인 것은 우리에게 자기 생각을 통제할 힘이 있어서라고 말이다.

그리고 이 작은 땅에 떠다니고, 내가 움직이며 존재하는 대기가 상상을 초월할 만큼 빠른 속도의 진동으로 움직이는 에너지의 한 형태라고 말이다. 대기는 내가 마음속에 품은 생각의 본질에 스스로 적응하고, 내 생각을 물리적인 형태로 바꾸도록 자연스럽게 영향을 미치는 일종의 우주적인 힘으로 가득하다고 말이다.

만일 이 시인이 이 위대한 진실을 말해주었다면, 지금쯤 우리는 왜 운명의 주인이고 영혼의 선장인지 알 것이다. 그는 이 힘이 파괴적인 생각과 건설적인 생각을 구별하려고 애쓰지 않고, 그래서 그것이 부에 대한 생각에 따라 행동하라고 영향력을 행사하는 속도만큼이나 빠르게, 가난에 대한 생각을 물리적 현실로 바꾸라고 재촉할 것이라고 힘주어 말해야 했건만.

또 우리 뇌는 마음속의 지배적인 생각에 자석처럼 이끌리고, 이 '자석'이 아무도 모르는 수단을 통해 지배적인 생각의 본질과 조화를 이루는 힘, 사람, 삶의 상황을 끌어들인다고 말해야 했건만.

그가 어마어마한 부를 축적하려면 먼저 부를 향한 강한 열망으로 마음을 자석처럼 만들어야 하고, 돈을 향한 열망을 좇아 돈을 수중에 넣을 확실한 계획을 세울 때까지 '돈을 의식'해야 한다고 말해주었다면 얼마나 좋았을까.

하지만 철학자가 아니라 시인이었던 헨리는 위대한 진리를 시의 형태로 표현하는 데 만족하고, 시구의 철학적 의미를 해석하는 일은 후대의 몫으로 남겨두었다. 그 진리는 차츰 모습을 드러냈고, 마침내 경제적 운명을 좌우하는 비밀이 이 책에서 설명하는 법칙에 담겨 있다는 사실이 분명해졌다.

이제 첫 번째 부의 법칙을 살펴볼 준비가 끝났다. 열린 마음가짐을 유지하라. 책을 읽는 동안 이 법칙이 어느 한 사람의 발명품이 아니라는 점을 기억하라. 그것은 실제로 막대한 부를 축적한 500명이 넘는 사람들, 즉 밑천도 없고, 변변한 교육도 받지 못하고, 영향력도 없는 사람들의 인생 경험에서 수집했다. 이 사람들이 효과를 거둔 법칙이다. 당신도 이를 활용해 그다지 어렵지 않게 지속적인 혜택을 얻을 수 있다. 미리 밝혀두는데 다음 장에서는 당신의 재정적 운명을 송두리째 바꿀 실질적인 정보를 전할 것이다. 벌써 두 사람에게 확실히 어마어마한 변화를 일으킨 정보다.

덧붙이자면 두 사람과의 관계를 고려할 때 사실을 함부로 밝힐 권한

이 내게는 없다. 한 사람은 거의 25년 동안 가장 절친한 친구며, 다른 한 사람은 내 아들이다. 이들은 다음 장에서 설명하는 법칙 덕분에 범상치 않은 성공을 거두었다. 내가 이 법칙의 포괄적 힘을 강조할 수단으로 굳이 개인적 관계까지 동원하는 이유가 충분히 이해되고도 남을 만큼 대단한 성공이다.

거의 15년 전, 나는 웨스트버지니아주 세일럼에 있는 세일럼대학에서 졸업식 축사를 하면서 다음 장에서 다룬 법칙을 강조했다. 얼마나 힘주어 강조했던지 한 졸업생이 그 법칙을 확실하게 자기 것으로 만들어 삶의 철학으로 삼았다. 그때 그 청년은 지금 하원의원이며 현 행정부에서 요직을 맡고 있다. 나는 이 책의 원고를 출판사에 발송하기 직전에 그의 편지를 받았다. 편지에서 그는 다음 장에서 밝힌 법칙에 대해 소신을 아주 분명하게 밝혔기에 이를 소개하기로 마음먹었다.

당신이 앞으로 어떤 보상을 받을 수 있을지 짐작 가능한 내용이다.

친애하는 나폴레온 힐 선생님께

저는 하원의원으로 일하면서 사람들이 처한 문제에 대한 통찰력을 키웠습니다. 그래서 수천 명의 소중한 사람에게 도움이 될 제안을 하고자 편지를 씁니다.

죄송한 마음을 담아 말씀드리지만, 선생님이 이 제안을 실천하시려면 몇 년 동안 노력하고 책임을 지셔야 할 겁니다. 하지만 사람들에게 봉사하고 싶다는 선생님의 간절한 소망을 아는 저로서는 제안하지 않을 수 없군요.

1922년 선생님이 세일럼대학에서 졸업식 축사를 하셨을 때 저는 졸업생이었습니다. 그 축사에서 선생님이 제 마음속에 심은 한 가지 생각 덕분에 우리 주의 주민에게 봉사할 기회를 얻었고, 앞으로 제가 거둘 모든 성공에서 그것은 큰 지분을 차지할 겁니다.

제 제안은 선생님이 세일럼대학에서 하셨던 축사의 줄거리와 요지를 책으로 펴내야 한다는 겁니다. 그러면 선생님이 다년간 쌓은 경험과 더불어, 본인의 위대함을 발휘해 미국을 지구상에서 가장 부유한 나라로 이끈 사람들과 교류하면서 받은 혜택을 미국 국민에게 나누어주실 수 있겠지요.

정규 교육도 받지 못하고, 돈도 한 푼 없고, 연줄도 변변찮았던 포드가 정상의 자리에 오른 놀라운 이야기가 마치 어제 일처럼 생생하게 기억납니다. 그때 전 선생님의 축사가 미처 끝나지 않았는데도 극복해야 할 어려움이 아무리 많더라도 내가 설 자리를 스스로 만들겠다고 결심했습니다.

올해뿐만 아니라 앞으로 몇 년 동안 수천 명의 젊은이가 졸업할 겁니다. 그들은 저마다 제가 선생님에게 받은 것 같은 현실적인 응원의 메시지를 구하겠지요. 인생의 첫발을 내딛기 위해 어디서 방향을 바꿀지, 무엇을 해야 할지 못내 궁금할 겁니다. 지금껏 아주 많은 사람이 문제를 해결하도록 도우셨으니, 선생님이 알려주실 수 있겠지요.

그리고 책을 내실 때마다 선생님의 '개인 분석표'를 수록하시면 좋겠습니다. 수년 전 제가 그랬듯 독자는 성공으로 가는 길목에 무엇이 기다릴지를 정확히 짚어주는 완벽한 자기 분석표를 얻을 겁니다.

자신의 장단점을 편견 없이 완벽하게 파악할 기회가 독자의 성패를 판가름할 수도 있습니다. 그렇다면 값으로 매길 수 없는 봉사가 될 겁니다.

이제 수백만 명이 불황 끝에 재기를 준비하는 시기를 맞았습니다. 이 성실한 사람들이 문제를 털어놓고 해결책을 구할 기회를 두 팔 벌려 환영할 거라고 말씀드릴 수 있는 건 순전히 제가 경험했기 때문입니다.

선생님은 원점에서 다시 시작하는 사람이 어떤 심정인지 아시지요. 지금 미국에는 아이디어로 돈을 벌 방법이 궁금한 사람, 밑천 없이 맨주먹으로 재기해서 잃어버린 것을 만회해야 하는 사람이 많습니다. 누군가 그들을 도울 수 있다면 바로 선생님이십니다.

선생님이 책을 발간하신다면 저는 초판본에 선생님의 서명을 친히 받아 간직하고 싶습니다.

행복을 빕니다. 진심입니다.

제닝스 랜돌프 올림

2장

부의 법칙 1

부는 강렬한 열망에서 시작된다

"부자는 안다.
우연, 상상, 팔자, 행운으로 부를 축적할 수 없음을.
부자는 부를 꿈꾸고, 바라고, 소망하고, 열망하고, 계획한다."

30여 년 전 뉴저지주 오렌지에 도착해 화물 열차에서 내릴 때 반스의 행색은 부랑자 같았을지 모른다. 하지만 생각만큼은 왕과 같았다!

기차역에서 에디슨의 사무실로 향하는 동안 반스의 머리는 열심히 돌아갔다. 그의 눈에는 에디슨 앞에 서 있는 자기 모습이 선했다. 에디슨에게 일생일대의 강렬한 집념, 다시 말해 위대한 발명가의 동업자가 되고 싶은 불타는 열망을 실현할 기회를 달라고 부탁하는 자기 목소리가 귓가에 생생하게 들렸다.

반스의 열망은 희망이 아니었다! 바람과도 달랐다! 다른 모든 걸 초월하는 강렬한, 고동치는 열망이었다. 무척이나 확고했다. 그것은 반스가 에디슨을 찾아가기로 했을 때 생겨난 열망이 아니다. 오랫동안 반스를 사로잡은 열망이었다. 처음 그의 마음속에 나타났을 때는 어쩌면 한낱 바람이었겠지만, 그가 그것을 품고 에디슨 앞에 나타났을 때는 단순한 바람이 아니었다.

몇 년이 흐른 후 반스는 에디슨을 처음 만났던 바로 그 사무실에서 다시 그 발명가 앞에 섰다. 그의 열망은 현실로 바뀌어 있었다. 그는 에디슨의 동업자가 되었다. 일생일대의 꿈이 현실로 바뀐 것이다. 오늘날 반스를 아는 사람들은 삶이 '행운'을 선사했다면서 그를 부러워한다. 그들은 반스가 왜 성공했는지 알아볼 생각은 하지 않고 그저 승리한 시절의 반스만 바라본다.

반스가 성공한 것은 명확한 목표를 선택하고 모든 에너지, 의지력, 노력, 그야말로 모든 걸 목표에 쏟은 덕분이다. 그는 에디슨을 만난 첫날에 바로 동업자가 되지 않았다. 그래서 소중히 간직한 목표에 한 걸음 더 가까워지기 위해 아무리 하찮은 일이라도 기꺼이 했다.

기다리던 기회가 나타나기까지 5년이 걸렸다. 그 세월 동안 열망을 이룰 수 있다는 한 줄기 희망 같은 약속 따위는 전혀 없었다. 본인을 제외한 모든 사람에게 반스는 그저 에디슨의 사업을 굴러가게 하는 톱니바퀴 하나에 불과했다. 하지만 반스는 에디슨을 만난 바로 그날부터 자신이 에디슨의 동업자라고 생각했다.

이는 확고한 열망의 힘을 분명히 보여주는 놀라운 사례다. 반스는 목표를 이루었고, 그건 뭐니 뭐니 해도 그가 에디슨의 동업자가 되기를 원했기 때문이다. 그는 자신의 목표를 달성하기 위해 계획을 세웠다. 그리고 돌아갈 다리를 불태웠다. 열망이 삶을 지배하는 집념이 될 때까지, 마침내 기정사실이 될 때까지 열망을 놓지 않았다.

반스는 '에디슨에게서 어떻게든 일자리를 얻어내야지'라고 생각하지 않았다. 대신 '에디슨을 만나서 동업하러 왔다고 통보해야지'라고 생각했다.

반스는 '몇 달만 일해볼 거야. 그러다 원하는 걸 얻지 못하면 그만두고 다른 데 취직하겠어'라고 생각하지 않았다. 대신 '어떤 일이든 우선 시작할 거야. 에디슨이 시키는 일이라면 뭐든 하겠어. 하지만 그 일을 다 끝내기 전에 난 그의 동업자가 될 거야'라고 생각했다.

'두 눈을 크게 뜨고 다른 기회를 찾아봐야지. 에디슨의 회사에서 원하는 걸 얻지 못할 때를 대비해서'라고 생각하지 않았다. '이 세상에서 내가 꼭 갖고 싶은 것은 단 하나, 바로 에디슨의 동업자 자리야. 난 배수의 진을 치고 내 미래를 전부 걸어서 원하는 걸 얻고야 말겠어'라고 생각했다.

그는 퇴로를 남겨두지 않았다. 승리가 아니면 파멸뿐이었다! 반스의 성공 비결은 이게 전부다!

옛날옛적에 한 위대한 장군이 전장에서 반드시 승리하기 위해 결단을 내려야 하는 상황에 이르렀다. 그의 군사는 더 막강한 병력의 적군과 맞서 싸워야 했다. 그는 군사를 배에 태우고 적국까지 항해해서 군사와 무기를 하선시켰다. 그러고는 타고 온 배를 불태우라고 명령했다. 그는 첫 전투를 앞둔 군사에게 이렇게 말했다. "이제 제군들의 눈앞에서 아군의 배가 연기 속으로 사라질 것이다. 아군이 승리하지 못하면 이 해안을 살아서 떠날 수 없다는 뜻이다! 이제 선택의 여지가 없다. 승리 아니면 전멸이다!" 결국 그들은 승리했다.

어떤 일에서든 승리하는 사람은 돌아갈 배를 기꺼이 불태우고 퇴로를 원천 봉쇄한다. 그렇게 해야 승리를 향한 불타는 열망, 성공에 꼭 필요한 마음가짐을 유지할 수 있다.

시카고 대화재(1871년 10월 8~10일 시카고에서 일어난 화재로 10만여 명의 이재민이 발생했다. 19세기 미국에서 일어난 가장 큰 화재다.—옮긴이)가 진화된 다음 날 아침이었다. 스테이트 거리에 상인들이 모여 이제는 잿더미만 남은 상점을 바라보고 있었다. 그들은 재건을 시작할지 아니면 시카고를 떠나 전망이 더 좋은 지역에서 새롭게 출발할지 결정하는 회의를 열었다. 그리고 시카고를 떠나겠다고 결정했다. 단 한 명을 제외하고 말이다.

유일하게 남아 재건하기로 마음먹은 상인은 잿더미로 변한 자기 상점을 손가락으로 가리키며 이렇게 말했다. "여러분, 몇 번이고 불타 없어지더라도 난 바로 저 자리에 세계 최고의 상점을 세우겠소."

그로부터 50여 년이 지났다. 상점은 재건되었다. 지금 그 상점은 불타는 열망의 힘을 상징하는 당당한 기념비인 마셜필드백화점(2006년 메이시스 백화점에 인수되어 현재까지 운영되고 있다.—편집자)이 되어 그 자리에 서 있다. 마셜 필드에게도 동료 상인들처럼 결정하는 편이 쉬웠을 것이다. 상황이 힘들고 앞날의 희망이 보이지 않았을 때 다른 상인은 더 쉬워 보이는 길을 택했다. 필드와 다른 상인의 차이점을 마음에 새기자. 에디슨의 회사에서 일했던 수천 명의 다른 젊은이와 반스도 차이점이 있었다. 이 차이점이 성공과 실패를 가른다.

돈의 목적을 이해할 만한 나이가 되면 인간은 누구나 돈을 원한다. 물론 원한다고 해서 부를 얻는 것은 아니다. 부를 열망하는 마음을 집념으로 발전시키며, 부를 얻기 위한 확실한 방법과 수단을 계획하고, 실패를 거부하는 끈기로 계획을 실행할 때 부가 찾아온다.

부를 현실로 만드는 6단계 원칙

부를 향한 열망을 재정적 가치로 전환하는 방법은 명확하고 실용적인 6단계로 구성된다.

1단계 열망하는 돈의 정확한 액수를 마음에 새긴다. 막연하게 '많은 돈'이 아니라 액수를 명확히 정하라. 명확성의 심리학적 원리는 3장에서 설명하겠다.

2단계 열망하는 돈의 대가로 무엇을 내놓을지 정확하게 결정한다. 세상에

'공짜'란 없다.

3단계 열망하는 돈을 소유할 날짜를 명확하게 정한다.

4단계 열망을 이루기 위한 계획을 확실하게 세우고 당장 계획을 실행에 옮긴다. 준비가 미흡해도 일단 실행하라.

5단계 얻고자 하는 돈의 액수, 돈을 얻는 대신 치를 대가, 돈을 손에 넣을 날짜, 돈을 모으기 위한 계획을 분명하고 구체적인 선언문으로 작성한다.

6단계 선언문을 하루에 두 번씩 큰 소리로 읽는다. 잠자리에 들기 직전에 한 번, 아침에 일어난 후에 한 번 선언문을 읽는 동안 그 돈을 이미 소유한 내 모습을 보고, 느끼고, 믿는다.

이 원칙의 지침을 따르자. 특히 6단계 지침을 눈여겨보고 따라야 한다. 실제로는 돈이 없는데 돈을 소유한 내 모습을 보는 게 어떻게 가능하냐며 투덜대는 사람이 있을지도 모르겠다. 바로 이때 불타는 열망이 지원군으로 나설 것이다. 만일 진정으로 돈을 간절히 원한다면, 그 열망이 집념이 가까울 만큼 강렬하다면, 돈을 얻을 수 있다고 확신하는 것이 그리 어렵지 않다. 돈을 원하고 돈을 갖겠다고 굳게 결심함으로써 결국 돈을 갖게 될 거라고 확신하는 것은 중요하다.

'부 의식'이 있는 사람만이 큰 부를 축적할 수 있다. 부 의식이란, 마음이 돈에 대한 열망으로 한껏 충만해져서 이미 부를 소유한 자기 모습을 볼 수 있는 상태다.

인간 정신의 작동 원리를 배운 적이 없는 초보자에게는 이 지침이 비현실적으로 여겨질 수 있다. 아직 부를 현실로 만드는 6단계 원칙의 효과가 의심스러운 사람들에게 덧붙이자면, 이 원칙의 출처는 카네기다. 제철소의 평범한 노동자로 사회에 첫발을 내디뎠던 카네기는 비록 시작은 미약했어도 이 원칙을 발판 삼아 1억 달러가 넘는 재산을 일구었다. 6단계 원칙은 또한 에디슨에게 세심한 검토를 받았다. 에디슨은 이 원칙이 돈 모으는 과정은 물론이고, 어떤 명확한 목표를 달성하는 과정에서 필수라는 사실에 승인 도장을 찍었다.

 이 원칙은 중노동을 요구하지 않는다. 희생을 요구하지도 않는다. 이를 이용한다고 해서 채신이 떨어지거나 경솔한 사람이 되지도 않는다. 교육을 많이 받아야 이용할 수 있는 것도 아니다. 하지만 원칙을 성공적으로 적용하려면 부의 축적을 우연이나 상상, 팔자, 행운에 맡길 수 없다는 사실을 깨닫고 이해할 만큼 상상력이 풍부해야 한다. 큰 재산을 축적한 모든 사람은 그 돈을 손에 넣기 전에 먼저 꿈꾸고, 바라고, 소망하고, 열망하고, 계획했다.

 돈에 대한 열망으로 자신을 하얗게 불태우지 않는 한, 그리고 실제로 그 돈을 소유할 거라고 믿지 않는 한, 결코 막대한 부를 손에 넣을 수 없다. 이 사실을 지금 당장 깨닫도록 하라.

부를 상상해야 부자가 된다

 문명의 여명기부터 현재에 이르기까지 위대한 리더는 모두 몽상가였다. 기독교가 오늘날 세계에서 잠재력이 가장 큰 종교로 자리매김한 이유는 창시자가 열렬한 몽상가였다는 데 있다. 현실이 물리적인 형태로 변화되기 전부터 이미 창시자에게는 정신적·영적 형태로서 현실을 볼 수 있는 비전과 상상력이 있었다. 상상 속에서 큰 부를 보지 못하면 은행 잔고에서도 볼 일이 없을 것이다.

미국 역사상 실천하는 몽상가에게 지금만큼 큰 기회가 온 적은 없었다. 지난 6년간 경제가 붕괴함에 따라 모든 사람의 소득이 거의 동등한 수준으로 감소했다. 바야흐로 새로운 경쟁이 시작될 것이다. 이 경쟁의 결과에 앞으로 10년 동안 축적할 수 있는 어마어마한 부가 달려 있다. 경쟁의 규칙이 바뀌었다. 변화된 세상은 대중에게 확실히 유리하다. 공포에 휩싸여 성장과 발전이 마비되었던 불황기에 대중이 승리할 기회를 찾기란 하늘의 별 따기였다.

부를 향한 경쟁에 뛰어들었다면, 세상이 변화된 만큼 우리에게 요구되는 것도 달라졌다는 사실을 깨달아야 한다. 변화된 세상은 새로운 개념, 새로운 업무 처리 방식, 새로운 리더, 새로운 발명품, 새로운 교육 방법, 새로운 마케팅 방법, 새로운 책, 새로운 문학, 라디오의 새로운 등장, 영화를 위한 새로운 아이디어를 요구하고 있다. 새롭고 더 나은 것을 향한 이런 요구를 모두 충족시키려면 성공의 필수적 자질이 필요하다. 바로 확고한 목적, 내가 무엇을 원하는지 알고 그것을 소유하고자 하는 불타는 열망이다.

경기 침체로 말미암아 한 시대가 종말을 고하고 새로운 시대가 탄생했다. 변화된 세상에 필요한 인재는 꿈을 행동으로 옮길 능력과 의지가 있는 실천하는 몽상가다. 실천하는 몽상가가 지금껏 문명의 패턴을 창조했고 앞으로도 그럴 것이다.

부를 열망한다면 잊지 말아야 한다. 세상의 진정한 리더는 언제나 만질 수도, 볼 수도 없는 미완의 힘(혹은 생각의 발화)을 현실에 활용했고, 나아가 고층 빌딩, 도시, 공장, 비행기, 자동차 등 삶을 더 윤택하게 만드는 온갖 형태의 이기利器로 바꾸어놓았다는 사실을 말이다.

오늘날의 몽상가에게 현실적으로 없어서는 안 될 요소는 관용과 열린 마음이다. 새로운 아이디어를 두려워하는 사람은 첫발을 떼기도 전에 파멸하고 말 것이다. 개척자에게 지금보다 더 유리한 시기는 여태껏 없었다. 사실 개척 시대처럼 정복해야 할 거친 야생의 서부는 없지만, 대신 방대한 사업과 금융, 산업의 세계가 존재한다. 이 세계에서 개척자는 새로운 노선을 선택하고 새로운 틀과 방향을 잡아야 한다.

내 몫의 부를 손에 넣으려 계획할 때, 몽상가를 비웃는 사람들의 말에 흔들리지 말아야 한다. 변화된 세상에서 한몫을 차지하려면 과거의 위대한 개척자 정신을 본받아야 한다. 개척자의 꿈으로부터 문명은 가치 있는 모든 걸 얻었고, 개척자의 정신에서 국가의 원동력, 즉 당신과 나의 재능을 계발하고 돈으로 바꿀 기회가 탄생했다.

잊지 말자! 탐험가 크리스토퍼 콜럼버스는 미지의 세계를 꿈꾸었고, 목숨을 걸고 그 세계의 존재를 확인하러 떠났으며 마침내 발견했다.

위대한 천문학자 니콜라스 코페르니쿠스는 다중적인 세계를 꿈꾸고 그 세계의 비밀을 밝혀냈다! 승리를 거둔 후에는 아무도 그를 '비현실적'이라며 손가락질하지 않았다. 오히려 온 세상이 그에게 경의를 표했으며, 이로써 '**성공은 해명을 요구하지 않고, 실패는 변명을 허용하지 않는다**'라는 사실이 다시금 입증되었다.

내가 하고 싶은 일이 옳다면, 그리고 그 일이 옳다고 믿는다면 물러서지 말고 실행하라! 일시적으로 패배를 맛보더라도 사람들이 하는 말에 개의치 마라. <u>모든 실패에는 그에 맞먹는 성공의 씨앗이 담겨 있다</u>는 사실을 몰라서 하는 소리다.

가난한 데다가 별로 배우지도 못했던 포드는 자동차를 꿈에 그리면서 마냥 적당한 때를 기다리지 않았다. 그는 손에 쥔 도구만으로 즉시 움직이기 시작했다. 그 결과 지금 그가 품었던 꿈의 증거가 온 세상을 누비고 있다. 한 줌의 두려움도 없이 자신의 꿈을 밀고 나갔기에 그는 지금껏 세상에 존재한 어떤 사람보다도 더 많은 자동차 바퀴가 굴러가게 할 수 있었다.

에디슨은 전기로 작동하는 램프를 꿈꾸었고, 지체하지 않고 그 꿈을 실행에 옮겼다. 1만 번 넘게 실패를 맛보았지만 꿈을 물리적인 현실로 만들 때까지 포기하지 않았다. 실천하는 몽상가는 포기하지 않는다!

조지 J. 웰런은 시가 연쇄점을 꿈꾸고 그 꿈을 행동으로 옮겼으며, 그 결과 현재 미국에서 가장 목 좋은 상점 자리는 유나이티드시가스토어(1901년 설립되어 1920년대에 미국 전역에 3천여 개의 매장이 운영되었던 시가 체인 상점.—편집자)가 차지하고 있다.

에이브러햄 링컨은 흑인 노예의 자유를 꿈꾸고 그 꿈을 행동으로 옮겼으며, 세상을 떠나기 전에 드디어 남북이 하나가 된 미국을 실현했다.

라이트 형제는 하늘을 나는 기계를 꿈꾸었다. 이제 그들의 꿈이 실현된 증거가 전 세계를 누빈다.

이탈리아 전기공학자 굴리엘모 마르코니는 공기 중의 보이지 않는 힘을 활용하는 시스템을 꿈꾸었다. 지금 전 세계의 모든 무선 장치와 라디오에는 그가 헛된 꿈을 꾸지 않았다는 증거가 존재한다. 마르코니의 꿈을 통해 지구상의 모든 나라 국민이, 가장 초라한 오두막집과 가장 위풍당당한 저택이 이웃이 되었다. 또한 미국 대통령이 단시간에 모든 국민과 대화할 수 있는 매체가 생겼다. 마르코니가 전선이나 다른 직접적인 물리적 통신 수단을 쓰지 않고 공중파로 메시지를 전달할 원리를 발견했다고 발표했을 때 놀랍게도 친구들은 그를 정신병원에 데려가 검사를 받게 했다.

오늘날의 몽상가는 적어도 마르코니가 당한 봉변은 당하지 않는다. 세상은 새로운 발견에 익숙해졌다. 아니, 새로운 아이디어를 내놓는 몽상가에게 기꺼이 보상하겠다는 의지를 보인다.

가장 위대한 업적은 처음에는, 그리고 한동안은 한낱 꿈이었다. 떡갈나무는 도토리 속에서 잠을 잔다. 새는 알 속에서 때를 기다리고, 천사는 영혼의 가장 고매한 비전 속에서 깨어나 몸을 움직인다. **꿈은 현실의 묘목이다**. 세상의 몽상가여, 깨어나라, 일어나라, 그리고 뜻을 펼쳐라. 지금의 세상은 과거의 몽상가가 결코 알지 못했던 풍부한 기회로 가득하다. 몽상가의 도약대는 존재하고, 행동하겠다는 불타는 열망이다. 꿈은 무관심하고, 나태하고, 야망이 없는 곳에서 태어나지 않는다.

세상은 이제 몽상가를 비웃거나 현실감각이 없다고 깎아내리지 않는다. 믿기지 않는다면 테네시주로 가보라. 프랭클린 루스벨트가 수력을 활용해 어떤 과업을 이룩했는지 두 눈으로 직접 확인하라(루스벨트 정부는 테네시강과 지류에 수력 댐을 건설하여 전기를 저렴하게 공급하고 홍수 조절, 수로 개선 등 지역 경제 발전에 도움을 주었다.―편집자). 10여 년 전만 해도 그의 꿈은 미친 짓처럼 보였을 것이다.

경제가 침체한 동안 당신은 심장이 짓밟혀 피를 토하는 느낌이었을 것이다. 이런 경험은 영혼을 담금질했고, 무엇과도 견줄 수 없는 가치 있는 자산이 되었다. 그러니 용기를 끌어모아라. 기억하라. 삶에서 성공한 모든 사람이 순탄치 않은 길을 나섰고 마침내 성공할 때까지 모진 고난을 숱하게 겪었다. 인생의 전환점은 대개 위기의 순간에 찾아오며, 이때 사람들은 '다른 자아'를 만난다.

존 버니언은 종교적 견해 때문에 옥중에서 혹독한 형벌을 받았으나, 이후 영문학 역사상 최고의 수작으로 손꼽히는 『천로역정』을 탄생시켰다.

O. 헨리는 재수 없는 큰일에 휘말려 오하이오주 콜럼버스에서 감옥 생활을 하던 중에 머릿속에서 잠자던 천재성을 발견했다. 불행을 계기로 어쩔 수 없이 다른 자아와 친숙해지고 상상력을 발휘한 끝에 비참한 범죄자이자 폐인이 아니라 위대한 작가인 자아를 찾았다. 삶의 방식은 신기하고 다양하며, 무한 지성의 방식은 훨씬 신기하다. 인간은 때로 어쩔 수 없이 온갖 형벌에 시달린 다음에야 비로소 지력과 상상력을 발휘해 유용한 아이디어를 창조하는 능력을 발견한다.

세계 최고의 발명가이자 과학자인 에디슨은 뜨내기 전신 기사였다. 그는 실패를 수없이 거듭한 끝에 마침내 머릿속에 잠들어 있던 천재성을 발견했다.

찰스 디킨스는 청소용 광택제 통에 상표를 붙이는 일로 사회생활을 시작했다. 비극적으로 끝난 첫사랑은 영혼 깊은 곳까지 파고들더니 그를 진정으로 위대한 작가로 탈바꿈시켰다. 『데이비드 코퍼필드』를 기점으로 디킨스는 독자가 세상을 더 풍요롭고 더 멋진 곳으로 바라보게 하는 작품을 연이어 내놓았다. 사랑에 실패하면 많은 이가 술에 빠지거나 파멸에 이른다. 이는 디킨스와 달리, 가장 강렬한 감정을 건설적인 꿈으로 바꾸는 기술을 배우지 못한 탓이다.

헬렌 켈러는 태어나자마자 청각과 언어, 시각에 장애를 얻었다. 이토록 극심한 불행을 겪었지만 그녀는 위대한 역사의 한 페이지에 지워지지 않는 이름을 새겼다. '패배를 현실로 받아들이지 않는 한 누구도 패배하지 않는다'라는 사실을 자기 인생으로 입증한 것이다.

로버트 번스는 까막눈이 시골 소년으로 가난이라는 저주를 받았고, 어른이 되어서는 술독에 빠져 살았다. 하지만 번스라는 존재 덕분에 세상은 더 나은 곳이 되었다. 그가 아름다운 생각을 시로 표현함으로써 세상에서 가시를 빼고 그 자리에 장미를 심었기 때문이다.

노예 신분으로 태어난 부커 T. 워싱턴은 피부색 탓에 고초를 겪었다. 그러나 그는 너그러웠고, 언제나 어떤 주제든 열린 마음으로 받아들였으며, 꿈꾸는 사람이었기에 훌륭한 교육자가 되어 길이 빛날 업적을 남겼다.

음악가 루트비히 판 베토벤은 청각 장애자였고 영국 시인 존 밀턴은 시각 장애자였지만, 꿈을 구체적인 생각으로 바꾸었기에 그 이름이 오래도록 기억될 것이다.

다음 장으로 넘어가기 전에 희망과 신념, 용기와 관용의 불을 마음속에 새롭게 지피자. 그런 뒤 지금껏 설명한 법칙을 제대로 이해한다면 당신이 준비를 마쳤을 때 필요한 모든 것이 제 발로 찾아올 것이다. 미국 문학가 랠프 월도 에머슨은 이와 같은 상황을 다음처럼 표현했다.

그대에게 도움과 위로를 주는 모든 속담, 모든 책, 모든 격언은 탁 트인 길이나 구불구불한 길을 따라 반드시 그대를 찾아올 것이다. 그대의 엄청난 의지가 아니라 그대 안에 있는 위대하고 부드러운 영혼이 갈망하는 모든 친구가 그대를 품에 안을 것이다.

무언가를 '바라는 것'과 그것을 받아들일 '준비'가 된 것은 다르다. 무언가를 얻을 수 있다고 '믿어야'만 그것을 받아들일 '준비'가 된 것이다. 단순한 희망이나 소망이 아니라 믿음의 마음가짐이어야 한다. 열린 마음은 믿음의 필수 요건이다. 닫힌 마음은 신념과 용기, 믿음을 불러일으키지 않는다.

　기억하라. 살면서 원대한 목표를 세우고 풍요로움과 부유함을 요구할 때, 비참함과 빈곤을 받아들일 때보다 더 큰 노력이 필요한 것은 아니다. 위대한 미국 시인 제시 벨 리튼하우스는 이 보편적인 진리를 시로 정확하게 표현했다.

　　나는 인생을 1페니로 흥정했지,
　　그랬더니 인생은 그 이상을 주지 않으려 했어,
　　저녁 무렵 얼마 되지 않은 내 몫을 세어보며
　　아무리 애원해도.

　　인생은 공정한 고용주라서
　　요구한 만큼 주지,
　　하지만 일단 그대가 삯을 정하고 나면

아뿔싸, 그 일을 견뎌야만 해.

나는 머슴의 삯을 받고 일했지,
그리고 낙담한 채 깨달았어,
내가 인생에 얼마만큼의 삯을 요구했더라도
인생은 기꺼이 지급했으리라는 것을.

간절한 열망은 대자연을 이긴다

이 장을 마무리하며 내가 가장 비범하다고 손꼽는 가까운 한 사람을 소개한다. 그를 처음 본 건 24년 전으로, 그가 태어나 겨우 몇 분밖에 지나지 않았을 때였다. 그는 청력이 손실된 채로 세상에 왔다. 담당 의사는 아이가 평생 듣지 못하고 말을 하지 못할 가능성이 있다고 했다.

나는 의사의 의견을 받아들이지 않았다. 내게는 그럴 권리가 있었다. 내가 그 아이의 아버지였기 때문이다. 대자연이 내게 들을 수 없는 아이를 보낼 수는 있다. 하지만 고통스러운 현실을 받아들이라고까지 강요할 수는 없지 않은가.

나는 아들이 듣고 말하게 될 것이라고 생각했다. 하지만 어떻게 해야 할지 막막했다. 그래도 반드시 방법이 있을 거라 믿었고, 내가 그 방법을 찾을 것임을 알았다. 그때 에머슨이 한 말이 떠올랐다. "모든 일은 우리에게 신념을 가르치는 길로 향한다. 우리는 그저 복종하면 된다. 우리 개개인을 인도하는 가르침이 있다. 그러니 몸을 낮춰 귀를 기울임으로써 올바른 말씀을 듣게 되리라." 올바른 말씀이란 무엇일까? 바로 열망이다! 무엇보다 나는 아들이 청각 장애인이 되지 않기를 열망했다. 그리고 그 열망으로부터 한순간도 멀어지지 않았다.

수년 전 나는 "<u>스스로 마음속에 정하지 않는 한 우리에게 한계란 없다.</u>"라는 문장을 쓴 적이 있다. 과연 이 말이 진실일까 궁금해졌다. 내 앞에 놓인 침대에 청각을 타고나지 못한 갓난아기가 누워 있었다. 설령 듣고 말할 수 있게 되어도 아들은 평생 어느 정도 장애를 안고 살아야 할 것이다. 그건 분명 아들이 <u>스스로</u> 정한 한계가 아니었다.

나는 그 한계를 어떻게 할 것인가? 청각이 없어도 소리를 뇌에 전달할 방법과 수단을 찾겠다는 내 불타는 열망을 아들의 마음에 옮겨 심을 방법을 찾을 것이다. 아들이 이 계획에 협조할 수 있을 만큼 자라면 나는 듣고 싶다는 불타는 열망으로 아들의 마음을 채울 것이다. 그러면 대자연이 나름의 방법으로 그 열망을 현실로 실현할 것이다. 아무에게도 말하지 않았으나 이런 온갖 생각이 머릿속에 떠올랐다. 나는 아들이 청각 장애인이 될 거라는 사실을 받아들이지 않겠다고 날마다 새롭게 다짐했다.

아들이 자라면서 주변 사물에 주의를 기울이기 시작했을 때 아들에게 약간이나마 청각이 살아 있다는 사실을 알게 되었다. 보통 아이들이 말을 배울 나이에 이르렀을 때 아들은 말을 해보려는 시도조차 하지 않았지만, 아들의 행동을 보고 특정한 소리를 약간 듣는다는 것을 확인했다. 그것만으로도 충분했다! 나는 조금이나마 소리를 듣는다면 청력을 키울 수 있다고 확신했다. 그 무렵 희망을 품을 수 있는 일이 일어났다. 희망은 전혀 예상치 못한 곳에서 찾아왔다.

우리 가족이 축음기를 산 날이었다. 난생처음 음악을 접했을 때 아들은 무한한 희열을 느꼈고 바로 그 기계를 독차지했다. 그리고 곧 유난히 〈티퍼레리까지 길이 멀구나〉(1차 세계대전 당시 영국군의 군가.—옮긴이)를 좋아하게 되었다. 한번은 거의 두 시간 동안 축음기 가장자리를 입으로 꽉 물고선 그 곡을 반복해서 틀었다. 몇 년이 지나서야 아들의 이 행동이 바로 소리의 '골전도' 원리 때문이었음을 알게 되었다.

아들이 축음기를 독차지하고 얼마 지나지 않았을 때 나는 아들의 귀 뒤편에 있는 돌기, 즉 두개골의 아랫부분에 입술을 댄 상태로 말하면 아들이 내 말을 꽤 또렷하게 들을 수 있다는 사실을 발견했다. 이렇게 나는 아들의 청각과 언어의 발달을 돕겠다는 불타는 열망을 현실로 옮길 도구를 손에 넣었다. 그 무렵 아들은 특정한 단어들을 말해보려고 애쓰기 시작했다. 전망은 그리 밝지 않았지만, 신념으로 뒷받침된 열망은 '불가능'을 알지 못했다.

아들이 내 목소리를 또렷하게 들을 수 있다고 판단한 나는 곧바로 듣고 말하고 싶다는 열망을 아들의 마음으로 옮겨 심었다. 아들은 잠자리에서 이야기 듣기를 좋아했는데, 이때 자립심과 상상력, 그리고 '듣고 싶고 평범해지고 싶다는 강렬한 열망'을 키워줄 만한 이야기를 지어내서 들려주었다.

특히 한 가지 이야기를 반복했다. 고난이란 부채가 아닌 아주 소중한 자산이라는 생각을 아들의 마음속에 심어주는 이야기였다. 지금껏 이 책에서 나는 <u>모든 역경은 그에 맞먹는 성공의 씨앗을 품고 있다</u>는 사실을 전했지만, 고백하건대 그 무렵에는 아직 어떻게 고난을 자산으로 변화시킬 수 있을지 전혀 이해하지 못한 상태였다. 그래도 나는 그런 철학이 담긴 이야기를 꾸준히 아들에게 들려주었다. 이성적으로 생각하면 청각 장애를 타고났다는 사실은 무슨 수를 쓰더라도 보완할 수 없었다. 하지만 신념으로 무장한 열망은 이성을 제쳐두고 계속 밀고 나가라며 나를 응원했다.

지금 돌아보면 아들이 나를 믿었기 때문에 놀라운 결과를 이루었던 것 같다. 아들은 내 말을 전혀 의심하지 않았다. 나는 언제나 아들에게 "너에게는 형과는 또 다른 장점이 있고 그 장점이 언젠가 힘을 발휘할 거야."라고 이야기했다. 실제로 학교 선생님들은 듣지 못하는 아들에게 각별히 신경을 쓰고 더 다정하게 대하곤 했다. 또한 나는 아들이 신문을 팔 수 있을 만큼 자라면(큰아들은 이미 시작했었다.) 형보다 더 유리할 거라고 일러주었다. 사람들이 듣지 못하는데도 밝고 부지런히 일한다며 신문값을 넉넉하게 쳐줄 테니 말이다.

아들의 청력은 차츰 좋아졌다. 게다가 장애가 있다고 해서 주눅 드는 기색이 전혀 없었다. 아들이 일곱 살이 되었을 때, 열망을 심어주는 방법이 열매를 맺고 있다는 첫 번째 증거가 나타났다. 당시 몇 달 동안 아들이 신문을 팔러 나가겠다고 졸랐지만, 아내가 허락하지 않았다. 아내는 청각 장애가 있는 아들이 혼자 거리를 돌아다니다가 위험한 일을 당하지 않을까 두려워했다.

결국 아들은 제 손으로 문제를 해결했다. 어느 날 오후 가정부하고 둘만 집에 남았을 때 아들은 부엌 창문으로 집을 몰래 빠져나와 혼자 길을 나섰다. 그러고선 동네 구둣방 아저씨에게 6센트를 밑천으로 빌린 다음 신문을 사서 팔았다. 신문을 판 돈으로 다시 신문을 사서 팔았고, 저녁 늦도록 그 일을 되풀이했다. 결산해서 그의 투자가에게 6센트를 갚고 나자 순이익으로 42센트가 남았다. 그날 밤 우리 부부가 집에 돌아왔을 때, 아이는 그 돈을 손에 꼭 쥔 채 잠들어 있었다.

아내는 아들의 손을 펴서 동전을 집어 들고는 목 놓아 울었다. 하필이면 울다니! 아들이 난생처음 성공을 거두었는데 우는 건 아닌 듯싶었다. 나는 울지 않았다. 아들의 마음에 믿음을 심어주려던 노력이 헛되지 않았다는 사실에 오히려 웃음이 나왔다.

아들의 첫 사업에서 아내는 돈을 벌겠다고 목숨을 걸고 거리로 나선 귀가 들리지 않는 소년을 보았다. 이에 비해 나는 자기 힘으로 사업을 시작해 성공을 거둠으로써 자신의 주가를 100퍼센트 끌어올린 용감하고 야심만만하며 자립심이 강한 어린 사업가를 보았다. 나는 흐뭇했다. 아들에게서 평생 사라지지 않을 사업 수완이 있다는 증거를 보았기 때문이었다. 이후 일어난 사건들로 내 판단이 틀리지 않았음이 입증되었다. 어린 시절, 큰아들은 원하는 게 생기면 바닥에 드러누워 몸부림치며 울어서 얻어냈다. 하지만 그 '어린 청각 장애 소년'은 원하는 게 생기면 돈 벌 방법을 계획하고 직접 돈을 벌어 사곤 했다. 그리고 지금도 여전히 그렇게 한다.

아들은 내게 가르쳐주었다. 장애물로 받아들이거나 구실로 삼지 않는 한, 장애는 가치 있는 목표로 올라갈 디딤돌이 될 수 있음을!

가까운 거리에서 큰 소리로 외칠 때가 아니면 선생님의 말도 알아듣지 못하는 그 청각 장애 소년은 초등학교부터 대학교까지 마쳤다. 아들은 특수학교를 다니지 않았다. 우리 부부는 아이가 수화를 배우도록 허락하지 않았다. 아들이 평범한 삶을 살면서 평범한 아이들과 어울려야 한다고 판단했기 때문이다. 학교 관계자와 여러 번 격렬하게 논쟁을 벌여야 했지만, 결코 우리는 물러서지 않았다.

아들이 고등학교에 다닐 때 전기 보청기를 사용해보았으나 효과가 없었다. 아들이 여섯 살 무렵 수술받던 중에 확인했듯 태어날 때부터 청각 기관이 아예 없어서다. 그 수술을 받고 18년이 지나 대학 졸업을 한 주 앞두었던 때였다. 아들은 인생에서 가장 중요한 전환점을 맞았다.

아들은 순전히 우연하게 다른 전기 보청기를 시험용으로 얻었다. 예전에 비슷한 기계에 실망한 경험이 있다 보니 아들은 늦장을 부리며 시험하기를 미루다가, 어느 날 그 기계를 집어 들고 아무 생각 없이 머리에 얹고 작동했다. 그리고 짜잔! 마치 마법의 순간처럼 정상 청력에 대한 평생의 열망이 실현되었다! 난생처음 정상인과 거의 비슷하게 소리를 들은 것이다. "하나님은 신비한 방법으로 움직이시네, 그분의 기적을 행하시려고."라는 찬송가(영국 시인 윌리엄 쿠퍼의 찬송시이자 찬송가 〈주 하나님 크신 능력〉.―옮긴이)의 가사가 떠오른 순간이었다.

보청기를 통해 새로운 세상을 전달받은 아들은 무척 기뻐하며 전화기로 달려갔다. 그리고 아들은 어머니의 목소리를 완벽하게 들을 수 있었다. 다음 날에는 가까운 거리에서 소리쳐야만 들리던 교수님들의 목소리를 생애 처음으로 또렷하게 들었다! 아들은 라디오를 들었다. 영화도 들었다. 태어나서 처음으로 소리를 지르지 않으면서 다른 사람들과 편안하게 대화를 나누었다. 실로 새로운 세상을 얻은 것이다. 우리 가족은 대자연이 저지른 오류를 순순히 받아들이지 않았다. 그리고 끈질긴 열망이라는 유일한 도구로 대자연이 그 오류를 바로잡도록 했다.

열망으로 인생의 기적을 일으킨 사람들

열망이 결과를 거두기 시작했으나 승리는 아직 완성되지 않았다. 소년은 장애를 그에 맞먹는 자산으로 바꾸는 확실하고도 실용적인 방법을 찾아야 했다.

아들은 새롭게 발견한 소리의 세계가 주는 기쁨에 한껏 빠져서 보청기 회사로 편지를 썼다. 자기가 경험한 일을 열정적으로 묘사한 편지를 받은 보청기 회사는 곧 아들을 뉴욕으로 초대했다. 뉴욕에 도착한 아들은 공장을 안내받으며 둘러보았다. 아들이 수석 연구원과 대화를 나누면서 자신의 변화된 세상에 관해 이야기하던 중에 직감이나 아이디어, 아니면 영감 같은 것이 머리를 스쳤다. 번쩍이며 생각이 발화하는 순간, 아들의 장애는 자산으로 바뀌었다. 그리고 이 자산의 배당금이 장차 수천 명에게 돈과 행복을 선사하게 된다.

아들의 머릿속에 떠오른 생각은 이러했다. 만일 어떤 방법을 찾아 자신의 변화된 세상에 관한 이야기를 공유한다면, 보청기의 혜택을 누리지 못하고 살아가는 많은 청각 장애인에게 도움이 될 것이다. 아들은 그때 그곳에서 청각 장애인을 돕는 데 평생을 바치기로 마음먹었다.

아들은 한 달 내내 집중적으로 연구에 매진했다. 어떻게 하면 자신이 새롭게 발견한 변화된 세상을 사람들과 공유할 수 있을지 고민하면서, 보청기 회사의 마케팅 시스템을 총괄 분석하고 전 세계 청각 장애인과 소통할 방법과 수단을 마련했다. 그런 다음에는 그 결과를 바탕으로 2개년 계획을 세웠다. 이 계획서를 회사에 제출하자마자 곧바로 아들은 열망을 실현할 수 있는 직책을 맡았다. 사실 일을 시작할 때만 해도 아들은 잘 몰랐다. 자기가 장차 수천 명의 청각 장애인에게 희망과 실질적인 구제책을 안겨주는 운명적 존재가 될 줄 말이다.

보청기 회사와 인연을 맺은 후 아들은 나를 한 수업에 초대했다. 청각 장애인에게 듣고 말하는 법을 가르치기 위해 회사에서 주관하는 수업이었다. 나는 그때까지 들은 바가 전혀 없던 수업이라 의심 반 기대 반의 마음으로 참석했다. 수업에서 진행한 시연은 그간 내가 아들의 마음속에 정상 청력에 대한 열망을 불러일으키고 생생하게 유지하기 위해 했던 일의 확장판이었다.

청각 장애인이 배우고 있는 듣고 말하는 법은 20여 년 전 내가 아들을 위해 사용한 방법과 원리가 동일했다. 말하자면 아들 블레어와 내가 청각 장애인에게 도움을 주리라는 건 이미 정해진 운명이었다. 그리고 지금까지는 한 사람만 도왔지만 앞으로는 다른 많은 사람을 도울 터였다.

아내와 내가 블레어의 마음을 다잡지 않았다면 블레어는 평생 청각 장애인으로 남았을 것이다. 블레어가 태어났을 때 주치의는 무슨 비밀이라도 되는 듯 조심스럽게 청각 장애인이 될 가능성이 있다고 말했다. 불과 몇 주 전 블레어는 선천적 청각 장애의 저명한 전문가인 어빙 보르히스 박사로부터 정밀 검사를 받았다. 그는 "검사 결과만 보면 이론상으로는 전혀 들을 수 없는 상황이 맞습니다만…"이라고 말하면서 별 무리 없이 듣고 말하는 아들의 상태에 몹시 놀랐다. 엑스레이 사진상에는 블레어의 두개골에서 귀까지 이어지는 통로가 아예 없기 때문이다.

내가 아들의 마음속에 듣고 말하고, 그래서 평범한 사람처럼 살고 싶다는 열망을 심었을 때 모종의 불가사의한 힘이 발생했다. 그리고 그 힘은 아들의 뇌와 외부 세계를 갈라놓았던 소리 없는 바다에 다리를 놓았다. 이 과정에는 가장 뛰어난 의학 전문가조차 해석할 수 없는 어떤 수단이 동원되었다. 대자연이 어떤 방법으로 이 기적을 행했는지 추측하려 한다면 신성 모독이 될 것이다. 나는 끈질긴 믿음으로 열망을 뒷받침하는 사람에게 불가능이란 없다는 사실을 이성적으로 믿는다. 이 사실을 알리는 데 소홀히 한다면 아마 용서받지 못할 것이다.

실로 불타는 열망은 신비한 방식을 통해 물리적인 등가물로 변화할 수 있다. 블레어는 정상적인 청력을 열망했고, 이제 그것을 얻었다! 만일 열망이 조금이라도 사그라들었다면 자칫 사회에서 소외되었을지도 모른다. 하지만 이제 아들의 장애는 틀림없이 유용한 도구가 될 것이다. 아들은 이를 이용해 수많은 청각 장애인에게 유용한 서비스를 제공하고 유익한 직장에서 일하면서 남은 생애 동안 적절한 경제적 보상을 받을 것이다.

개인적인 문제가 있는 사람들의 다양한 사례를 접해왔지만, 아무리 돌아보아도 내 아들 이야기보다 열망의 힘을 더 확실하게 보여주는 사례는 없었다. 어쩌면 아들의 일은 신의 섭리였을지 모른다. 열망이 시험대에 올랐을 때 어떤 일이 일어나는지를 알게 되었으니 말이다.

인간 정신의 힘은 신기하고 감히 헤아릴 수 없다! 그것이 열망을 물리적 등가물로 바꾸는 도구가 되는 과정은 명확히 이해하기 어렵다. 아마도 이 비밀을 밝혀내는 것은 과학의 몫인 듯싶다.

나는 아들의 마음속에 평범한 사람처럼 듣고 말하고 싶다는 열망을 심었다. 그 열망은 이제 현실이 되었다. 나는 아들의 마음속에 그의 가장 큰 장애를 가장 큰 자산으로 바꾸고 싶다는 열망을 심었다. 그 열망은 실현되었다.

이 놀라운 결과를 일구어낸 작동 방식을 설명하기란 그리 어렵지 않다. 첫째, 나는 정상 청력에 대한 열망과 믿음을 혼합해서 아들에게 전달했다. 둘째, 나는 수년에 걸쳐 끈질기게 부단히 노력함으로써 온갖 방법을 동원해 내 열망을 아들에게 전달했다. 셋째, 아들은 나를 믿었다!

이 장이 완성될 무렵 에르네슈티네 슈만하잉크 부인의 사망 소식이 전해졌다. 신문 기사는 그 남다른 여인이 가수로서 대성공을 거둔 비결을 한 단락으로 보여준다. 이 단락을 여기서 인용하는 것은 그 비결이 바로 열망이기 때문이다.

> 가수 생활을 시작하고 얼마 지나지 않아 슈만하잉크는 오디션을 보러 빈 궁정오페라단의 감독을 찾아갔다. 하지만 감독은 행색이 남루한 소녀를 흘끗 보더니 기회를 주지 않았다. 그는 목소리를 내리깔고 이렇게 말했다. "그런 얼굴에 개성도 전혀 없는데 어떻게 오페라 가수로 성공할 수 있겠나? 아가씨, 그런 생각은 포기하시게. 재봉틀이나 한 대 사서 일하는 게 좋겠군. 자넨 절대 가수가 될 수 없네."

속단은 금물이다! 빈궁정오페라의 감독은 가창 기술에 대해서는 아는 게 많았지만, 열망에 대해서는 무지했다. 열망의 힘을 제대로 알았다면 천재를 알아보지 못하는 실수는 저지르지 않았을 것이다.

몇 년 전 내 동업자 한 명이 몸져누운 적이 있었다. 시간이 갈수록 병세가 악화했고, 결국 그는 수술을 받기 위해 병원에 입원했다. 수술실로 옮겨지기 직전의 그를 본 나는 그렇게 마르고 쇠약해진 사람이 대수술을 견뎌낼지 걱정스러웠다. 의사는 내게 그가 살아남을 가능성이 희박하다고 일러주었다. 하지만 그건 의사의 의견이었다. 환자의 의견이 아니었다.

동업자는 수술실로 옮겨지기 바로 전에 나를 보며 "사장님, 걱정하지 마세요, 며칠 내로 여기서 나갈 거예요."라고 가냘프게 속삭였다. 담당 간호사가 안타까운 표정으로 이를 바라보았다. 하지만 동업자는 무사히 수술을 마쳤다. 모든 일이 마무리된 후 주치의는 이렇게 말했다. "오직 살고 싶다는 열망이 환자의 목숨을 구했습니다. 환자가 죽을 수도 있다는 가능성을 거부하지 않았다면 결코 살아남지 못했을 겁니다."

나는 신념이 뒷받침된 열망의 힘을 믿는다. 내 두 눈으로 직접 보았기 때문이다. <u>열망의 힘이 인간을 미약한 시작으로부터 힘과 부가 있는 곳으로 끌어올렸다. 죽음의 구렁텅이에서 희생자를 끄집어냈다. 수백 가지 방식으로 패배한 사람에게 재기할 길을 열어주었다.</u> 선천적인 장애를 가지고 세상에 나온 내 아들에게 평범하고, 행복하고, 성공적인 삶을 선사했다.

열망의 힘을 어떻게 도구로 삼고 활용할 수 있을까? 이어지는 여러 장에 해답이 제시되어 있다. 경기 침체로 상처 입은 수많은 사람, 재산을 잃은 사람, 해고당한 사람, 그리고 계획을 재구성하고 재기를 준비하는 사람이 이에 주목하길 바란다. 이 모든 사람에게 전하노니, 어떤 성격이든, 어떤 목적이든 간에 모든 업적의 출발점은 확고한 무언가를 향한 강렬하고 불타는 열망이어야 한다.

  대자연은 아직까지 밝혀지지 않은 '정신의 연금술'이라는 신비하고도 강력한 원리를 통해 당신이 불가능을 인정하지 않고 실패를 받아들이지 않는다면 강력한 열망으로 무언가를 완성하게 해준다.

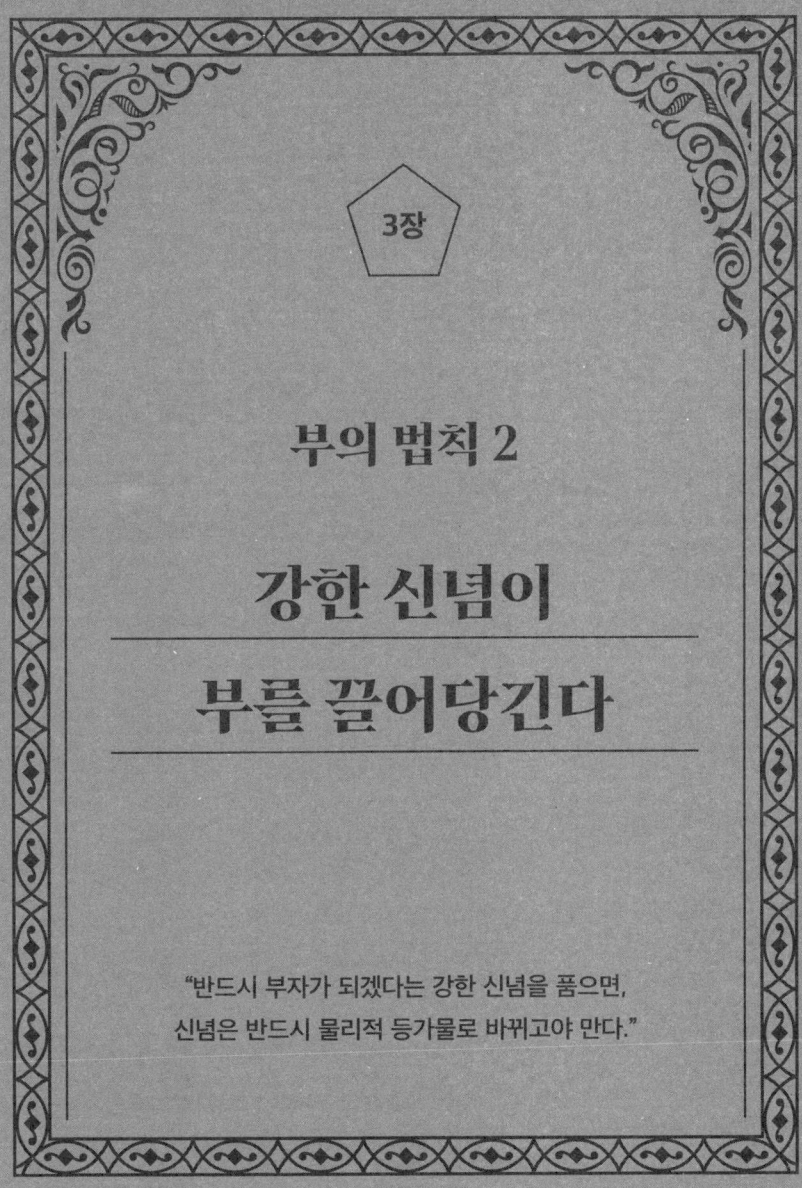

3장

부의 법칙 2

강한 신념이
부를 끌어당긴다

"반드시 부자가 되겠다는 강한 신념을 품으면,
신념은 반드시 물리적 등가물로 바뀌고야 만다."

신념은 마음의 연금술사다. 신념이 생각과 만나면 잠재의식은 즉시 이를 포착해 영적인 등가물로 바꾼 뒤 무한 지성에 보낸다. 기도의 원리도 이와 비슷하다.

신념과 사랑, 성적인 감정은 긍정적인 주요 감정 중에서도 가장 강력하다. 이것들이 합쳐지면 잠재의식에 곧바로 전달되어 생각에 '색채'가 입혀지는 효과가 일어난다. 그러면 생각은 형태를 갖춘, 즉 영적인 등가물로 변한다.

신념과 사랑은 인간의 영적인 면과 관계가 있다. 성애는 순전히 생물학적이며 오로지 육체와 관계가 있다. 세 감정이 섞이거나 합쳐지면 인간의 유한한 정신과 무한한 지성이 서로 직접 소통하는 통로가 열린다.

부를 이루려면 신념을 발전시켜라

이 대목에서 명제가 등장한다. 열망을 물리적이나 금전적인 등가물로 전환하는 과정에서 자기 암시의 원리가 얼마나 중요한지를 보여주는 이 명제는 이렇다. "신념이란 자기 암시의 원리를 통해 잠재의식에 확언이나 반복적인 지시를 보냄으로써 유도되거나 생성되는 마음 상태다."

예를 들어, 이 책을 읽는 목적을 생각해보라. 당신은 눈에 보이지 않는 열망을 물리적 등가물인 돈으로 전환할 능력을 습득하려 책을 읽는다. 자기 암시를 다룬 장에서 내가 제안한 지침을 익히면, 원하는 것을 얻을 거라는 확신을 잠재의식에 심을 수 있다. 그러면 잠재의식은 확신에 따라 움직이고, 확신은 '신념'으로 되돌아오며, 이어서 우리는 열망을 실천할 확실한 계획을 세우게 된다.

그런데 아직 신념이 존재하지 않는 곳에서, 신념을 계발하는 방법을 설명하는 건 대단히 어렵다. 마치 시각 장애인에게 빨간색을 설명하는 것만큼이나 어렵다. 그냥 이 책에서 설명하는 부의 법칙을 완전히 익혀라. 이를 적용하고 활용하다 보면 신념이라는 마음 상태가 저절로 생기기 마련이며, 그다음부터는 자기 뜻대로 신념을 발전시킬 수 있다.

지금껏 알려진 신념의 계발법은 잠재의식에 명령을 반복적으로 확인시키는 방법뿐이다. 사람들이 범죄자로 변하는 경로를 살펴보면 이 말의 의미가 더 명확하게 와닿을 것이다. 이와 관련한 어떤 유명 범죄학자의 다음 언급은 의미심장하다. "처음 범죄를 접할 때 사람들은 범죄를 혐오한다. 그러다 한동안 계속 접촉하면 범죄에 익숙해지고 범죄를 견뎌낸다. 접촉하는 기간이 충분히 길어지면 결국 범죄를 받아들이고 범죄의 영향을 받는다."

잠재의식에 반복적으로 전달되는 생각의 발화는 어떤 것이든 잠재의식에 받아들여진다. 잠재의식은 이를 가장 현실적인 방법으로 물리적 형태로 전환한다. 잠재의식에는 신념과 합쳐진 생각의 발화뿐만 아니라, 긍정적이거나 부정적인 감정과 합쳐진 생각의 발화도 받아들여진다. 즉, 잠재의식은 긍정적이거나 건설적인 생각의 발화를 물리적 등가물로 바꾸기도 하며, 마찬가지로 부정적이거나 파괴적인 생각의 발화도 물리적 등가물로 바꾼다. 수많은 사람에게 '불행'이나 '불운'이라고 일컫는 기이한 현상이 발생하는 것은 바로 그래서다.

수백만 명의 사람이 자신이 통제할 수 없다고 믿는 어떤 이상한 힘

탓에 태어날 때부터 가난하고 실패할 '운명'이었다고 여긴다. 하지만 잠재의식이 부정적인 신념을 받아들이고 물리적인 등가물로 바꾼다는 점을 생각하면 그 '불행'의 창조자는 다름 아닌 본인의 잠재의식이다.

이쯤에서 한 번 더 짚고 넘어가겠다. 열망을 성취하고 싶은가? 그렇다면 실제로 변화가 일어날 거라고 기대하거나 믿으면서 물리적이거나 금전적인 등가물로 변환하고자 하는 모든 열망을 잠재의식에 전달해야 한다. 신념이 잠재의식의 작용을 결정한다. 내가 아들의 잠재의식을 '속였듯', 당신도 자기 암시를 통해 잠재의식을 '속인다면' 잠재의식은 천하무적이 된다.

이 '속임수'를 확실히 현실로 이루기 위해서는 **잠재의식을 소환할 때 자신이 원하는 그 물질적인 대상을 이미 소유한 듯 행동하라**. 반드시 실현될 것이라는 믿음이나 신념을 가진다면, 잠재의식은 가장 직접적이고 실용적인 도구를 통해 물리적인 등가물로 바뀐다. 지금껏 살펴본 내용만으로도 당신이 잠재의식에 내린 지시와 신념을 합치는 법을 익히기에 충분하다. 다만 그저 지침을 '읽는 것'만으로 완벽하지 않으니 연습하고 적용해야 한다.

결국 마음은 자신을 지배하는 영향의 성격을 띠기 마련이다. 이 진리를 이해한다면 반드시 긍정적인 감정은 마음의 주된 힘으로 키우고, 부정적인 감정은 억제하고 제거하도록 한다. 긍정적인 감정이 가득한 마음에서는 잠재의식에 내린 지시와 신념이 조화롭게 합쳐진다.

❖ 자기 암시로 신념을 계발하는 법

신념은 자기 암시로 유도할 수 있는 마음 상태다. 오래전부터 종교인은 고뇌하는 인류에게 이런저런 교리나 신조를 전하며 "신념을 가지라."고 했지만, 어떻게 신념을 가질 수 있는지는 가르쳐주지 못했다. "신념이란 마음 상태며, 자기 암시로 이 상태를 유도할 수 있다."라고 알려주었으면 좋았을 텐데 말이다.

이 책에서는 평범한 인간이라면 누구나 이해할 수 있는 언어로, 신념이 아직 존재하지 않는 곳에서 신념을 계발할 원칙에 대한 정보를 빠짐없이 전할 것이다.

자신에 대해 신념을 가져라. 무한함에 대해 신념을 가져라. 시작하기에 앞서 다시 한번 되새겨보자.

> 신념은 생각의 발화에 생명과 힘, 행동을 부여하는 '영원한 묘약'이다! 이 말은 두 번, 세 번, 네 번 되풀이해서 읽어야 할 만큼 중요하다. 소리 내 읽어도 좋을 것이다!
>
> 신념은 부를 축적하는 모든 과정의 출발점이다!
>
> 신념은 모든 '기적'의 토대고 과학 법칙으로 분석할 수 없는 모든 미스터리의 토대다!
>
> 신념은 실패의 유일한 해독제다!
>
> 신념은 원소다. 기도와 합쳐질 때 무한 지성과 직접 소통할 수 있는 화학 물질이다.
>
> 신념은 인간의 유한한 마음이 창조하는 평범한 생각의 진동을 영적인 등가물로 변화시키는 요인이다.

신념은 무한 지성의 우주적 힘을 인간이 동력으로 활용할 수 있는 유일한 기관이다.

이 모든 명제는 증명이 가능하다! 증명은 쉽고 간단하다. 자기 암시의 원칙에 증거가 들어 있다. 자기 암시라는 주제에 집중하여 그것이 무엇이며 그리고 어떤 것을 성취할 수 있는지 알아보자.

널리 알려졌듯 사람은 진실이든 거짓이든 상관없이 스스로 되풀이하는 말을 믿게 된다. 거짓말을 계속 반복하는 사람은 결국 거짓말을 진실로 받아들일 것이다. 한술 더 떠서 진실이라고 믿을 것이다. 모든 사람이 지금의 모습이 된 것은 어떤 생각이 자기 마음을 지배하도록 받아들인 결과다. 사람이 의도적으로 어떤 생각을 자기 마음에 담고, 공감하며 응원하고, 여러 감정을 합치면, 그 생각이 힘을 얻는다. 그래서 그 사람에게 동기를 부여하고 모든 움직임과 행동, 행위를 지시하며 통제한다!

감정과 합쳐진 생각은 '자석 같은' 힘을 발휘한다. 이 힘은 비슷하거나 관계있는 다른 생각을 끌어당긴다. '자석이 된' 생각은 씨앗과 같다! 비옥한 토양에 심은 작은 한 알의 씨앗이 싹을 틔우고, 성장하고, 번식하기를 거듭해 똑같은 종류의 씨앗을 이루 셀 수 없이 많이 만들어낸다.

그러면 아이디어나 계획, 목적의 씨앗을 어떻게 마음속에 심을 수 있을까? 쉽게 전달되는 정보와 달리, 아이디어나 계획, 목적은 생각의 반복으로 마음에 담을 수 있다. 그래서 주된 목적이나 명확한 최고 목표를 선언문으로 작성하고, 기억에 담고, 잠재의식에 도달할 때까지 날마다 소리 내 반복해야 한다.

지금의 우리 모습은 우리가 일상적인 환경의 자극을 통해 생각의 진동을 포착한 결과다. 불행한 환경의 영향을 떨쳐버리고 정돈된 삶을 일구기로 결심하라. 만일 당신이 정신적인 자산과 부채의 목록을 작성해본다면 자신의 가장 큰 약점은 부족한 자신감이라는 사실을 발견하게 될 것이다. 이럴 때 자기 암시의 원칙을 지원군으로 삼으면 부족한 자신감을 극복하고 소심함을 용기로 바꿀 수 있다. 긍정적인 생각을 기록하고, 암기하고, 반복하는 단순한 방법으로 자기 암시의 원칙을 적용하라. 이때 다음의 자신감 선언이 유용할 수 있다.

자신감 선언

첫째, 나는 명확한 인생 목표를 달성할 능력이 있다. 그 목표를 달성하고자 끈기 있게 끊임없이 행동할 것이다. 그리고 나는 지금 이 자리에서 그렇게 할 것을 약속한다.

둘째, 내 마음을 지배하는 생각은 결국 외적·물리적 행동으로 나타나 점차 물리적 현실로 바뀐다. 따라서 매일 30분씩 내가 되고 싶은 모습을 떠올리며 생각을 집중하고 마음속에서 그 모습을 선명하게 그릴 것이다.

셋째, 자기 암시의 원칙을 통해 끈질기게 마음에 품은 내 열망은 마침내 어떤 실질적인 수단을 찾아서 목적을 달성할 것이다. 따라서 나는 날마다 10분씩 투자해 자신감을 계발할 것이다.

넷째, 나는 삶의 명확한 최고 목표를 정했다. 따라서 이를 달성할 수 있다는 자신감이 충분히 생길 때까지 결코 노력을 멈추지 않을 것이다.

다섯째, 진실과 정의를 토대로 세워지지 않았다면 어떤 부나 지위도 오래가지 않는다. 따라서 모든 관계자에게 이롭지 않은 거래에는 관여하지 않을 것이다. 내 힘을 발휘하고 다른 사람의 도움을 받아 기필코 성공할 것이다. 나는 다른 사람에게 기꺼이 봉사하고, 다른 사람이 이런 모습을 보고 나를 돕도록 할 것이다. 온 인류에 대한 사랑에 불을 지펴 증오, 시기, 질투, 이기심, 냉소주의를 없앨 것이다. 다른 사람을 부정적인 태도로 대해서는 결코 성공할 수 없다. 나는 자신과 다른 사람을 믿을 것이다. 이런 내 모습을 보고 다른 사람이 나를 믿게 할 것이다.

나는 이 선언에 서명하고, 이를 마음에 새기며 하루에 한 번씩 소리 내 반복할 것이다. 그러면서 이 선언이 내 생각과 행동에 조금씩 영향을 미쳐 자립적이고 성공한 사람이 될 것이라고 온전히 믿겠다.

서명 _____

이 선언의 이면에는 아직 아무도 설명하지 못하는 자연법칙이 존재한다. 이 법칙은 시대를 초월해 모든 과학자를 당황스럽게 했다. 심리학자들은 이 법칙을 '자기 암시'라고 이름만 짓고는 입을 다물었다.

이 법칙을 어떻게 부르는지는 그다지 중요하지 않다. 중요한 건 이 법칙을 건설적으로 사용하면 인류의 영광과 성공에 이롭다는 사실이다. 또한 여기에는 매우 중요한 진리가 존재한다. 사람들이 패배로 무너지고 가난과 불행, 고통 속에서 삶을 마감하는 것은 자기 암시의 원칙을 부정적으로 적용했기 때문이라는 사실이다.

잠재의식은 긍정적인 생각과 부정적인 생각을 구분하지 않는다. 그저 우리가 제공하는 것과 손을 잡는다. 잠재의식은 용기나 신념이 이끄는 생각을 현실로 바꾸듯 두려움이 이끄는 생각을 쉽게 현실로 바꾼다.

'암시 자살'이라는 의학 용어가 있다. 부정적인 암시가 사람을 자살로 이끄는 것을 뜻한다. 미국 중서부의 한 도시에서 은행 임원인 조지프 그랜트라는 사람이 이사들의 동의도 받지 않고 거액의 은행 돈을 빌리고선 도박으로 탕진했다. 은행 감사관이 은행 계좌를 확인하러 왔던 어느 날 오후, 그랜트는 은행을 빠져나와 호텔로 피신했다. 사흘 후에 발견되었을 당시 그는 침대에 누워 울부짖으며 끙끙대고 있었다. "오 하나님, 죽을 거 같아요! 수치스러워서 견딜 수가 없어요." 얼마 후 그는 세상을 떠났다.

전기를 건설적으로 사용하면 산업에 원동력이 되고 유용한 서비스를 제공하지만 잘못 사용하면 생명을 앗아갈 것이다. 이와 똑같이 자기 암시의 원칙은 어느 정도 이해하고 적용하는지에 따라 평화와 번영으로 가는 길과 불행, 실패, 죽음의 계곡으로 가는 길로 갈라진다. 당신의 마음이 두려움과 불신, 그리고 무한 지성의 힘을 활용할 수 없을 거라는 의심으로 가득하다면, 믿지 못하는 그 마음을 자기 암시의 원칙이 포착해서 잠재의식을 통해 부정적인 결과라는 물리적 등가물로 바꿀 것이다.

이는 '2 + 2 = 4'라는 수학 문제의 답처럼 확실한 진리다! 바람이 어떤 배는 동쪽으로, 다른 배는 서쪽으로 실어 가듯, 생각의 돛을 어떻게 세우느냐에 따라 자기 암시의 원칙이 당신을 끌어올릴 수도, 끌어내릴 수도 있다.

다음 시에는 누구든 상상을 초월하는 성취의 고지로 끌어올릴 수 있는 자기 암시의 원칙이 잘 묘사되어 있다.

> 패배했다고 '생각'하면 패배한 것이다.
> 할 수 없다고 '생각'하면, 할 수 없다.
> 승리하고 싶지만 그럴 수 없다고 '생각'하면
> 승리하지 못한다.
> 패배할 거라고 '생각'하면 이미 패배한 것이다.
> 세상 밖에서 우리는 알게 되느니
> 성공은 사람의 의지에서 시작된다는 것을 —
> 모든 건 마음가짐에 달렸다.
> 남보다 못하다고 생각하면 남보다 못한 것이다.
> 높이 오르려면 높이 '생각'해야 한다.
> 보상을 받으려면
> 먼저 '자신을 믿어야' 한다.
> 더 강한 자가, 더 빠른 자가
> 언제나 삶의 전투에서 승리하는 것은 아니다.

머지않아 승리하는 자는

'할 수 있다고 생각하는' 자다.

시에서 작은따옴표로 강조된 단어를 눈여겨보라. 그러면 시인이 말하고자 하는 의도를 파악할 수 있다.

<u>마음속 어딘가, 어쩌면 뇌세포 속에 성취의 씨앗이 잠자고 있다. 그 씨앗을 깨워 움직이게 만든다면 감히 꿈꾸지도 못했던 높은 곳까지 올라갈 것이다.</u>

링컨은 40세가 넘도록 하는 일마다 실패했다. 그는 출신이 보잘것없고 존재감도 없었다. 그런데 어떤 중대한 경험이 삶에 찾아와 그의 마음과 뇌 속에 잠자고 있던 천재성을 일깨웠다. 그렇게 해서 세상은 역대 최고의 위인으로 손꼽히는 한 인물을 얻었다. 그 경험은 링컨이 진정으로 사랑했던 여인, 앤 러틀리지와의 만남과 이별이다.

사랑의 감정은 신념이라고 알려진 마음 상태와 매우 유사하다. 사랑은 생각을 영적인 형태로 전환한다. 내가 수백 명의 생애와 업적을 분석한 결과에 따르면, 뛰어난 업적을 남긴 모든 남성의 뒤에는 거의 어김없이 여인의 사랑이 남긴 영향이 있었다.

신념의 힘에 대한 증거가 필요하면 인간이 신념을 이용해 거둔 업적을 연구해보라. 그 목록의 맨 위에 예수 그리스도가 있다. 인간의 마음에 가장 큰 영향을 미치는 하나의 힘을 꼽으라면 바로 기독교다. 기독교의 토대는 신념이다. '기적'으로 해석되었을 수 있는 예수 그리스도의 가르침과 업적은 신념, 그 이상도 이하도 아니었다. 혹여 <u>'기적'과</u>

같은 현상이 존재한다면 이는 오직 신념이라는 마음 상태를 통해 만들어진다!

인도의 마하트마 간디도 신념의 힘을 증명해주는 인물이다. 간디는 돈, 전함, 군사, 전쟁 물자 등 권력의 전통적인 도구를 아무것도 소유하지 않았으나, 이 시대를 살아가는 그 어떤 사람보다 더 큰 잠재력을 발휘했다. 간디는 무일푼에다 집도, 변변한 옷 한 벌도 없었다. 하지만 그에게는 힘이 있었다. 그 힘은 어디에서 왔을까? 간디는 신념의 원리를 이해했다. 그리고 그 신념을 2억 명에 이르는 사람의 마음에 옮겨 심어서 힘을 창조했다.

간디는 신념의 영향력으로 힘을 얻었다. 가장 막강한 무력이라 할지라도 병사와 군사 장비로 달성할 수 없었고 앞으로도 달성할 수 없을 영향력이었다. 그는 2억 명의 마음을 하나로 뭉쳐 한 몸으로 움직이도록 하는 놀라운 업적을 달성했다. 신념을 제외한 어떤 힘이 그만한 일을 해낼 수 있을까?

고용주뿐만 아니라 고용인도 신념의 가능성을 발견할 날이 올 것이다. 그날이 서서히 동트고 있다. 세계는 지금껏 경기 침체기에 신념이 부족할 때 사업에 어떤 영향이 미쳤는지를 충분히 목격했다.

분명 문명사회는 경기 침체에서 얻은 중대한 교훈을 활용할 수 있는 인재를 충분히 얻었다. 경기가 침체한 동안 세계는 광범위한 공포가 산업과 사업의 원동력을 마비시킬 것이라는 풍부한 증거를 확보했다. 사업계와 산업계의 리더는 이 경험을 토대로 삼아 간디를 본받고 세계 역사상 가장 훌륭한 추종자 집단을 형성한 그의 전술을 사업에 적용할 것이다. 지금 제철소, 탄광, 자동차 공장, 도시에서 일하는 무명 노동자로부터 이런 리더가 탄생할 것이다.

이제 사업계를 개혁할 때가 왔다. 이 기회를 놓쳐선 안 된다! 경제 권력과 두려움에 기반을 둔 과거의 방식은 신념과 협력이라는 더 바람직한 원칙으로 대체될 것이다. 근로자는 일당보다 더 많은 보수를 받을 것이다. 투자가처럼 사업으로 발생한 배당금을 받을 것이다. 그러나 그에 앞서 고용주에게 더 많은 걸 제공하고 대중을 볼모로 무력을 행사하는 다툼과 흥정을 멈추어야 한다. 배당금을 받을 권리를 스스로 얻어내야 한다! 그리고 무엇보다 간디가 활용한 원리를 이해하고 적용할 리더의 인도를 받아야 한다. 그래야만 리더가 사람들의 전폭적인 협조를 얻을 수 있으며, 이 협조야말로 가장 강력하고 지속적인 형태의 권력을 구성하는 요소가 된다.

바야흐로 우리가 등지고 있는 이 거대 기계의 시대는 지금껏 인간에게서 영혼을 앗아갔다. 리더는 인간을 마치 차가운 기계처럼 몰아붙였다. 협상 과정에 모든 관계자를 희생시키면서 베풀지는 않고 받기만 하려는 고용인 탓에 그렇게 할 수밖에 없었다. 미래의 구호는 인간의 행복과 만족이 될 것이다. 행복과 만족의 마음 상태에 도달하면 그 무엇과도 비할 수 없이 효과적으로 생산 과정이 저절로 굴러갈 것이다.

작은 아이디어에서 빅 비즈니스까지

'받으려' 하기 전에 먼저 '베풀어' 큰 재산을 축적한 흥미롭고도 유익한 한 사례를 살펴보자. 이는 우리에게 신념과 협력의 필요성을 되새겨보게 한다.

이야기의 서두는 미국철강회사가 설립되던 1900년으로 거슬러 올라간다. 아이디어가 어마어마한 부로 전환되는 과정을 이해하고 싶다면 다음의 기본 정보를 기억하면 좋을 것이다.

첫째, 거대 기업 미국철강회사는 슈와브의 머릿속에서 상상력을 통해 창조한 아이디어의 형태로 탄생했다! 둘째, 슈와브는 아이디어에 신념을 결합했다. 셋째, 아이디어를 물리적·재정적 현실로 전환하고자 계획을 수립했다. 넷째, 유니버시티클럽에서 연설함으로써 계획을 실행에 옮겼다. 다섯째, 계획이 실현될 때까지 확고한 결정을 바탕으로 끈기 있게 계획을 적용하고 실행했다. 여섯째, 성공을 향한 불타는 열망으로 성공의 길을 준비했다.

슈와브가 어떻게 큰 재산을 쌓았는지 궁금하다면 미국철강회사의 탄생 이야기에서 실마리를 찾아보라. 생각의 힘으로 부자가 될 수 있다는 말을 믿지 않는 사람이라면 의심이 말끔히 사라질 것이다. 이 책에서 설명한 부의 법칙이 적용된 사례를 눈으로 확인할 수 있을 테니 말이다.

아이디어의 힘을 보여주는 이 놀라운 이야기는 존 로웰이 《뉴욕월드 텔레그램》에서 흥미진진하게 묘사한 기사로, 잡지사의 허락을 받아 게재한다.

10억 달러짜리 멋진 만찬 연설

1900년 12월 12일 저녁, 미국 금융계의 상류층 인사 약 80명이 서부 출신의 한 젊은이를 예우하기 위해 5번가에 있는 유니버시티클럽 연회장에 모였다. 그때 미국 산업계 역사상 가장 중대한 사건을 목격하리라고 예상한 사람은 그중에서 손가락으로 꼽을 정도일 것이다.

J. 에드워드 시몬스와 찰스 스튜어트 스미스는 얼마 전 피츠버그를 방문했을 때 슈와브에게 후한 대접을 받았다. 이들은 보답하고 싶은 마음에 그 38세의 철강 사업가를 동부 금융계에 소개하는 만찬을 마련했다. 하지만 두 사람 모두 그가 연회를 뒤흔들 것이라고는 전혀 예상하지 못했다. 사실 두 사람은 연설하기로 되어 있던 슈와브에게 20분 정도 예의상 듣기 좋은 말만 하고 끝내는 편이 낫다고 귀띔해주었다. 뉴욕의 고리타분한 인사는 열띤 연설에 그다지 감응이 없을 테고, 미국 재계를 대표하는 유명 가문의 자제도 지루해할 거라고 덧붙였다.

슈와브의 오른편에 앉아 있던 '재계의 황제' J. P. 모건도 잠시만 연회장을 빛내고 곧 자리를 뜰 생각이었다. 언론과 대중의 관심 면에서도 다음 날 신문에 기사화될 게 없는 평범한 행사였다.

두 주최자와 귀빈은 코스 요리를 먹었다. 대화는 거의 없었고, 어쩌다 오간 대화마저 절제된 분위기였다. 은행가와 중개인 가운데 머낭거힐러강(20세기 초 미국 철강 산업 중심지였던 펜실베이니아주 피츠버그의 주요 강. 철강 생산의 원료인 석탄, 철광석 등이 운반되는 수로였다.—편집자) 지역에서 경력을 쌓은 슈와브를 만나본 사람은 거의 없었으며 그에 대해 잘 알지도 못했다. 그러나 그날 저녁이 다 저물기 전에 금융계의 거물인 모건을 포함한 모든 참석자가 슈와브에게 온통 마음을 빼앗겼고, 이로써 장차 10억 달러 규모로 성장할 미국철강회사가 태동한다.

안타깝게도 만찬에서 슈와브가 한 연설은 기록에 남아 있지 않다. 이후 어느 날 그는 시카고 은행가들이 모인 비슷한 모임에서 이 연설의 일부를 되풀이했다. 그리고 훨씬 훗날에 미국 정부가 철강 독과점에 대해 소송을 제기했을 때, 그는 증인석에서 모건을 금융계의 광풍으로 몰아넣었던 발언을 다시 했다.

슈와브는 언어의 미학 따위에는 관심이 없는 사람이었다. 그래서 그 연설은 틀림없이 군데군데 문법에 어긋나고, 풍자적인 표현이 가득한 '꾸밈없는' 연설이었을 것이다. 그런데도 그의 연설은 50억 달러로 추산되는 참석자들의 총자본에 충격적인 힘과 영향을 발휘했다. 연설이 끝난 후에도 참석자들은 마법에서 한동안 헤어 나오지 못했다. 슈와브가 장장 90분 동안 연설했는데도, 모건은 그를 창가로 끌고 가 높고 불편한 창턱에 앉아 다리를 흔들거리면서 한 시간 넘게 이야기를 더 나누었다.

슈와브가 한껏 매력을 발산하긴 했지만, 더 결정적이었던 것은 그가 철강 산업의 대형화를 위해 마련한 본격적이고 명확한 계획이었다. 그간 많은 사람이 비스킷, 철재, 설탕, 고무, 위스키, 석유, 껌 등 다른 조합의 선례를 따라 철강 조합을 졸속으로 조직하는 방안에 모건을 동참시키려고 애썼다.

투기꾼인 존 W. 게이츠도 이 방안을 밀어붙였지만, 모건은 그를 믿지 않았다. 성냥 조합과 크래커 회사를 합병한 시카고 증권업자인 빌과 짐 무어 형제도 밀어붙였으나 실패했다. 신실한 척하는 시골 변호사 엘버트 H. 개리도 이 사업을 키우고 싶어 했는데 별로 인상을 남기지 못했다. 그런데 슈와브의 설득력 있는 연설은 모건에게 확실한 성과를 거둘 수 있는 미래를 보여주었다. 이전까지 그 프로젝트는 일확천금을 노리는 괴짜의 허황된 꿈으로만 여겨졌다.

30여 년 전, 규모가 작고 때로는 비효율적으로 운영되던 수천 개 회사를 배타적인 대규모 조합으로 끌어들일 목적으로 시작된 금융계의 유치 활동은 그동안 철강업계의 유쾌한 무법자 게이츠의 금융 장치를 통해 작동하고 있었다. 게이츠는 이미 아메리칸스틸앤드와이어컴퍼니를 설립했고, 모건과도 함께 페더럴스틸컴퍼니를 창립했다. 모건은 내셔널튜브와 아메리칸브리지도 눈여겨보았다. 무어 형제는 성냥과 쿠키 사업을 포기하고 아메리칸그룹과 내셔널스틸컴퍼니를 설립했다.

그러나 53개 파트너사가 소유권과 운영권을 공유하는 카네기의 거대한 조직에 비하면 다른 연합체는 애들 장난 같았다. 그들은 마음껏 연합할 수는 있지만 카네기의 조직에 손톱자국 하나 낼 수 없었고, 모건도 그 사실을 알았다.

스코틀랜드 출신의 별난 노신사인 카네기도 이를 알았다. 카네기는 드높은 고지에서 처음에는 재미있어하다가 나중에는 분개하면서 자신의 사업을 침범하려는 모건의 중소기업들을 내려다보았다. 그들의 시도가 지나치게 대담해지자 카네기는 괘씸해서 본때를 보여주고 싶었다. 그는 경쟁사가 소유한 모든 공장을 똑같이 복제하겠다고 결심했다. 그때까지만 해도 철사, 철관, 철근, 철판은 그의 관심사가 아니었다. 카네기는 철재 회사가 제품을 생산하도록 미가공 철강을 파는 데 만족해왔다. 그런데 이제 카네기는 슈와브를 유능한 제1 참모로 두고 적을 궁지로 몰 계획을 세우기 시작했다.

모건은 슈와브의 연설에서 조합이 처한 문제를 해결할 답을 발견했다. 업계의 거물인 카네기가 빠지면 어느 작가의 말처럼 자두가 없는 자두 푸딩이나 다름없을 터였다.

1900년 12월 12일 밤에 슈와브가 했던 연설에는 거대한 카네기 기업을 모건의 진영으로 영입할 수 있다는 암시가 담겨 있었다. 연설에서는 철강 산업의 미래, 효율성을 위한 조직 개편, 전문화, 실패한 공장의 폐기와 번창하는 자산에 집중하는 전략, 광석 운송의 경제성, 간접비용 및 관리 부문의 경제성, 해외 시장 공략 등이 다루어졌다.

슈와브는 거기에서 그치지 않고 업계의 노회한 기업가들이 일삼았던 잘못된 노략질에 대해서도 지적했다. 슈와브는 그들의 목적이 독점을 형성하고, 가격을 올리고, 특권을 통해 막대한 배당금을 챙기는 것이라고 판단했고 진심으로 이 행태를 비난했다. 어디서든 확장을 부르짖는 시대에 이런 근시안적 정책은 시장을 제한할 뿐이라고 말했다. 철강 가격을 낮추면 시장이 확장을 거듭하고, 더 많은 용도의 철강이 개발되며, 세계 무역의 상당 부분을 점유할 수 있을 거라고도 주장했다. 사실 정작 본인은 몰랐지만 슈와브는 근대 대량 생산의 사도였다.

그렇게 유니버시티클럽의 만찬은 마무리되었다. 모건은 집으로 돌아가 슈와브의 장밋빛 예측에 대해 생각했다. 슈와브는 피츠버그로 돌아가 카네기를 위해 철강 사업체를 운영했고, 개리와 나머지 사람들은 증권 시장으로 돌아가 다음 수를 예상하며 시간을 보냈다.

모건이 결정을 하는 데는 그리 오랜 시간이 필요하지 않았다. 슈와브가 그의 앞에 펼쳐놓은 계획을 검토하기까지 약 일주일이 걸렸다. 재정 면에서 크게 문제가 될 것 같지 않다는 확신이 들었을 때 모건은 슈와브를 초대했지만, 그 젊은이는 약간 몸을 사리는 듯했다. 카네기는 월스트리트에 발걸음도 하지 않겠다고 결심한 사람이었다. 그러니 슈와브는 카네기의 신임을 받는 회사 대표가 월스트리트의 제왕과 노닥거린다는 사실을 카네기가 알면 좋아하지 않을 거라는 뜻을 전했다.

그러자 게이츠가 중재자가 되어, 슈와브와 모건이 '우연히' 필라델피아의 벨뷰호텔에서 마주친 걸로 하자는 안을 내놓았다. 그러나 정작 슈와브가 호텔에 도착했을 때 모건은 뉴욕 저택에 몸져누워 있었다. 그래서 슈와브는 연장자의 간절한 초대를 받아들여 뉴욕으로 가서 모건의 서재 문 앞에 섰다.

일부 경제사학자는 지금껏 그 드라마가 시작부터 끝까지 카네기의 손에서 연출된 무대였다는 소신을 밝혔다. 다시 말해 슈와브가 참석한 만찬, 유명한 연설, 슈와브와 그 재계 거물이 가진 일요일 밤의 회동이 모두 그 약삭빠른 스코틀랜드인이 준비한 이벤트라는 것이다. 진실은 정반대였다. 슈와브는 카네기가 못마땅해하던 사람들에게 회사를 매도하라는 제안을 귀담아들을지 확신하지 못했다. 하지만 슈와브는 여섯 장의 최종 분석표를 자필로 작성해서 회동에 들고 갔다. 본인이 새로운 금속 산업계의 핵심이라고 생각하는 모든 철강 회사의 물리적 가치와 잠재적 수입 능력을 분석한 내용이었다.

그것은 네 사람이 밤새도록 심사숙고한 수치였다. 물론 수장은 금권신수설에 대한 신념이 확고한 모건이었다. 상류사회 출신의 파트너이자, 학자고 신사인 로버트 베이컨이 함께했다. 제3의 인물은 모건이 투기꾼이라고 경멸하면서 끄나풀로 써먹던 게이츠였다. 마지막이 당시 철강 제조 및 판매에서는 최고 정보통인 슈와브였다. 회의를 진행하는 동안 철강 산업 분석표에 의문을 제기한 사람은 전혀 없었다. 슈와브가 일단 어떤 회사의 가치를 얼마라고 판단했다면 그게 정답이었다. 슈와브는 또한 자신이 지목한 회사만 조합에 가입시켜야 한다고 주장했다. 그는 이미 누구도 모방할 수 없는 조직을 구상해놓았다. 모건이라는 거인의 넓은 어깨 위에 올라타 무임승차하려는 친구들의 욕심을 채워줄 생각은 전혀 없었다. 월스트리트의 사기꾼이 눈독 들이는 회사는 의도적으로 배제했다.

동이 트자, 모건은 자세를 고치며 똑바로 앉았다. 남은 문제는 단 하나였다. 그가 이렇게 물었다. "앤드루 카네기를 설득할 수 있겠습니까?"

슈와브가 대답했다. "제가 시도해볼 수 있죠."

모건이 이렇게 말했다. "당신이 설득할 수 있다면 내가 나서겠소."

지금까지는 문제없었다. 하지만 카네기가 팔까? 얼마를 요구할까? 슈와브는 3억 2천만 달러 정도로 생각했다. 어떤 지급 방식을 원할까? 보통주나 우선주? 채권? 현금? 현금으로 3억 달러를 융통할 수 있는 사람은 없었.

이듬해 1월 웨스트체스터에 위치한 세인트앤드루스링크스의 서리가 얇게 덮인 들판에서 골프 경기가 열렸다. 카네기는 추위에 대비해서 스웨터를 껴입었고, 슈와브는 평소처럼 신나게 이야기하면서 기운을 끌어올렸다. 하지만 두 사람은 아늑하고 따뜻한 카네기의 산장에 자리를 잡고 앉을 때까지 사업 얘기는 입에 올리지 않았다. 마침내 슈와브는 유니버시티클럽에서 80명의 백만장자를 매료시켰던 설득력을 재차 발휘했다. 그는 안락한 노후 생활뿐만 아니라 그 노신사의 사회적 허영을 충족시킬 만한 어마어마한 거금을 약속하는 그럴싸한 제안을 마구 쏟아냈다. 카네기는 마침내 두 손 들고 종이에 액수를 적은 뒤 슈와브에게 건네며 말했다. "좋소, 그 정도면 팔겠소."

그가 적은 액수는 약 4억 달러였다. 슈와브가 언급한 3억 2천만 달러를 기본 수치로 삼고, 지난 2년 동안 증가한 자본의 가치를 의미하는 8천만 달러를 더한 액수였다.

훗날 그 스코틀랜드 사나이는 대서양 횡단 여객선의 갑판에서 후회스럽다는 듯이 말했다. "1억 달러를 더 달라고 할 걸 그랬소."

모건은 유쾌하게 대답했다. "그러셨다면 드렸을 겁니다."

당연히 한바탕 소란이 일었다. 한 영국 특파원은 미국 철강업계가 그 거대 조합의 탄생에 "입을 다물지 못했다."라고 했다. 예일대학교의 아서 트위닝 해들리 총장은 조합을 규제하지 않으면 "향후 25년 안에 워싱턴에 황제가 등장할 것이다."라고 호언장담했다. 그러나 유능한 주식 투자가 제임스 킨이 매우 활발하게 신규 주식을 사들였고, 그 결과 일각에서 6억 달러에 육박할 것이라고 추산한 초과 물량은 순식간에 전량 흡수되었다. 그렇게 해서 카네기는 수백만 달러를, 모건은 6,200만 달러를, 게이츠부터 개리에 이르기까지 모든 패거리는 각자 수백만 달러를 제 몫으로 챙겼다.

38세의 슈와브도 보상을 얻었다. 그는 새 법인의 대표로 추대되어 1930년까지 그 자리를 지켰다.

― 존 로웰

당신이 방금까지 읽은 '빅 비즈니스'의 극적이고 흥미로운 이야기는 열망을 물리적 등가물로 전환하는 방법을 완벽하게 보여주는 사례다! 눈에 보이지 않는 열망을 물리적인 대상으로 바꿀 수 있다는 말에 의문을 제기하는 사람도 있을 것이다. "무無에서 유有를 창조할 수 없다!"라고 말하는 사람도 틀림없이 있을 것이다. 답은 미국철강회사의 사례에 있다.

그 거대 조직은 한 사람의 머릿속에서 탄생했다. 철강 회사로 구성된 조직을 설립하고 그 회사들로부터 재정적 안정을 얻는 계획 또한 같은 사람의 머릿속에서 탄생했다. 미국철강회사를 탄생시킨 진정한 원료는 그의 신념, 열망, 상상력, 끈기였다. 법적인 실체를 얻은 이후 미국철강회사는 철강 회사와 기계 장비를 부수적으로 얻었다. 면밀히 분석해보면 하나의 관리 체제로 통합시킨 이 단순한 거래로 미국철강회사의 자산 가치는 약 6억 달러가 증가했다.

바꾸어 말하면 슈와브의 아이디어와 모건과 다른 사람들의 마음에 전달된 슈와브의 신념이 약 6억 달러에 판매된 셈이다. 아이디어 하나의 대가로는 무시할 수 없는 액수다!

이 놀라운 업적은 이 책에서 설명하는 탄탄한 철학을 입증하는 중요한 증거다. 이 철학은 거래 전체를 구성하는 날실과 씨실이다. 미국철강회사는 번창해서 수천 명의 직원을 고용했고, 철강의 새로운 용도를 개발했으며, 신규 시장을 개척하여 미국에서 가장 자금이 풍부하고 강력한 조직으로 손꼽히게 되었다. 이처럼 슈와브의 아이디어로 6억 달러의 수익이 창출됨으로써 이 철학의 실용성은 확인되었다.

부는 생각의 형태로 시작된다!

부의 크기를 제한하는 것은 결국 생각을 행동으로 옮기는 사람이다. 신념이 한계를 없앤다! 당신이 부의 대가로 어떤 것을 요구할지 인생과 흥정할 준비가 되었을 때 이 사실을 기억하라. 미국철강회사를 창립한 슈와브가 당시에는 사실상 무명이었다는 사실도 잊지 마라. 슈와브는 아이디어를 탄생시키기 전까지 그저 카네기의 '충실한 하인'에 지나지 않았다. 하지만 아이디어가 현실이 된 후에는 권력, 명성, 부가 있는 위치로 고속 승진할 수 있었다.

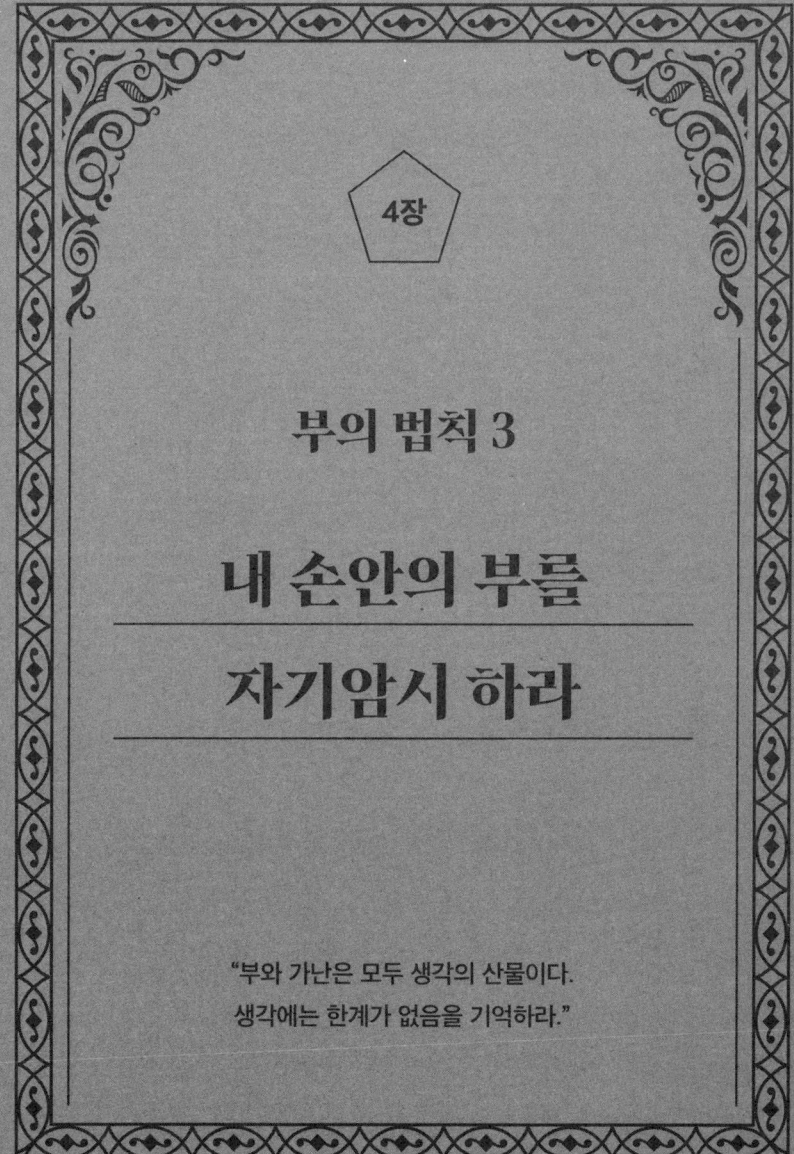

4장

부의 법칙 3

내 손안의 부를
자기암시 하라

"부와 가난은 모두 생각의 산물이다.
생각에는 한계가 없음을 기억하라."

자기 암시란 오감을 통해 정신에 스스로 자극을 주고 암시를 거는 것으로, 다른 말로 표현하면 일종의 자기 최면이다. 정신에서 의식적인 사고가 일어나는 부분과 잠재의식의 작동 지점을 잇는 소통이 자기 암시다.

자기 암시는 원칙적으로 정신에 의식적으로 남겨진 지배적인 생각이 잠재의식에 도달해 영향을 미친다. 이때 그 정신은 부정적이든 긍정적이든 상관없다.

모든 생각은 자기 암시가 돕지 않으면 잠재의식에 들어갈 수 없다. 바꾸어 말해 오감을 통해 지각되는 모든 감각적인 인상은 의식적으로 사고하는 정신의 검문을 받는데, 그 결과에 따라 잠재의식에 전달되거나 아니면 퇴짜를 맞을 수 있다. 의식적인 능력은 잠재의식을 향한 접근을 관장하는 외곽 경비대의 역할을 담당한다고 할 수 있다.

대자연은 오감으로 잠재의식에 도달하는 대상에 대한 절대적인 통제력을 인간에게 맡겼다. 물론 그렇다고 해서 인간이 항상 이 통제력을 행사한다는 의미는 아니다. 오히려 인간은 대체로 통제력을 행사하지 못하며, 가난한 사람이 그토록 많은 것은 바로 이 때문이다.

잠재의식은 비옥한 밭과 닮았다. 이 밭에 더 가치 있는 씨앗을 뿌리지 않으면 잡초가 무성하게 자란다. 우리는 잠재의식을 창조적인 생각으로 채우거나, 아니면 잠재의식을 돌보지 않고 방치하여 풍요로운 마음의 밭에 파괴적인 생각을 들이기도 한다. 이 과정을 통제하는 기관이 바로 자기 암시다.

풍요로운 부를 이룬 것처럼 행동하라

2장에서 설명한 '부를 현실로 만드는 6단계 원칙'에서 마지막 6단계는 매일 두 번씩 돈을 향한 열망을 적은 선언문을 큰 소리로 읽고, 그 돈을 이미 소유한 자신의 모습을 보고, 느끼고, 믿는 것이었다! 이 지침을 따르면, 절대적인 신념의 정신 속에서 열망의 대상을 잠재의식에 직접 전달할 수 있다. 그리고 이를 반복함으로써 열망을 금전적인 등가물로 바꾸는 데 유리한 사고 습관을 키울 수 있다.

책장 넘기는 것을 멈추고 2장으로 돌아가 '부를 현실로 만드는 6단계 원칙'을 다시 한번 주의 깊게 읽어라. 그런 다음 7장으로 가서 '마스터 마인드 그룹(집단적인 협업을 통해 성공의 청사진을 제시하는 상호 지원 집단.—옮긴이)을 구성하는 4가지 지침'을 자세히 읽어라. 자기 암시에 대한 지침과 비교해보면, 두 종류의 지침에 자기 암시의 원칙이 포함되어 있음을 알 수 있다.

그러니 명심하라. 열망 선언문은 '부 의식'을 계발하는 수단이다. 이 선언문을 큰 소리로 읽을 때, 감정이나 느낌을 담지 않는다면 읽어봤자 아무 일도 일어나지 않는다. 프랑스 심리학자 에밀 쿠에가 했던 "날마다, 모든 면에서, 나는 점점 더 나아지고 있다."라는 말을 수백만 번 반복한다 해도 감정과 신념을 담지 않으면 원하는 결과를 체험하지 못할 것이다. <u>잠재의식은 오직 감정이나 느낌이 담긴 생각만 인식하고 그에 따라 행동한다.</u>

이것은 이 책의 모든 장에서 반복해서 등장할 만큼 중요한 사실이다. 사람들이 자기 암시의 원칙으로 원하는 결과를 얻지 못하는 것은 자기 암시에 대한 이해가 부족해서다. 감정이 실리지 않은 무미건조한 말로는 잠재의식에 영향을 끼칠 수 없다. 믿음을 가지고 감정을 잘 담은 말이나 생각을 통해 잠재의식에 닿는 법을 배워야만 비로소 눈에 보이는 결과를 얻을 수 있다.

첫 시도에서 감정을 통제하고 다스리지 못했다고 실망하지 마라. <u>아무것도 하지 않고서는 아무것도 얻지 못한다</u>.

잠재의식까지 내려가 영향을 끼치려면 그만한 대가를 치러야 한다. 잠재의식을 속이고 싶다고 아무리 간절히 원해도 그냥은 절대 속일 수 없다. 잠재의식에 영향을 미치려면 이 책에서 전하는 원칙을 부단히 실천하는 끈기가 필요하다. 이 응당한 대가를 치르지 않는다면 원하는 능력을 계발할 수 없다. 당신이 원하는 '부 의식'이라는 보상이 과연 노력이라는 대가를 치를 가치가 있는지는 오직 자신만 결정할 수 있다.

물론 지혜와 재치가 있으면 돈을 끌어오는 데 대체로 유리하기는 하다. 하지만 극히 드문 경우를 제외하면 지혜와 재치가 있다고 해서 돈을 자신의 것으로 만들 수는 없다. 이 책에서 설명하는 돈 끌어오는 법은 평균의 법칙에 의존하지 않는다. 또한 이 방법은 사람을 편애하지 않아서 모두에게 효과적이다. 누군가 실패한다면 그것은 한 개인이 실패한 것일 뿐 그 방법이 실패한 게 아니라는 소리다. 그러니 시도했다가 실패하더라도 마침내 성공할 때까지 거듭 노력하라.

자기 암시의 원칙을 활용하려면 어떤 열망이 불타는 집념으로 변할 때까지 집중해야 한다. 얼마나 집중하는지에 따라 결과가 달라진다. '부를 현실로 만드는 6단계 원칙'을 수행할 때도 집중해야 한다. 이때 효과적으로 집중하는 방법을 몇 가지 제안한다.

1단계 원칙은 '열망하는 돈의 정확한 액수를 마음에 새긴다'이다. 눈을 감고 실제로 돈이 눈앞에 떠오를 때까지 그 액수에 계속 집중하라. 매일 최소 1회는 이를 연습하면서 실제로 돈을 소유한 자기 모습을 떠올려라!

잠재의식은 절대적인 신념의 정신으로 주어진 명령을 받아들이고 그 명령에 따라 행동한다. 하지만 흔히 명령을 여러 번 반복해야만 잠재의식이 그 명령을 해석할 수 있다. 이를 명심하고 잠재의식에 합법적으로 '사기'를 쳐보자. 당신이 시각화한 액수의 돈을 반드시 가져야 하고, 그 돈은 당신이 소유해주기를 기다리고 있다고 말이다. 그래서 잠재의식이 당신에게 돈을 얻게 해줄 실질적인 계획을 반드시 세워야 한다고 믿게 만든다. 이런 생각을 상상력에 넘겨주고, 돈을 모으는 실질적인 계획을 세우기 위해 상상력이 열망으로 무엇을 할 수 있는지, 혹은 무엇을 할지 지켜보라.

시각화한 돈을 얻기 위해 서비스나 상품을 대가로 치르는 계획을 세우지 마라. 당장은 그 돈을 소유한 자기의 모습을 떠올리고, 필요한 계획을 넘겨달라고 잠재의식에 요구하고 기대하라. 그러다가 계획이 나타나면 즉시 실행에 옮겨라. 계획은 십중팔구 육감을 통해 '영감'의 형태로 마음속에 '번쩍' 떠오를 것이다. 이 영감은 무한 지성의 직접적인 메시지일 수 있다. 존중하는 마음으로 영감을 받아들이고 즉시 행동으로 옮겨라. 그렇지 않으면 성공에 치명타를 날릴 수 있다.

4단계 원칙은 '열망을 이루기 위한 계획을 명확하게 세우고, 설령 준비가 미흡하더라도 당장 계획을 실행에 옮긴다'이다. 열망을 변환함으로써 돈을 모으기 위한 계획을 세울 때는 이성을 믿지 마라. 이성은 완벽하지 않다. 더구나 이성은 게으름을 피울 수 있다. 그러니 이성에 전적으로 의존한다면 실망할 일이 생길지 모른다.

목표한 돈을 시각화할 때는 눈을 감고 이 돈을 얻는 대가로 서비스나 상품을 제공하는 자신의 모습을 그려라. 이렇게 해보는 것은 아주 중요하다!

부를 현실로 만드는 선언문

지금 당신이 이 책을 읽고 있다는 것은 진심으로 지식을 추구하고 있다는 증거다. 또한 이 문제를 해결하는 방법을 배우고 있는 징표다. 배우는 자에게는 겸손한 자세가 필요하다. 어떤 지침은 따르고 어떤 지침은 무시한다면 실패할 것이다! 만족스러운 결과를 얻기 위해서는 믿음을 굳게 갖고 모든 지침을 따라야 한다.

이제 '부를 현실로 만드는 6단계 원칙'과 관련된 지침을 요약하고 이 장에서 다룬 원칙과 결합해보자.

1. 잠자기 직전의 잠자리처럼 누군가의 방해를 받지 않을 조용한 장소에서 눈을 감고 목표 액수와 기한, 그 대가로 치르려는 서비스나 상품을 적은 선언문을 큰 소리로 반복해 읽는다. 자신의 목소리가 들리도록 말이다. 이 지침을 실천할 때 이미 돈을 소유한 자기의 모습을 그려보라.

   가령 5년 후 1월 1일까지 5만 달러를 모으기로 했고, 영업 사원으로 일하며 그 돈을 모을 생각이라고 하자. 그렇다면 목표 선언문을 다음처럼 작성한다.

> ＿＿＿년 1월 1일까지 5만 달러를 소유할 것이다. 그때까지 수시로 다양한 액수의 돈이 내게 들어올 것이다.
>
> 나는 이 돈을 얻는 대가로 ＿＿＿를 판매하는 영업 사원으로서 최고 품질의 서비스를 되도록 최대한 제공하면서 최선을 다하겠다. 나는 이 돈을 소유하게 될 거라고 믿는다. 이제 이 돈이 눈앞에 보일 만큼 내 신념은 매우 확고하다. 내 두 손으로 만질 수도 있다. 나는 지금 내가 그 돈의 대가로서 서비스를 제공하는 바로 그 시간에, 그 서비스에 비례해서 그 돈이 내게 전달되기를 기다리고 있다. 나는 이 돈을 모을 계획이 등장하기를 기다리고 있으며, 그것이 등장하는 순간 곧바로 따를 것이다.

2. 목표한 돈이 상상 속에서 보일 때까지 이 선언문을 아침저녁으로 반복해서 읽는다.
3. 밤낮으로 볼 수 있는 곳에 선언문을 놓아두고 완전히 외울 때까지 잠자리에 들기 직전과 잠에서 깨자마자 읽는다.

이 지침을 실천할 때마다 자기 암시의 원칙을 적용해 잠재의식에 명령을 내리고 있음을 기억하라. 또한 잠재의식이 '느낌'으로 전달되고 감정으로 전환된 지시만 따른다는 사실을 기억하라. **신념은 가장 강력하고 생산적인 감정이다.** 3장에서 제시한 신념을 발전시키는 방법을 익혀라.

처음에는 이런 지침이 추상적으로 보일지 모른다. 그렇다고 해서 혼란스러워하지 말자. 첫눈에 아무리 추상적이거나 비현실적으로 보이더라도 지침을 따라야 한다. 몸과 마음을 다해 지침을 실천하다 보면 완전히 새로운 힘이, 세상이 펼쳐지는 순간이 온다.

인간이라면 누구나 새로운 아이디어가 등장할 때 의심을 품기 마련이다. 그러나 이 책의 지침을 따른다면 의심은 곧 믿음으로 바뀌고, 나아가 절대적인 믿음이 생길 것이다. 그러면 "나는 내 운명의 주인이며 내 영혼의 선장!"이라고 진정으로 말할 수 있는 지점에 도달하게 된다.

많은 철학자가 '인간은 자기 운명을 결정하는 주인'이라고 했지만 이유까지는 밝히지 않았다. 이 장에서는 인간이 자신의 지위, 특히 재정적 지위의 주인이 될 수 있는 이유를 철저히 설명했다. 인간이 자신과 환경의 주인이 될 수 있는 것은 자신의 잠재의식에 영향을 미칠 힘이 있고, 이를 통해 무한 지성의 협력을 얻을 수 있어서다.

지금 읽고 있는 이 장은 이 철학의 핵심을 담고 있다. 열망을 돈으로 전환하려면 이 장에 담긴 지침을 이해하고 끈기 있게 적용해야 한다. 그리고 잠재의식에까지 영향을 미치는 자기 암시를 이용하라. 다른 원칙들은 자기 암시를 적용하기 위한 도구일 뿐이다.

마치 어린아이처럼 이 지침을 실천하라. 어린아이 같은 순수한 믿음을 품고 노력하라. 나는 사람들에게 도움이 되고 싶다는 진심 어린 소망이 있기에 비현실적인 지침은 배제하고자 했다. 책을 끝까지 읽은 후에 다시 이 장을 펼쳐 최선을 다해 이 지침을 따르라.

<u>자기 암시의 원칙이 논리적으로 타당하며 자기 암시를 통해 내가 생각하는 모든 것이 이루어질 거라고 완전히 확신할 때까지 매일 밤 한 번씩 이 장을 처음부터 끝까지 소리 내 읽어라!</u>

인상적인 문장이 나올 때마다 밑줄을 그어라!

이를 철저하게 따르라. 그러면 부의 법칙을 완벽하게 이해하고 정복할 수 있는 길이 열린다.

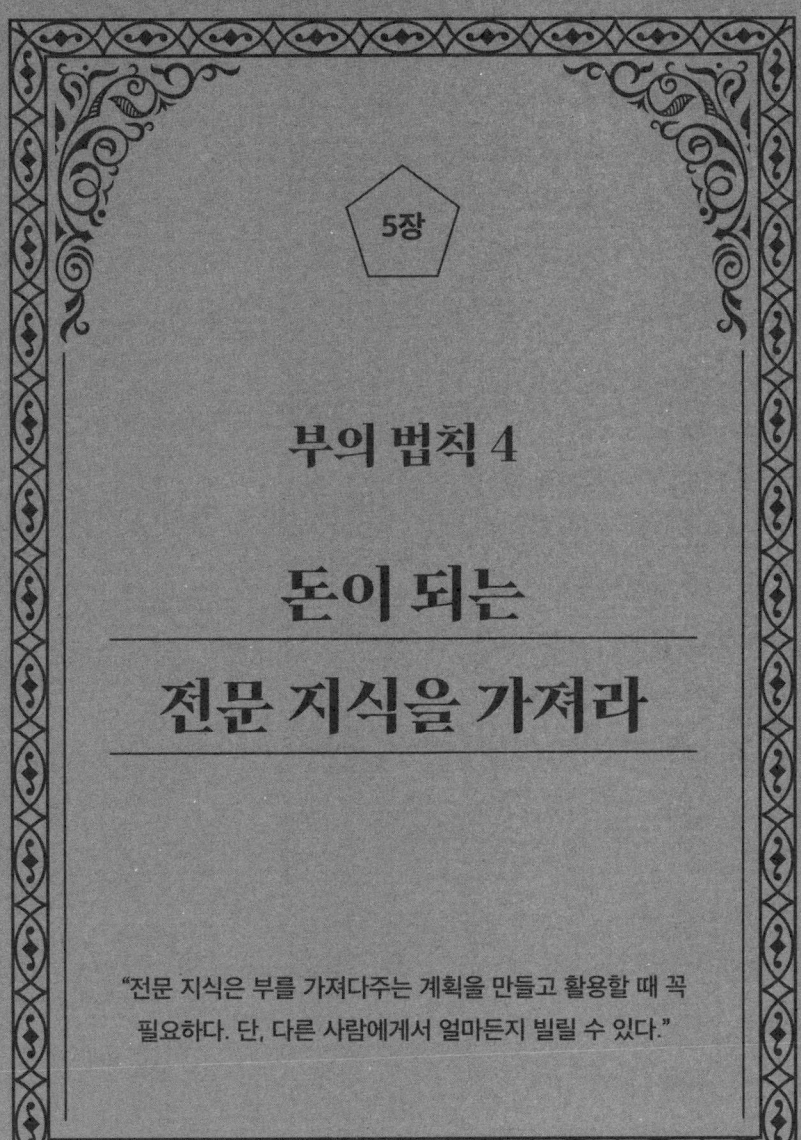

5장

부의 법칙 4

돈이 되는 전문 지식을 가져라

"전문 지식은 부를 가져다주는 계획을 만들고 활용할 때 꼭 필요하다. 단, 다른 사람에게서 얼마든지 빌릴 수 있다."

지식은 '일반 지식'과 '전문 지식'으로 나눌 수 있다. 일반 지식은 아무리 많고 다양해도 돈을 모으는 데는 거의 쓸모가 없다. 일류 대학의 교수진은 문명사회에 알려진 모든 형태의 지식을 거의 총망라할 만큼 일반 지식을 많이 갖고 있다. 하지만 그들이 가진 돈은 이에 미치지 못한다. 그들은 대부분 지식을 가르치는 데는 전문가이나 지식을 체계화하거나 활용하는 데는 서투르다.

지식을 체계화한 뒤, 계획을 세워 돈을 모으겠다는 확고한 목적을 위해 활용하지 못한다면 돈을 끌어오지 못할 것이다. 이 사실을 제대로 이해하지 못하는 바람에 '아는 것이 곧 힘'이라고 착각한 수백만 명이 지금껏 혼란스러워했다. 아는 것이 곧 힘이라니 당치 않다! 아는 것은 잠재적인 힘일 뿐이다. 지식은 명확한 계획으로 체계화하고 확고한 목적을 위해 활용할 때 비로소 힘이 된다.

교육 기관은 학생에게 지식을 습득한 다음 체계화하고 활용하는 방법을 가르치지 않는다. 어쩌면 오늘날 문명사회에 알려진 모든 교육제도의 '빠진 고리'를 이 사실에서 찾을 수 있을지 모르겠다.

많은 이가 포드가 정규 교육을 거의 받지 못했다고 해서 배우지 못한 사람으로 여기는 실수를 저지른다. 그들은 포드를 알지 못할뿐더러 '교육하다'라는 단어의 진정한 의미도 이해하지 못한 것이다. 'educo'라는 라틴어에서 유래한 'educate'는 '끌어내다, 내면으로부터 발전한다'라는 뜻이다. 교육받았다고 반드시 일반 지식이나 전문 지식이 풍부한 것은 아니다. 교양 있는 사람이란 타인의 권리를 침해하지 않으면서 자신이 원하는 것, 혹은 그에 상응하는 것을 얻을 수 있을 만큼 마음의 능력을 계발한 사람이다. 포드야말로 이 정의의 의미에 잘 부합한다.

세계대전이 한창일 때 시카고의 한 신문이 사설에서 포드를 '무지한 평화주의자'라고 표현했다. 포드는 이에 반박하면서 신문사를 명예훼손으로 고소했다. 이 소송으로 법정에서 재판이 진행될 때 신문사 측 변호인단은 배심원에게 포드가 무식하다는 사실을 증명하고자 그를 증인석에 세웠다. 변호인단은 포드에게 매우 다양한 질문을 던졌는데, 질문의 목적은 하나같이 포드가 자동차 제조 분야에서는 전문 지식이 상당하지만 대체로 무식하다는 사실을 본인 입으로 증명하게 만드는 것이었다.

그들은 포드에게 "베네딕트 아널드(미국 독립전쟁 때 독립군이었다가 영국군으로 전향한 장군.—편집자)가 누구인지 압니까?", "영국이 1776년 반란을 진압하기 위해 미국에 파병한 군인은 몇 명일까요?" 등의 질문을 퍼부었다. 마지막 질문에 포드는 "영국이 파병한 군인의 정확한 수는 모르지만, 돌아온 군인보다 상당히 많은 수라고 들었습니다."라고 답했다.

이런 질문이 지긋지긋해진 포드는 결국 유난히 공격적인 한 변호사를 손가락으로 가리키며 답변했다. "한 가지 알려드리죠. 만일 내가 그런 하찮은 질문의 답이 정말 궁금하면 책상에 늘어선 전동식 버튼 가운데 원하는 걸 눌러서 보좌관을 호출할 수 있습니다. 그는 지금 내가 심혈을 기울이는 사업에 대해 알고 싶은 건 무엇이든 답해주죠. 원하는 모든 지식을 제공해주는 사람들을 거느리고 있는데 내가 왜 일반적인 지식으로 머릿속을 어지럽혀야 하는 겁니까?" 분명 논리적으로 허점이 없는 답변이었다.

　변호사는 할 말을 잃었다. 법정에 있던 누가 들어도 무식한 사람이 아니라 교육받은 사람이라야 할 수 있는 답변이었다. 지식이 필요할 때 어디서 지식을 얻는지, 그리고 어떻게 하면 그 지식을 명확한 계획으로 체계화하는지를 안다면 누구나 교육받은 사람이다. 포드는 전문 지식을 자기 것으로 만들어 미국 최고 갑부가 되었다. 이처럼 전문 지식은 일반 지식처럼 꼭 자기 머리에 넣을 필요가 없었다.

열망을 금전적 가치로 바꿀 능력을 갖추려면 재산을 얻는 대가로 제공할 만한 서비스, 상품이나 직업에 대한 전문 지식이 필요하다. 현재 보유한 능력이나 성향을 뛰어넘는 더 전문적인 지식이 필요하면 마스터 마인드 그룹의 도움을 받을 수 있다.

　카네기는 철강 사업의 기술적 측면에서는 문외한이었다. 게다가 그는 철강 사업에 대해 특별히 알고 싶어 하지도 않았다. 철강 제조와 마케팅에 필요한 전문 지식은 마스터 마인드 그룹으로부터 얻을 수 있었다.

　큰 재산을 축적하려면 힘이 필요하고, 그 힘은 고도로 체계적이고 지적인 전문 지식을 통해 손에 넣을 수 있으나, 재산을 축적하려는 사람이 꼭 그 지식을 갖추어야 하는 건 아니다. 이 말은 부를 일구고 싶지만 전문 지식을 얻을 만한 교육을 받지 못한 사람에게 희망과 격려의 메시지가 된다. 이따금 교육을 받지 못한 나머지, 열등감으로 괴로워하는 사람이 있다. 하지만 마스터 마인드 그룹을 조직하고 지휘할 수 있다면 이 그룹의 구성원에 못지않게 배운 사람이라고 할 수 있다.

혹시 당신이 정규 교육을 충분히 받지 못해서 열등감을 느낀다면 이 점을 명심하라. 에디슨은 평생을 통틀어 고작 3개월밖에 정규 교육을 받지 못했다. 하지만 그는 배움이 부족하지도 않았고 가난하게 생을 마감하지도 않았다. 포드는 초등학교 6학년도 마치지 못했으나 경제적인 면에서 멋지게 홀로서기에 성공했다.

이제 전문 지식은 저렴한 비용으로도 풍부하게 제공받을 수 있는 서비스가 되었다. 대학교수의 급여 명세서를 보면 분명하다.

지식을 돈으로 사는 법

무엇보다 먼저 목적을 분명히 하고 이를 달성하기 위해 어떤 종류의 지식이 필요한지 판단하라. 다음으로는 어디에서 믿을 만한 지식을 얻을지 정확히 파악해야 한다.

지식의 출처는 다음과 같다.

- 본인의 경험과 교육
- 다른 사람과 협력해 얻을 수 있는 경험과 교육(마스터 마인드 그룹)
- 대학 교육
- 공공 도서관(문명사회가 체계화한 모든 지식이 담긴 책과 간행물)
- 전문 교육 강좌(특히 야간 학교와 통신 교육 학교)

지식을 습득할 때는 반드시 실용적인 계획을 세워 목적에 맞는 지식을 체계화하고 활용해야 한다. 목적에 맞지 않다면 어떤 지식이든 가치가 없다. 이렇게 보면 학위는 잡다한 지식 그 이상도, 그 이하도 아니다. 학업을 계속하고 싶다면 먼저 어떤 목적으로 지식을 쌓고 싶은지 결정하고, 어디서 그 지식을 쌓을 수 있는지를 알아보라.

어떤 분야든 간에 성공한 사람은 본인의 주된 목적이나 사업, 직업에 관련된 전문 지식을 끊임없이 습득한다. 성공하지 못한 사람은 대개 학교를 졸업하면 더 이상 지식을 습득할 필요가 없다고 생각하지만, 그건 착각이다. 사실 학교 교육은 실용적인 지식을 습득하는 법을 배우는 출발점에 불과하다.

경제 붕괴의 끝자락에서 시작된 이 변화된 세상과 더불어 교육적인 필요조건에도 놀라운 변화가 찾아왔다. 바로 전문화다! 이는 컬럼비아 대학교의 임용 사무관인 로버트 P. 무어가 강조한 진리다.

기업에서 특히 선호하는 인재는 회계 및 통계 교육을 받은 경영 대학 졸업생, 각종 엔지니어, 언론인, 건축가, 화학자 등 일부 분야의 전공자, 그리고 졸업반의 뛰어난 리더와 활동가다. 대학에서 적극적으로 활동한 사람, 각계각층의 사람과 무난하게 어울릴 수 있는 성격의 소유자가 학업에만 충실해온 공붓벌레보다 훨씬 유리하다. 이들은 다재다능한 자질 덕분에 일찌감치 여러 차례 입사 제의를 받기도 한다. 무어에 따르면, 대부분의 기업은 '올 A' 학생이 항상 더 일을 잘할 거라는 고리타분한 생각을 하지 않는다. 기업은 학업 성적뿐 아니라 학생의 활동 기록과 인성을 중요하게 본다.

업계의 선두 주자인 한 대기업은 대학 졸업 예정자에 관해 문의하고

자 무어에게 보낸 서신에서 다음처럼 밝혔다. "우리는 주로 관리 업무에서 발전 가능성이 큰 사람을 찾고 싶습니다. 그래서 학력보다는 인성과 지성, 성격의 자질을 훨씬 중요하게 봅니다."

무어는 여름 방학 동안 산업 현장에서 학생들이 견습할 수 있는 시스템이 마련되어야 한다고 주장한다. 2, 3학년 학생이 특화되지 않은 교육을 받으며 아무런 목적도 없이 허송세월하고 있다면 얼른 그런 생활을 청산하고 '미래의 진로를 분명하게 선택'해야 한다는 것이다. 그는 "이제 어떤 분야에서든 전문가를 요구한다는 현실을 직시해야 한다."면서 직업 지도에 더 적극적으로 나서야 할 대학의 책임을 강조했다.

전문적인 학교 교육이 필요한 사람에게 가장 믿을 만하고 실용적인 지식을 제공하는 교육 기관으로는 많은 대도시에서 찾아볼 수 있는 야간 학교가 있다. 그리고 통신 교육은 우편물이 닿는 곳이라면 어디서나 전문 교육을 제공한다. 재택 학습의 장점은 여가 때 공부할 수 있다는 유연성이다. 또한 거주지와 상관없이 누구든 교육의 혜택을 받을 수 있다.

노력과 비용을 들이지 않고 무언가를 얻으면 사람들은 대개 고마움을 모르고 미심쩍게 생각한다. 어쩌면 그래서 우리가 공교육이라는 놀라운 기회로부터 아무것도 얻지 못하는 것일지 모른다. 이처럼 우리는 비용을 들이지 않고 지식을 얻는 기회를 낭비하고 있다. 이게 현실이지만, 확실한 전문 학습 과정에서 자기 훈련의 기회를 얻을 수 있다는 점은 다소나마 위안이 된다. 통신 교육은 매우 체계적인 사업체다. 수업료가 너무 저렴해서 선결제를 원칙으로 한다. 성적이 좋든 나쁘든 학비부터 결제해야 한다는 원칙은 자칫 중도에 포기할 수 있는 과정을 끝까지 이수하게 만드는 효과가 있다. 이 수업료 결제 체계는 결단력, 신속성, 행동력, 일단 시작한 일은 끝내는 습관을 가르쳐주는 최고의 훈련이기도 하다.

나는 25년 전에 이를 경험으로 배웠다. 그때 광고학 재택 학습 과정에 등록했는데, 여덟 번 남짓 수업을 받은 후에 공부를 그만두었다. 하지만 통신 교육 기관은 청구서를 계속 보냈다. 내가 공부를 계속하든 안 하든 학비는 내야 했다. 그러다 보니 법적으로 수업료를 내야 한다면 끝까지 수강하기로 마음을 고쳐먹게 되었다. 물론 당시에 나는 그 기관의 수강료 징수 제도가 지나치게 빡빡하다고 생각했지만, 세월이 지나자 그게 돈으로 헤아릴 수 없는 소중한 경험이었음을 깨달았다. 훗날 내가 광고업계에서 돈을 벌 수 있었던 것은 그 기관의 '효율적인' 징수 제도 덕분이었다.

미국의 공교육 제도는 세계 최고라고 인정받는다. 미국은 막대한 자금을 투자해 번듯한 건물을 짓고 시골 아이들까지 최고 수준의 학교에 다닐 수 있도록 편리한 교통수단을 제공했으나 이 훌륭한 제도에는 놀라운 약점이 있다. 바로 무료라는 사실이다! 인간은 이상하게도 가격표가 붙어 있는 것만 소중하게 여긴다. 미국의 교육 기관과 공공 도서관은 무료로 서비스를 제공하고, 그래서 사람들은 이를 대수롭지 않게 여긴다.

이 때문에 많은 사람이 취업한 후에도 더 교육을 받아야 한다고 생각한다. 이것은 고용주가 퇴근 후에도 공부를 더 하는 직원을 배려하는 이유이기도 하다. 고용주는 여가의 일부를 포기하는 대신 공부를 하는 야망 있는 사람이라면 리더십을 발휘할 인재라는 사실을 경험상 안다. 따라서 고용주의 배려는 단순히 아량을 베푸는 게 아니라 사업가로서 내린 타당한 판단이다.

인간에게는 치료할 수 없는 약점이 있다. 보편적으로 인간은 야망이 부족하다! 개인 시간을 희생해 공부하는 직장인이 오랫동안 말단 직원으로 남는 일은 거의 없다. 공부가 승진의 길을 열고, 걸어가는 길에 놓인 장해물을 제거하며, 기회를 좌지우지할 힘이 있는 사람에게 호감을 얻게 한다.

삶을 변화시키는 전문 지식

경기가 침체해 경제 상황이 변화함에 따라 수천 명의 사람이 새로운 수입원을 찾아야 했다. 이럴 때는 전문 지식을 습득해야만 문제의 해결책을 찾을 수 있다. 진로를 완전히 바꿔야 하는 경우도 많다.

건축 설계자였던 와이어는 경기가 침체해 시장이 축소되자 생활하기가 빠듯해질 만큼 수입이 줄었다. 그는 할 수 있는 일을 고민한 끝에 법률 분야로 진로를 바꾸기로 마음먹었다. 그러고는 학교로 돌아가 특별 과정을 수강하면서 기업 전문 변호사가 될 준비를 했다. 다행히 그는 경기 침체가 완전히 끝나기도 전에 교육 과정을 마치고 변호사 시험에 합격했으며 곧바로 텍사스주 댈러스에 법률 사무소를 차려서 지금은 돈을 끌어모으고 있다. 때로는 고객을 돌려보내야 할 정도로 일이 잘된다.

"부양할 가족이 있어 학교에 다닐 수 없다."거나 "나이가 너무 많아서 공부를 못 하겠다."라고 변명하는 사람을 위해 이야기하는데, 다시 학교에 입학할 무렵 와이어는 이미 40세가 넘은 데다가 한 가정의 가장이었다. 심지어 그는 남들이 4년 동안 공부하는 전문적인 법률 교육 과정을 2년 만에 마쳤다.

학교를 졸업했다고 공부에서 완전히 해방되었다고 생각한다면 어떤 분야에 종사하든 간에 희망도 없이 평범한 삶을 쳇바퀴 돌 듯이 사는 데 만족해야 할 것이다. <u>성공의 길이란 끊임없이 지식을 추구하는 길이다.</u>

구체적인 사례를 살펴보자. 경기 침체기에 식품점의 한 판매원이 일자리를 잃었다. 부기 경력이 있던 그는 회계 특별 과정을 수강하여 최신 부기와 사무 장비 사용법을 익힌 다음 창업했다. 그는 자기가 일했던 식품점부터 시작해서 100여 곳의 소형 점포와 계약을 맺고 회계 업무를 대행했다. 월 단위로 저렴한 수수료를 받았더니 고객이 점차 늘었고 얼마 지나지 않아 사무실이 필요할 정도가 되었다. 그는 소형 트럭에 최신 부기 기계를 설치해 이동식 사무실을 마련했다. 그는 이런 이동식 부기 사무실을 여러 개 보유하고 보조 직원을 거느린 고용주가 되었다. 소규모 자영업자에게 최소한의 비용을 받고 최고 수준의 회계 서비스를 제공한 덕분이었다.

전문 지식과 상상력이 만나서 독특하고 성공적인 사업체가 탄생한 것이다. 지난해 그는 식품점에서 근무할 때보다 거의 열 배나 많은 소득세를 냈다. 일시적인 역경이 오히려 전화위복을 가져온 셈이다.

이 성공적인 사업의 출발점은 아이디어였다! 영광스럽게도 이 실직한 판매원에게 아이디어를 제공한 사람은 나였다. 이제 나는 간절히 더 큰 수입을 거두기를 원하는 수천 명의 사람에게 또 다른 아이디어를 제공하고 싶다.

방금 이야기한 회계 서비스 사업에 진출한 판매원은 나를 만났을 때 "좋은 아이디어가 있는데, 그걸로 돈을 벌 방법을 모르겠습니다."라고 했었다. 회계 지식을 마케팅할 방법을 모르겠다는 소리였다.

이 문제는 타이핑과 스토리텔링에 소질이 있는 여성 직원의 도움을 받아 해결했다. 그 직원은 새로운 회계 시스템의 장점을 설명하는 매우 매력적인 자료를 만들었다. 자료 덕분에 어떤 서비스인지가 고객에게 아주 효과적으로 전달되어 사업이 날로 번창했다.

이 아이디어는 원래 코앞에 닥친 문제를 해결하기 위해 탄생했지만, 단순히 한 사람을 돕는 데서 멈추지 않았다. 여성 직원은 이때 새로운 직업이 탄생할 가능성을 보았다. 전국적으로 수많은 사람이 매력적인 자료를 만들어줄 전문가를 원하고 있다.

그녀는 다음으로 아들의 문제를 해결하러 나섰다. 아들은 대학을 막 졸업했으나 자신을 필요로 하는 일자리를 도무지 찾지 못했다. 그래서 그녀는 아들을 위해 아주 훌륭한 이력서를 마련했다. 총 50쪽에 이르는 이력서는 아름다운 서체로 아들의 타고난 능력, 학력, 경력, 그리고 일일이 설명하기 어려운 다양한 정보를 흥미로운 이야기처럼 전했다. 아들이 어떤 직책을 원하는지 완벽하게 설명하고 어떤 계획에 따라 그 직책을 수행할지를 마치 그림을 그리듯 멋지게 묘사했다.

이력서가 완성되기까지 몇 주 동안 심혈을 기울였다. 그동안 그녀는 서비스를 가장 효과적으로 판매하기 위한 자료를 구하려고 아들을 거의 매일 공공 도서관으로 보냈다. 이뿐만 아니라 아들에게 입사 지망 회사의 경쟁사를 모두 찾아가 사업 방식에 관련된 중요한 정보를 수집하게 했다. 그렇게 해서 완성된 이력서에는 입사 희망 회사가 유익하게 활용할 만한 아주 훌륭한 제안들이 들어 있었다.

누군가는 "일자리 하나 구하자고 이런 수고까지 해야 하나요?"라고 물을지 모르겠다. 답은 간단하다. 수입원이라고는 기업에 제공할 개인 서비스밖에 없는 사람이 무려 수백만 명이나 있다. 그리고 일이 잘 풀리면 수고스럽지 않게 느껴질 것이다! 이 여성이 준비한 이력서 덕분에 아들은 원하던 일자리를, 원하는 보수로 구할 수 있었다. 게다가 그 아들은 말단부터 시작할 필요가 없었다. 그는 신임 임원으로 입사해 임원급 보수를 받았다. 청년은 잘 계획된 이력서 덕분에 무엇보다 시간을 단축했다. '밑바닥부터 차근차근 올라갔다면' 지금의 자리에 오르기까지 10년은 족히 걸렸을 것이다.

언뜻 보면 밑바닥에서 시작해서 위로 올라가는 게 정석 같겠지만 그렇지 않다. 끝까지 밑바닥에서 벗어나지 못하는 사람이 너무나 많다. 기회의 눈에 띌 만큼 높이 올라가지 못해서다. 밑바닥에서 바라보는 전망은 그리 밝지도, 고무적이지도 않다. 야망의 불꽃은 꺼지기 십상이다. 시간이 흐르면 이른바 타성에 젖기 쉽다. 습관적으로 일상을 반복하다 보면 운명에 순응해버린다. 습관이 너무 몸에 밴 나머지 그것을 떨쳐내려는 시도조차 하지 않게 된다. 이것이 밑바닥보다 한두 단계 위에서 시작하면 좋은 이유다. <u>주위를 둘러보고, 다른 사람이 어떻게 앞서 나가는지 눈여겨보고, 기회를 발견하면 주저 없이 잡아라.</u>

댄 핼핀의 사례를 보면 내 말이 한층 쉽게 이해될 것이다. 핼핀은 대학 시절이었던 1930년 전국 미식축구 선수권 대회에 출전한 노트르담 대학교 선수단의 총무였다. 위대한 축구 코치인 크누트 록네가 당시 팀의 코치를 맡고 있었다.

핼핀이 대학을 졸업할 무렵, 경기 침체로 일자리가 부족했다. 그는 투자 은행과 영화계에 잠깐 발을 들였다가 오래 일할 수 있는 일자리를 구했다. 전기 보청기 영업이었다. 아무나 할 수 있는 일이었고 핼핀도 이를 모르지 않았다. 어쨌든 그에게 기회의 문을 열어주기에 충분한 일이었다.

그렇게 2년 가까이 좋아하지도 않는 일을 계속하다가 마침내 그는 스스로 앞날을 개척하기로 마음먹었다. 그는 우선 회사의 영업차장 자리를 목표로 삼았고 성취해냈다. 한 단계 올라서자 더 큰 기회가 눈에 들어왔고 기회 또한 그를 알아보았다.

핼핀이 대단한 판매 실적을 기록하자 A. M. 앤드루스가 관심을 보였다. 앤드루스는 경쟁사인 딕토그래프프로덕트컴퍼니의 이사회 회장이었다. 오랜 전통을 자랑하는 딕토그래프의 큰 시장을 빼앗아 간 핼핀이 어떤 인물인지 궁금했던 앤드루스는 사람을 시켜 핼핀을 불렀다. 면담이 끝났을 때 핼핀은 어쿠스티콘 사업부의 신임 부장이 되었다. 그 후 앤드루스는 젊은 핼핀이 재목감인지 시험할 요량으로 3개월 동안 플로리다로 떠났고, 핼핀은 새로운 자리에서 죽기 아니면 살기로 일했다. 그리고 살아남았다! 핼핀은 대학 시절 배운 "세상은 승자를 사랑한다. 패자를 위한 시간은 없다."라는 록네의 정신을 이어받아 온 힘을 다했다. 결국 그는 회사 부사장으로 선출되었다. 핼핀이 그 자리에 오르기까지는 6개월밖에 걸리지 않았다.

앤드루스와 핼핀 가운데 누가 더 누가 더 찬사를 받아 마땅할까. 두 사람 모두 상상력이라는 매우 희귀한 자질을 충분히 갖추었다. 앤드루스는 젊은 핼핀에게서 정상급 '고-게터go-getter'(목표를 향해 끊임없이 나아가고 이를 쟁취하는 사람.—옮긴이)의 자질을 알아본 공로를 인정받을 만하다. 핼핀 또한 마음에 들지 않은 직업을 받아들이고 계속 밀고 나감으로써 삶과 타협하지 않은 점을 높이 평가할 만하다. 내가 이 책에서 강조하고 싶은 바는 이것이다. **높은 자리로 올라가느냐, 아니면 밑바닥에 머무느냐는 우리가 마음먹기 달렸다.**

성공과 실패는 모두 대개 습관의 결과다! 미국 역사상 가장 위대한 미식축구 코치인 록네는 노트르담 축구팀을 세계적으로 유명한 팀으로 만들겠다는 열망을 품었다. 록네가 가깝게 지내던 핼핀의 마음에 탁월함에 대한 열망을 심었다는 사실에 나는 한 치의 의심도 없다. 승자에 대한 숭배라면 영웅 숭배라도 나쁠 게 없다. 핼핀은 록네를 역사상 가장 위대한 리더로 꼽는다.

나는 사업상 제휴를 중요하게 여긴다. 아들 블레어가 핼핀과 일자리를 놓고 협상할 때였다. 핼핀은 아들에게 경쟁사에서 받을 수 있는 연봉의 절반 정도를 초봉으로 제안했다. 이때 나는 아버지로서 아들에게 핼핀이 제안하는 자리를 수락하라고 은근히 압력을 가했다. 본인의 마음에 들지 않는 상황과 타협하지 않는 사람과 가깝게 지내는 것이 돈으로는 헤아릴 수 없는 자산이라고 믿어서다.

밑바닥은 단조롭고, 쓸쓸하고, 아무에게도 이로울 게 없는 자리다. 그래서 내가 지금껏 적절한 계획을 세움으로써 미약한 시작을 건너뜀 방법을 굳이 시간 들여서 설명한 것이다. 또한 아들에게 '행운'을 선사하고 싶어서 계획을 세운 여성 이야기로 지면을 할애했다.

세계 경제가 붕괴함에 따라 세상이 바뀌었다. 새롭고 개선된 방식으로 개인 서비스를 마케팅할 필요성이 대두되었다. 사실 다른 어떤 것보다 효과가 더 크다는 점을 생각하면 왜 좀 더 일찍 개인 서비스 마케팅의 중요성이 알려지지 않았는지 의문스럽다. 직장인에게 지급되는 총 월급과 연봉이 수억, 수십억 달러에 이르는데 말이다.

여기서 설명한 아이디어에서 자신이 열망하는 부의 핵심을 발견한 사람도 있을 것이다! **아이디어는 마치 묘목과 같아서 아주 작은 가치에서 거대한 부가 자란다.** 울워스가 창립한 파이브앤드텐센트스토어(아주 저렴한 가격에 다양한 상품을 판매하는 소매점. 20세기 초반 미국에서 큰 인기를 끌었다. —편집자)만 보아도 그렇다. 아이디어라는 작은 가치가 쌓여 어마어마한 부를 안겨주지 않았는가.

또한 이 장에서 아이디어로 부를 이루는 데 필요한 소중한 여러 도구를 발견한 사람도 있을 것이다. 지금까지 다룬 사례들에서처럼 적합한 재능을 가진 소수의 사람은 연합을 구성하여 단시간에 이익을 거둘 수 있다. 이를테면 광고와 판매에 재능이 있는 사람, 타이핑과 손 글씨에 재주가 있는 사람, 서비스를 세상에 알릴 수 있는 정상급 사업가가 한 팀이 될 수 있다. 혹은 혼자 사업체를 꾸려가다가 규모가 커지면 다른 사람의 도움을 받을 수도 있다.

무엇보다 개인 서비스의 가치를 높이는 수단으로는 상상력을 빼뜨릴 수 없다. 상상력이 더해지면 평범한 것도 비범한 것으로 바뀐다. 아이디어도 중요하다. 아이디어가 있으면 대학에서 몇 년 동안 교육을 받아야 하는 의사나 변호사, 엔지니어보다 훨씬 더 많은 수입을 거둘 수 있다. 더구나 관리나 경영 능력이 필요한 일자리를 찾는 사람, 현재 일자리에서 수입을 높이고 싶은 사람에게 아이디어를 판매할 수도 있다.

탄탄한 아이디어는 부르는 게 값이다! 모든 아이디어의 토대는 전문 지식이다. 안타깝게도 큰 부를 일구지 못한 사람은 전문 지식에 비해 아이디어가 부족하다. 개인 서비스를 유리한 조건으로 판매하는 전문가에 대한 수요와 기회가 계속 증가하는 것은 바로 이 진리 때문이다.

우리의 역량을 좌우하는 것은 상상력이다. 다시 말해, 상상력은 부를 만들어주는 전문 지식을 아이디어와 결합하는 데 필요한 자질이다.

이 장에는 상상력을 갖춘 사람이라면 자신이 열망하는 부를 일구어나가기에 충분한 아이디어가 담겨 있다. 기억하라. 아이디어가 백미다. 전문 지식은 곳곳에 있다!

6장

부의 법칙 5

부의 열망을 구체적으로 상상하라

"상상력이 없으면 기회는 절대로 꽃피지 못한다."

상상력은 말 그대로 인간의 모든 계획이 만들어지는 작업장이다. 정신의 발화, 즉 열망은 상상력의 도움을 받아 그 모양과 작용이 결정된다. 인간은 상상할 수만 있다면 무엇이든 창조할 수 있다는 말이 있다.

지금 우리는 상상력을 계발하기에 가장 유리한 문명 시대를 맞았다. 급변하는 시대이기에 어디에서나 상상력을 계발하는 자극을 접할 수 있다.

지난 50년 동안 인간은 인류 역사 전체를 통튼 것보다도 더 많은 자연의 힘을 찾아내어 이용했다. 인간은 하늘을 나는 새들이 적수가 되지 못할 만큼 하늘을 완벽하게 장악했다. 전 세계 어느 지역이든 즉각적으로 소통할 수 있는 수단인 통신을 만들었다. 수백만 킬로미터 떨어져 있는 태양을 분석하고 무게를 측정했으며, 상상력을 동원해 태양의 구성 원소를 알아냈다. 인간의 뇌가 생각의 진동을 전달하는 방송국이자 수신국이라는 사실을 발견했고, 이 발견을 실용적으로 활용할 방법을 알아내기 시작했다. 이제 시속 480킬로미터가 족히 넘는 속도까지 이동 속도를 높였다. 뉴욕에서 아침을 먹고 샌프란시스코에서 점심을 먹는 시대가 머지않았다.

인간의 유일한 한계는 오로지 상상력을 계발하고 활용하는 데 이성의 제약을 받는 것이다. 상상력의 활용에서 인간은 아직 정점에 도달하지 못했다. 그저 상상력이 있다는 것을 발견하고 활용하는 걸음마 단계에 들어섰을 뿐이다.

상상력의 2가지 형태

상상력은 2가지로 작동한다. 하나는 '합성적 상상력'이고 다른 하나는 '창조적 상상력'이다.

합성적 상상력 인간은 합성적 상상력을 발휘해 오래된 개념이나 아이디어, 혹은 계획을 새로운 조합으로 정리할 수 있다. 이 능력은 아무것도 창조하지 않는다. 단지 경험과 교육, 관찰이라는 자료를 바탕으로 작업할 뿐이다. 문제를 해결할 수 없을 때 발명가가 가장 많이 이용하는 것은 바로 이 능력이다. 물론 창조적 상상력을 발휘하는 '천재'는 예외다.

창조적 상상력 창조적 상상력을 발휘하면 인간의 유한한 정신이 무한한 지성과 직접 소통할 수 있다. 이 능력은 '직감'과 '영감'이 전달되는 통로다. 기본적인 아이디어나 새로운 아이디어는 모두 여기서 나온다. 인간이 다른 사람의 마음을 느낄 수 있는 건 바로 이 능력 때문이다. 이 능력을 발휘하면 다른 사람의 잠재의식에 '동조'하거나 '소통'할 수 있다.

다음 장에서 설명하겠지만 창조적 상상력은 자동으로 작동한다. 오직 의식이 매우 빠른 속도로 진동할 때, 예컨대 강한 열망이라는 감정을 통해 의식이 자극될 때 작동한다. 그리고 창조 능력은 창조적 상상력이 어느 정도 발달했는지에 비례해서 발휘된다.

지금까지 살펴보았듯 열망을 부로 전환하는 방법은 단 하나의 단계로만 이루어져 있지 않다. 그 방법은 여러 단계를 완전히 정복하고, 자신의 것으로 소화해야 활용이 가능하다. 경영, 산업, 금융 분야의 위대한 리더, 그리고 위대한 예술가, 음악가, 시인, 작가가 위대해진 것은 창의적 상상력을 계발했기 때문이다.

신체의 근육이나 기관이 사용할수록 더 발달하듯 합성적 상상력과 창조적 상상력도 사용할수록 더 예리해진다. 열망은 그저 생각일 뿐이다. 모호하고 일시적이다. 생각은 추상적이어서 물리적인 것으로 바꾸기 전까지는 아무런 가치가 없다. **합성적 상상력은 열망을 부로 전환하는 과정에서 가장 자주 사용된다.** 하지만 창조적 상상력을 사용해야 하는 환경과 상황을 만날 수도 있음을 마음에 새겨야 한다.

계속해서 쓰지 않으면 상상력은 약해진다. 하지만 한동안 활용하지 않았다 해도 다시 활용하면 되살리고 깨울 수 있다. 활용하지 않아서 상상력이 잠잠해질 수는 있어도 죽는 법은 없다.

합성적 상상력의 발달에 주의를 집중하라. 열망을 부로 전환하는 과정에는 합성적 상상력의 쓰임새가 더 많다. 무형의 열망을 유형의 부로 바꾸려면 계획을 세워야 한다. 이 계획을 수립할 때 상상력의 도움을 받는데, 이때 주로 합성적 상상력이 동원된다.

이 책을 다 읽고 나면 다시 이번 장을 펼치고 곧바로 **상상력을 발휘해 열망을 부로 바꾸기 위한 계획을 세워라.** 책의 거의 모든 장에서 계획을 수립하는 자세한 지침을 제시했으니 이를 참고하자. 아직 준비가 부족하다면 계획서를 작성하고, 준비가 되었다면 자신의 필요에 맞는 가장 적합한 지침을 따른다. 그리고 이 작업을 완료하는 순간, 무형의 열망이 확실하게 구체적인 형태를 띨 것이다. 선언문을 다시 한번 읽어보라. 아주 천천히 소리 내 읽어라. 선언문을 읽는 순간, 당신은 열망을 부로 만드는 실제 과정에서 첫걸음을 이미 내디딘 것이다.

열망은 생각의 발화다!

생각의 발화는 에너지의 한 형태다. 과학을 통해 밝혀졌듯 온 우주는 오로지 물질과 에너지만으로 구성되어 있다. 하늘에 떠 있는 가장 큰 별부터 인간에 이르기까지 인간이 인식할 수 있는 모든 것이 에너지와 물질이 결합함으로써 만들어졌다. 그러니 돈을 모으겠다는 생각의 발화, 즉 열망을 품고 출발한다면 이는 우주의 모든 물질 형태를 내게 유리하게 이용하는 셈이다.

당신은 이제 대자연의 방식으로 이익을 거두는 일에 뛰어들었다. 진심으로 그리고 진지하게 열망을 물리적·금전적 가치로 전환하기 위해 자연의 법칙에 적응하고자 노력하는 중이다. 우리는 할 수 있다! 많은 사람이 벌써 해냈다!

그러려면 몇 가지 법칙을 익히고 활용하는 법을 배워야 한다. 나는 반복적으로, 그리고 가능한 모든 각도에서 이 법칙을 설명함으로써 위대한 부를 축적하는 비결을 밝히고자 한다. 그런데 이 비결은 비밀이 아니다. 대자연이 직접 우리가 사는 지구, 별, 행성, 우리 주변에 존재하는 원소, 모든 풀잎과 우리 눈에 보이는 모든 형태의 생명체를 통해 그 비결을 널리 알리고 있다. 대자연은 생물학적으로도 이 비결을 알려준다. 핀 끝보다도 작은 세포가 인간으로 바뀌지 않는가. **열망이 물리적인 등가물로 전환되는 건 참으로 기적적이다!**

혹시 지금껏 언급한 내용을 모두 완벽하게 이해하지 못했다고 하더라도 실망하지 마라. 오랫동안 정신을 공부한 사람이 아니라면 이 장의 모든 내용을 단박에 이해하기 어렵다. 하지만 시간이 지나면 이해에 있어 크나큰 발전을 보일 것이다.

이 장의 법칙이 상상력을 이해하는 길을 열어줄 것이다. 만일 처음 접한 내용이 있다면 자신의 것으로 소화하려 노력하라. 그러고 나면 다시 읽고 익힐 때 상상력의 의미가 명확해지고 전체적으로 잘 보일 것이다. 무엇보다도 이 책을 적어도 세 번은 읽어라. 변화를 멈추고 싶은 마음이 없어질 때까지는 책에 담긴 내용을 탐구하는 것을 멈추거나 망설이지 마라.

상상력을 실용적인 아이디어로 바꾸다

모든 부의 시작점은 아이디어다. 아이디어는 상상력의 산물이다. 막대한 부를 창출한 잘 알려진 몇 가지 아이디어를 살펴보자. 이를 통해 부를 축적하는 과정에서 상상력을 활용하는 방법을 명확하게 이해할 수 있기를 바란다.

❖ 낡은 주전자가 쓴 세계적 부의 신화

50년 전 시골의 한 노의사가 읍내로 나왔다. 그는 말을 묶어두고 뒷문을 통해 약국으로 조용히 들어가서는 젊은 약국 점원과 '흥정'을 시작했다. 이들의 만남은 수많은 사람에게 큰 부를 가져온 중대한 사건이었다. 그리고 이 사건은 남북전쟁이 끝난 이후 남부에 큰 혜택을 가져다준다.

의사와 점원은 조제대 뒤에서 한 시간이 넘도록 낮은 목소리로 대화를 나누었다. 잠시 뒤 밖으로 나온 의사는 마차에서 낡은 주전자와 나무 주걱을 꺼내 약국 뒤편에 내려놓았다. 점원은 주전자를 살펴보고는 안주머니에서 지폐 한 뭉치를 꺼내 의사에게 건넸다. 돈다발은 정확히 500달러였는데, 점원의 전 재산이었다!

의사는 비밀 공식이 적힌 종잇조각을 건넸다. 종잇조각에는 나라님의 몸값과 맞먹을 만큼 귀중한 글이 적혀 있었다! 물론 의사에게는 그렇지 않았지만! 주전자에서 무언가를 끓이려면 그 비법이 필요했다.

노의사는 주전자를 500달러를 받고 팔아서 기분이 좋았다. 그 돈이면 빚을 갚고 마음이 홀가분해질 것이다. 점원은 종잇조각과 낡은 주전자 하나에 평생 모은 돈을 걸고 큰 모험을 하고 있었다! 아직 그는 알라딘 램프 이상으로 주전자에서 황금이 넘치게 흘러나올 거라고는 꿈에도 상상하지 못했다.

점원이 실제로 산 것은 아이디어였다! 낡은 주전자와 나무 주걱, 종잇조각에 적힌 비밀 공식은 부수적으로 따라온 것일 뿐이다. 새 주인은 그 비밀 공식에 노의사는 전혀 몰랐던 성분을 섞었고, 그러자 주전자에서 불가사의한 마법이 일어나기 시작했다.

이 이야기를 주의 깊게 읽고 상상력을 시험해보라! 주전자가 황금으로 흘러넘치게 만든 비밀 공식에 청년이 추가한 건 과연 무엇이었을까? 이것은 『아라비안나이트』에 나오는 이야기가 아니다. 허구보다 더 불가사의한 실화다. 아이디어의 형태로 시작된 실화다.

이 아이디어가 일구어낸 막대한 재산을 살펴보자. 이 주전자는 지금껏 전 세계 여러 사람에게 어마어마한 부를 선사했고, 지금도 선사하고 있다. 그렇게 해서 부자가 된 이들은 주전자의 내용물을 수백만 명에게 나누어주었다.

이 낡은 주전자는 현재 세계에서 가장 많이 설탕을 소비하는 업체가 되어 사탕수수 재배와 설탕 정제 및 판매에 종사하는 수천 명의 사람에게 평생직장을 제공한다.

낡은 주전자는 매년 수백만 개의 유리병을 소비하며 수많은 유리업계 종사자에게 일자리를 제공한다.

낡은 주전자는 전국적으로 수많은 사무직, 카피라이터, 광고 전문가에게 일자리를 제공한다. 제품을 설명하는 멋진 그림을 그린 수많은 화가에게도 명성과 부를 선사한다.

낡은 주전자는 남부의 한 작은 도시를 사업 중심지로 탈바꿈시켰고, 이 지역의 사실상 모든 기업과 주민에게 직간접적으로 혜택을 제공한다.

이 아이디어의 영향으로 전 세계 모든 문명국가는 혜택을 받았으며, 그것에 손을 댄 모든 이가 끊임없이 부를 얻고 있다. 또한 낡은 주전자에서 나온 황금으로 남부의 한 명문대가 설립되어 수천 명의 젊은이에게 성공에 꼭 필요한 교육이 제공되었다.

낡은 주전자의 놀라운 업적은 이뿐만이 아니다. 세계적인 경기 침체로 공장과 은행, 사업체가 문을 닫고 수천 명이 일자리를 잃는 와중에도 이 마법 주전자의 주인은 수많은 사람에게 지속적인 일자리를 제공하고, 오래전부터 이 아이디어의 힘을 믿었던 사람의 부를 키워주었다.

만일 그 낡은 주전자가 빚어낸 산물이 말할 능력이 있다면 각국의 언어로 짜릿한 모험담을 들려줄 것이다. 사랑의 모험담, 사업의 모험담, 매일 그것으로부터 자극받는 전문직 종사자의 모험담을 말이다.

나도 한 가지 사랑의 모험담을 알고 있다. 여기에는 내가 등장하는 데다가 약국 점원이 낡은 주전자를 구매한 바로 그 장소로부터 그리 멀지 않은 곳이 이야기의 배경이다. 바로 내가 아내를 만난 곳으로, 내게 마법의 주전자에 관해 처음으로 이야기한 사람은 아내였다. 그리고 내가 아내에게 청혼했을 때 우리 둘이 마시던 것도 그 주전자의 산물이었다.

이제 당신은 마법의 주전자에 담긴 내용물을 눈치챘을 테니 이쯤에서 털어놓는 게 적절할 듯싶다. 그 음료의 본고장이 내게 아내를 선사했고, 그 음료가 신선한 자극을 준 덕분에 나는 맑은 정신으로 최고의 성과를 거두었다.

당신이 누구든, 어디에 살든, 어떤 직업에 종사하든 간에 앞으로 '코카콜라'라는 단어를 볼 때마다 기억하라. 그 거대한 부와 영향력의 제국이 아이디어 하나에서 시작되었다는 사실을 말이다. 약국 점원인 아사 캔들러가 비밀 제조법에 섞은 신비한 성분이 상상력이었다는 사실을 말이다!

잠시 멈추고 생각해보자. 코카콜라의 영향력을 전 세계의 모든 도시, 마을, 교차로까지 확장한 매개체는 부의 법칙임을 기억하라. 당신도 코카콜라처럼 찬사받아 마땅한 탄탄한 아이디어로 세계적인 대기록을 세울 수 있다. **생각은 실체며, 생각의 무대는 이 세상이다.**

36시간 만에 100만 달러를 구한 남자

이번 이야기는 "뜻이 있는 곳에 길이 있다."라는 옛말의 진리를 증명해준다. 나는 사랑받는 고故 건솔러스 박사로부터 이 이야기를 직접 들었다. 그는 교육자이자, 시카고 남부의 목축 지역에서 목회자 생활을 시작한 성직자다.

건솔러스는 대학 시절부터 미국 교육 제도의 결함을 수차례 목격했고, 만일 자신이 대학 총장이 된다면 이를 바로잡을 수 있다고 믿었다. 그의 가장 깊은 열망은 젊은이에게 '행동함으로써 배우는 법'을 가르치는 교육 기관의 책임자가 되는 것이었다. 그래서 그는 전통 교육 방식에 얽매이지 않고 아이디어를 실현하는 대학을 세우겠다고 마음먹었다.

이 프로젝트를 실행하려면 100만 달러가 필요했다. '과연 그 거금을 어디서 마련할 수 있을까?' 야심 찬 젊은 목회자였던 건솔러스의 머릿속은 온통 이 생각뿐이었다. 하지만 생각은 제자리에서 맴돌 뿐 한 걸음도 더 나아가지 못했다.

밤마다 잠자리에 들어서도 오로지 그 생각이었다. 그리고 아침에 일어나자마자 그 생각을 떠올렸다. 어디를 가든 그것이 머리를 떠나지 않았다. 계속 되뇌던 그 생각은 마침내 온 마음을 사로잡는 집념으로 바뀌었다. 100만 달러는 큰돈이다. 그는 그 사실을 인정했지만, 스스로 정하지 않는 한 한계란 존재하지 않는다는 진리도 잊지 않았다.

건솔러스는 인생에서 성공한 모든 사람이 그렇듯 확고한 목적을 출발점으로 삼아야 한다는 사실을 알았다. 아울러 목적의 확고함이 그 목적을 물질로 바꾸려는 불타는 열망을 뒷받침할 때 생동감과 생명력, 힘을 얻게 된다는 사실 또한 잊지 않았다.

이 모든 위대한 진리를 아는 그였지만 100만 달러를 어디서, 어떻게 마련해야 할지는 몰랐다. 대다수 사람처럼 '아, 내 아이디어는 좋아도 필요한 100만 달러를 조달할 수 없으니 속수무책이군'이라며 포기하는 것이 자연스러운 수순이었다. 하지만 건솔러스는 달랐다. 그가 직접 한 말과 행동이 중요하니 지금부터는 그의 입을 빌려 이야기를 들어보자.

어느 토요일 오후 나는 내 방에 앉아 계획을 실행할 돈을 모금할 방법과 수단을 생각했다. 2년이 다 되도록 나는 계속 생각했다. 생각만 하고 아무 일도 하지 않았다! 이제 행동할 때가 왔다!

나는 그 자리에서 일주일 안에 필요한 100만 달러를 모아야겠다고 결심했다. 어떻게 모을지는 걱정하지 않았다. 중요한 건 정해진 시간 내에 돈을 구하겠다는 결심이었다. 그리고 정해진 시간 내 돈을 구하겠다고 확고하게 결심하는 순간, 전에는 한 번도 경험한 적 없는 이상한 확신이 밀려들었다. 마치 내 안의 무언가가 '왜 진작부터 그렇게 결심하지 않았어. 돈은 언제나 널 기다리고 있었는데!'라고 말하는 것 같았다.

일이 급속도로 돌아가기 시작했다. 나는 여러 신문사에 전화를 걸어 다음 날 아침 '내게 100만 달러가 있다면 무엇을 할 것인가!'라는 주제로 설교를 하겠다고 알렸다. 그러고선 바로 설교를 준비하기 시작했는데, 거의 2년 동안 준비한 설교였으니 솔직히 별로 어렵지 않았다. 그 설교의 핵심은 진작 알고 있었다!

그날 밤이 저물기 전에 나는 설교 원고를 완성했다. 자신감으로 충만한 채 잠자리에 들었다. 벌써 100만 달러를 손에 넣은 내 모습이 눈에 선했다.

다음 날 아침 나는 일찍 일어나 욕실에 가서 설교 원고를 읽었다. 그러고 나서 필요한 자금을 지원할 사람이 내 설교를 듣고 마음이 동하게 해달라고 무릎 꿇고 기도했다. 기도하는 동안 다시금 자금이 마련될 것이라는 확신이 들었다.

마음이 너무 설레었던 걸까. 급기야 나는 설교 원고를 챙기지 않고 설교하러 나섰고, 강단에 올라가서 설교를 시작하려는 순간에 그 사실을 깨달았다. 원고를 가지러 가기에는 이미 늦었다. 그런데 큰 축복이 일어났다! 잠재의식이 내게 필요한 모든 내용을 전해준 것이다. 정신을 차린 나는 설교를 시작했고, 눈을 감은 다음 온 마음과 영혼을 다해 내 꿈에 관해 이야기했다. 청중뿐만 아니라 하나님에게 말했다는 기분이 든다. 나는 100만 달러가 손에 쥐어진다면 그 돈으로 무엇을 할 것인지를 이야기했다. 젊은이에게 실용적인 일을 가르치고 정신을 계발하는 훌륭한 교육 기관을 세우기 위해 구상한 계획을 설명했다.

내가 설교를 마치고 자리에 앉았을 때, 뒤쪽에서 세 번째 줄쯤에 앉아 있던 한 남성이 천천히 일어나 강단 쪽으로 걸어왔다. 나는 그가 무엇을 할 작정인지 궁금했다. 그는 강단으로 다가와 내게 악수를 청하면서 이렇게 말했다. "목사님, 설교가 좋았습니다. 전 목사님께서 100만 달러만 생기면 말씀하신 모든 일을 하실 분이라고 믿습니다. 제가 목사님과 목사님의 설교를 믿는다는 걸 증명하고 싶으니 내일 아침에 제 사무실로 오십시오. 100만 달러를 드리겠습니다. 제 이름은 필립 D. 아머(19~20세기 미국의 대표적인 식육 가공 기업이었던 아머앤드컴퍼니의 설립자.—편집자)입니다."

젊은 건솔러스는 아버지의 사무실을 찾아갔고 100만 달러가 그에게 전달되었다. 건솔러스는 그 돈으로 아머공과대학(오늘날 일리노이공과대학교의 전신.—편집자)을 설립했다. 평생 이만한 거금을 직접 볼 수 있는 목회자는 많지 않을 것이다. 하지만 찰나의 순간, 젊은 목회자의 머릿속에서 그 돈에 대한 생각의 발화가 일어났다. 100만 달러는 한 아이디어가 빚어낸 결과였다. 그 아이디어의 바탕에는 젊은 건솔러스가 2년 가까이 마음속에 품었던 열망이 자리 잡고 있었다.

무엇보다 이 중요한 사실에 주목하라. 그가 돈을 구하겠다고 마음속으로 확고하게 결심하고 그 돈을 구하기 위한 명확한 계획을 세우자, 돈을 손에 넣기까지 겨우 '36시간'이 걸렸다!

건솔러스가 100만 달러를 막연하게 생각하고 맥없이 바라기만 했다면 새로울 것도, 독특할 것도 없다. 비슷한 생각을 한 사람은 건솔러스 이전에도, 이후에도 숱하게 많았다. 하지만 잊지 못할 그 토요일에 그가 내린 결정에는 매우 독특하고 색다른 무언가가 있었다. 그건 바로 막연한 생각은 접고 '일주일 안에 그 돈을 구하겠다!'라고 다짐한 확고한 목적이었다. 하나님은 스스로 원하는 것을 정확히 아는 사람 편에 서는 것 같다. 물론 자신이 원하는 것을 구하기로 결심한 사람이라는 단서가 붙는다!

건솔러스가 100만 달러를 얻은 법칙은 지금도 여전히 살아 숨 쉰다! 당신도 이를 활용할 수 있다! 이 보편적인 법칙은 젊은 목회자가 성공적으로 활용했을 때와 마찬가지로 오늘날에도 변함없이 유효하다. 이 책은 이 위대한 법칙을 13단계로 설명하고, 어떻게 활용할지를 제시한다.

캔들러와 건솔러스에게는 공통점이 있었다. 두 사람 모두 확고한 목적과 명확한 계획의 힘으로 아이디어를 부로 전환할 수 있다는 놀라운 진리를 알았다. 혹시 열심히 일하고 정직하게 사는 것만으로 부를 얻을 수 있다고 믿는다면, 다시 생각하라! 당치 않다! 엄청난 부는 결코 노력의 결과가 아니다! 부는 우연이나 운이 아니라 확실한 법칙을 인생에 적용하고 확실하게 원할 때 그 응답으로 따라온다.

일반적으로 아이디어는 상상력에 호소해 행동을 유도하는 생각의 발화다. 모든 판매의 대가는 상품은 못 팔아도 아이디어를 팔 수 있다는 사실을 안다. 평범한 판매원은 이 사실을 모른다. 그래서 '평범'하다.

어느 날 한 출판업자가 흥미로운 사실을 발견했다. 독자가 내용보다는 제목을 보고 책을 구매한다는 것이다. 출판업자는 도무지 팔릴 기미가 없던 한 책의 제목을 바꾸어보았다. 그러자 판매량이 100만 부 이상 급증했다. 책의 내용은 전혀 바뀌지 않았다. 팔리지 않는 제목 대신 흥행할 만한 제목을 붙였을 뿐이다.

단순해 보일지 몰라도 이것이 바로 아이디어다! 바로 상상력이다. 아이디어에 정가는 없다. 아이디어의 창조자가 스스로 가격을 책정하고, 지혜만 발휘한다면 그 가격을 받아낼 수 있다.

영화 산업은 수많은 백만장자를 배출했다. 그들이 언제나 직접 아이디어를 만들어내지는 않았으나, 그들에게는 대부분 아이디어를 알아보는 상상력이 있었다.

상상력이 풍부한 인재를 필요로 하는 새로운 미디어 사업에서도 차세대 백만장자 집단이 탄생할 것이다. 상상력이 있는 사람이 새롭고 유익한 프로그램을 발견하거나 창작하고, 프로그램을 통해 이익을 얻을 기회를 이용자에게 제공함으로써 돈을 벌 것이다.

광고주를 사로잡고 이용자에게 유익한 서비스를 제공하는 프로그램을 만들어낸다면 이 새로운 산업에서 부자가 될 수 있다. 이 분야에는 기회의 장이 넓게 펼쳐져 있다. 상상력이 없어서 꽃피우지 못한다며 기회가 비명을 지른다. 어떤 대가를 치러도 괜찮으니 제발 구출해달라고 애원한다. 무엇보다 미디어에 필요한 건 새로운 아이디어다! 이 새로운 기회의 영역에 관심이 있는 사람에게는 수익 창출의 기회가 있다.

미디어가 제공하는 기회에 관한 이야기를 듣고도 아직 아이디어 공장이 가동되지 않는다면 차라리 다 잊어버려라. 당신을 위한 기회는 다른 분야에 있을 것이다. 하지만 미디어의 기회에 관심이 생긴다면 좀 더 깊이 파고들어라. 커리어를 완성할 아이디어가 떠오를 때까지 노력하라.

미디어에 초보자일지라도 낙담하지 마라. 카네기는 철강 제조업에 거의 문외한이었으나 이 책에 소개한 부의 법칙을 실용적으로 활용해 철강 사업으로 큰 부를 얻었다.

위대한 부의 이야기는 언제나 아이디어의 창조자와 판매자가 함께 모여 조화롭게 협력한 날로부터 시작된다. 카네기는 본인이 못하는 일을 대신할 사람들을 곁에 두었다. 그들은 카네기를 대신해서 아이디어를 창조했고, 아이디어를 실행에 옮겼고, 카네기와 다른 사람들을 어마어마한 부자로 만들었다.

수백만 명의 사람이 행운이 오기를 바라면서 살아간다. 어쩌면 운이 좋아서 한번쯤은 기회를 얻겠지만 가장 안전한 계획은 운에 의존하지 않는 것이다. 개인적으로 내 인생에서 가장 큰 기회는 행운으로 우연히 찾아왔다. 하지만 그 기회가 자산이 되기까지 25년 동안 헌신적으로 노력해야 했다.

그 행운이란 카네기를 만나 도움받은 일이다. 나는 카네기와의 만남을 계기로 마음속에 품고 있던 성공의 법칙을 철학으로 정리하기로 마음먹었다. 수천 명의 사람이 내가 25년간 연구한 결과로 이익을 얻고 그 철학을 적용함으로써 큰 부를 축적했다. 시작은 단순하게도 누구든 발전시킬 법한 아이디어였다.

카네기를 통해 내게 행운이 찾아왔다. 하지만 결단, 확고한 목표, 목표를 달성하고 싶다는 열망, 25년간의 끈질긴 노력은 어디에서 왔을까? 실망과 낙담, 일시적인 패배, 비판, 시간 낭비를 끊임없이 일깨우는 일들을 겪고 살아남은 건 평범한 열망이 아니었다. <u>불타는 열망이었다! 강렬한 집념이었다!</u>

카네기를 만나고 내 마음속에 처음 자리 잡았던 그 아이디어는 온갖 회유와 유혹을 견디고 살아남았다. 아이디어는 조금씩 <u>스스로</u> 거인이 되어 오히려 나를 회유하고, 밀어붙였다. 아이디어란 그런 것이다. 먼저 아이디어에 생명과 행동, 지침을 불어넣으면, 아이디어는 <u>스스로</u> 힘을 얻어 걸림돌을 모조리 치워버린다.

아이디어의 힘은 눈에 보이지 않지만, 그 힘은 아이디어를 잉태하는 물리적인 뇌보다 더 강력하다. 아이디어를 창조하는 뇌가 한 줌 흙으로 돌아간 이후에도 생명력을 유지한다. 예컨대 기독교의 힘을 생각해보라. 기독교의 출발점은 예수 그리스도의 뇌에서 탄생한 단순한 아이디어였다. 기독교의 주요 교리는 "남에게 대접을 받고자 하는 대로 너희도 남을 대접하라."(마태복음 7장 12절.—옮긴이)는 것이었다. 예수 그리스도는 그가 온 근원으로 돌아갔지만, 그의 아이디어는 계속 전진하고 있다. 언젠가 아이디어가 자라서 인정받게 되면 그때 예수 그리스도의 가장 깊은 열망이 이루어질 것이다. 예수 그리스도의 아이디어는 발전한 지 이제 고작 2천 년밖에 되지 않았다. 기다려보라!

7장

부의 법칙 6

체계적 계획이
부를 눈앞에 가져온다

"부는 우연이나 운이 아니라 확실한 원칙을 적용하고
실용적인 계획을 세울 때 그 응답으로 온다."

인간이 창조하거나 획득하는 모든 건 열망의 형태로 시작된다. 여정의 첫 단계에서 열망은 상상력의 작업장으로 옮겨지며, 추상적인 형태에서 구체적인 형태로 전환하는 계획이 수립되고 체계화된다.

2장에서 부에 대한 열망을 금전적 가치로 바꾸는 첫걸음으로 확실하고 실용적인 6단계 원칙을 소개했다. 이 '부를 현실로 만드는 6단계 원칙' 중 하나가 명확하고 실용적인 전환 계획을 세우는 것이다.

이제 실용적인 계획을 세우는 방법, 즉 '마스터 마인드 그룹을 구성하는 4가지 지침'을 살펴보자.

1. 후반부에서 설명하는 마스터 마인드 법칙을 활용하여 돈을 축적하는 계획을 수립하고 실행하는 과정에 필요한 사람들과 동맹을 맺는다. 이 지침을 반드시 준수해야 한다. 소홀히 하지 마라.
2. 마스터 마인드 동맹을 결성하기 전에 그 그룹의 구성원에게 협력의 대가로서 어떤 이점과 혜택을 제공할지 결정한다. 일정 형태의 보상을 받지 않고 무한정 일할 사람은 없다. 지성인이라면 적절한 보상을 제공하지 않고 다른 사람이 협조할 것을 기대하거나 요구하지 않는다. 다만 여기서 보상은 항상 돈의 형태는 아니다.
3. 마스터 마인드 그룹과 적어도 일주일에 2회 이상 만남을 갖는다. 가능하다면 더 자주 만나서 필요한 계획이나 돈을 축적하는 계획을 공동으로 완성한다.
4. 마스터 마인드 그룹과 완벽한 조화를 유지한다. 이 지침을 제대로 이행하지 않으면 실패할 수 있다. 완벽하게 조화를 이루지 않으면 마스터 마인드 법칙을 적용할 수 없다.

다음 사실을 명심하라.

첫째, 지금 당신은 매우 중요한 과업을 진행하는 중이다. 반드시 성공하려면 흠잡을 데 없는 계획을 세워야 한다.

둘째, 다른 사람들의 경험, 교육, 타고난 능력, 상상력을 활용해야 한다. 큰 부를 축적한 사람은 대부분 이런 방법을 따랐다.

다른 사람과 협력하지 않고 큰 부를 축적할 수 있을 만큼 경험, 교육, 타고난 능력, 지식이 충분한 사람은 없다. 부를 축적하는 모든 계획은 당신과 마스터 마인드 그룹이 모두 참여한 합작품이어야 한다. 당신이 계획 전체나 일부를 직접 세울 수 있지만 마스터 마인드 그룹으로부터 점검과 승인을 받아야 한다.

만일 1차 계획이 성공적이지 않다면 새로운 계획으로 대체한다. 이 새로운 계획이 효과적이지 않다면 또 다른 계획으로 교체하는 식으로, 효과적인 계획을 찾을 때까지 반복한다. 바로 이 지점에서 대다수 사람이 실패한다. 실패한 계획을 대신할 새로운 계획을 세우는 과정에서 인내심이 바닥나기 때문이다.

실행 가능한 실용적인 계획이 없다면 아무리 똑똑한 사람이라도 부의 축적은 물론 다른 모든 일에서도 성공할 수 없다. 이 사실을 마음에 새겨라. 그리고 설령 계획이 실패하더라도 일시적인 패배이지 영구적인 실패가 아님을 기억하라. 그저 계획이 탄탄하지 않은 것일 수 있다. 그러므로 다른 계획을 세워라. 원점에서 다시 시작하라.

에디슨은 백열전구를 완성하기까지 1만 번 실패했다. 노력의 결실을 얻기 전까지 1만 번이나 일시적인 패배를 맛본 셈이다.

일시적인 패배는 그저 계획에 문제가 있다는 뜻이다. 수백만 명의 사람이 비참하고 빈곤한 삶을 사는 건 부를 축적할 만한 탄탄한 계획이 없어서다.

포드가 부를 축적할 수 있었던 건 머리가 비상해서가 아니라 적절한 계획을 세우고 따랐기 때문이다. 포드보다 배운 게 많아도 부를 축적하는 적절한 계획을 세우지 못해 가난하게 사는 사람이 무척 많다. 계획이 탄탄해야 상응하는 성과를 거둘 수 있다. 판에 박힌 말처럼 들릴지 모르나 이는 진실이다.

에디슨전기회사의 사장을 역임한 사무엘 인설은 1억 달러가 넘는 재산을 잃었다. 그의 부를 뒷받침하던 계획은 탄탄했지만 경기 침체를 맞아 어쩔 수 없이 계획을 변경해야 했다. 새로운 계획이 탄탄하지 않았던 탓에 인설은 일시적인 패배를 맞았다. 어쩌면 '일시적인 패배'는 '실패'가 될 수도 있었다. 노년기에 접어든 그에게는 계획을 다시 세울 불씨가 부족했다. 하지만 그는 계획을 또다시 세웠다. **이처럼 스스로 마음속에서 그만두지 않는 한 인간은 절대 굴복당하지 않는다.**

큰 부를 축적한 사람을 볼 때 우리는 그의 승리만 눈여겨보고, 그가 성공에 이르기까지 극복해야 했던 일시적인 패배를 간과하기 쉽다. 철도 사업가 힐은 동서 횡단 철도를 건설할 자본을 모을 때 일시적인 패배를 경험했다. 그렇지만 새로운 계획을 세움으로써 패배를 승리로 바꾸었다. 또한 포드는 자동차업계에 진출했을 때뿐만 아니라 정상의 자리에 오른 후에도 일시적인 패배를 여러 번 겪었다. 그는 새로운 계획을 세우고 재정적 승리를 향해 계속 전진했다.

일시적인 패배를 경험하지 않고 부를 축적하리라고 기대하지 마라.

패배가 닥치면 계획이 잘못되었다는 신호로 받아들이고, 계획을 다시 세우고, 원하는 목표를 향해 한 번 더 항해를 시작하라. 목표에 도달하기 전에 멈추면 포기자가 될 뿐이다. **포기자는 결코 승리할 수 없고, 승자는 절대 포기하지 않는다.** 이 문장을 종이에 적어서 매일 밤에 잠들기 전과 매일 아침 출근하기 전에 볼 수 있는 자리에 붙여라.

그리고 마스터 마인드 그룹을 구성할 때 패배를 심각하게 받아들이지 않는 사람을 선택하라. 어리석게도 돈만 있으면 돈을 벌 수 있다고 믿는 사람이 있다. 어림없는 소리다! 이런 사람은 선택에서 제외해야 한다.

돈을 벌 수 있는 매개체는 열망이다. 돈은 움직이거나 생각하거나 말할 수 없으나, 그것을 열망하는 누군가가 다가오라고 부르는 소리는 들을 수 있다!

당신이 알아야 할 리더십

지금부터 개인 서비스를 판매해 부를 축적할 때 필요한 지침을 전한다. 이는 어떤 형태든 간에 개인 서비스를 판매하려는 모든 사람에게 실질적으로 도움을 줄 것이다. 특히 선택한 분야에서 리더십을 발휘하려는 사람에게 가치를 헤아릴 수 없는 혜택을 전할 것이다.

사실상 모든 큰 부의 출발점은 개인 서비스에 대한 보상이거나 아이디어 판매였다. 돈이 없는 사람이 아이디어와 개인 서비스를 빼면 무엇을 부의 대가로 내놓을 수 있겠는가?

세상에는 크게 두 유형의 사람이 있다. 한 유형은 '리더'고 다른 한 유형은 '추종자'다. 스스로 선택한 분야에서 리더가 될지 아니면 추종자로 남을지 처음부터 결정하라. 그 보상의 차이는 엄청나다. 리더가 받을 보상을 추종자가 기대하는 건 이치에 맞지 않다. 그럼에도 많은 추종자가 그런 실수를 저지른다.

자신이 추종자라고 해서 수치스러워하지 마라. 하지만 계속 추종자로 남는 것은 명예롭지 못하다. 위대한 리더는 대부분 추종자의 위치에서 시작했다. 그들이 위대한 리더가 될 수 있었던 것은 현명한 추종자였기 때문이다. 현명하게 리더를 따르지 못하는 사람이 유능한 리더가 되는 일은 극히 드물다. 리더를 가장 효과적으로 따르는 사람이 대개 가장 단시간에 리더의 자리에 오른다. 현명한 추종자는 여러 면에서 득을 보는데, 특히 리더로부터 지식을 습득할 기회를 접할 수 있다.

✦ 리더십의 덕목

리더에게 필요한 중요한 자질은 다음과 같다.

1. 흔들리지 않는 용기 자신과 직업에 대한 지식이 있을 때 흔들리지 않는 용기가 생긴다. 자신감과 용기가 없는 리더를 따를 추종자는 없다. 현명한 추종자는 그런 리더를 오래 따르지 않는다.

2. 자제력 자신을 다스리지 못하는 사람은 결코 다른 사람을 다스리지 못한다. 자제력은 추종자에게 아주 효과적인 본보기가 되며, 현명한 사람은 이를 본받는다.

3. 강렬한 정의감 공정성과 정의감이 없는 리더는 추종자를 지휘할 수

없고 그들의 존경도 받을 수 없다.

4. 확고한 결심 결심이 흔들린다면 자신에게 확신이 없다는 뜻이다. 그런 사람은 다른 사람을 성공의 길로 이끌 수 없다.

5. 명확한 계획 유능한 리더는 일을 계획하고 계획대로 실행한다. 실질적이고 명확한 계획을 세우지 않고 주먹구구로 움직이는 리더는 방향타 없는 배와 같다. 머지않아 암초에 걸릴 것이다.

6. 받은 대가보다 더 많이 일하는 습관 리더는 추종자보다 더 많은 일을 기꺼이 맡아야 한다.

7. 호감 가는 성격 단정하지 못하고 무심한 사람은 유능한 리더가 될 수 없다. 추종자는 호감 가지 않는 리더를 존경하지 않는다.

8. 공감과 이해 유능한 리더는 추종자에게 공감한다. 나아가 추종자는 물론이고 그들이 안고 있는 문제를 이해해야 한다.

9. 세부 관리 능력 유능한 리더는 자신의 직위에 따르는 세부 사항을 완벽하게 파악한다.

10. 강한 책임감 유능한 리더는 추종자의 실수와 결함을 기꺼이 책임진다. 이 책임을 회피하고 싶다면 리더의 자리를 내놓아야 한다. 리더는 추종자의 실수와 무능함이 곧 자신의 실수이자 무능함이라고 생각해야 한다.

11. 협력 유능한 리더는 협력의 원칙을 이해하고 몸소 적용하며 추종자도 이를 본받도록 이끌 줄 안다. 리더에게는 권력이 필요하고 권력에는 협력이 필요하다.

리더십에는 2가지가 있다. 가장 효과적인 첫 번째 리더십은 추종자의 동의와 공감을 얻는 리더십이다. 두 번째는 추종자의 동의와 공감을 구하지 않는 강압적인 리더십이다.

강압적인 리더십이 지속될 수 없다는 건 역사가 증명한다. 독재자와 왕이 몰락하고 사라졌다는 사실은 의미심장하다. 사람들은 언제까지고 강압적인 리더십을 따르지 않는다.

현시대에 들어서며 리더와 추종자의 관계는 완전히 달라졌고 사업계와 산업계는 새로운 리더와 새로운 브랜드의 리더십을 요구한다. 구시대의 강압적인 리더십에 머물러 있는 사람은 새로운 리더십 브랜드인 협력을 이해해야 한다. 그렇지 않으면 추종자라는 하위 계층으로 강등될 수밖에 없다. 다른 선택지는 없다. 앞으로 고용주와 직원, 혹은 리더와 추종자의 관계는 사업 이익을 공평하게 나누는 상호 협력의 관계로 변화할 것이다. 이 관계는 과거보다 파트너십에 더 가까워질 것이다.

나폴레옹 보나파르트, 독일의 빌헬름 황제, 러시아의 차르, 스페인 국왕은 강압적인 리더십의 대표 사례다. 그들의 리더십은 막을 내렸다. 이미 퇴진했거나 퇴진을 앞둔 미국의 재계, 금융계, 노동계의 리더 중에서 이런 리더십을 찾는 것은 그리 어렵지 않다. 사람들이 일시적으로는 강압적인 리더십을 따를지 모르지만, 자발적으로 따를 리는 없다. **동의와 공감을 바탕으로 하는 리더십이야말로 지속 가능하다!**

새로운 리더십은 앞서 설명한 리더의 11가지 특성과 다른 몇 가지 요소를 포용한다. 이 특성과 요소를 리더십의 토대로 삼는다면 어느 분야에서든 사람들을 이끌 기회가 많을 것이다. 경기 침체가 장기화한 이유는 대개 새로운 리더십이 부족했다는 데 있다. 경기 침체가 끝날 무렵, 사회적으로 새로운 리더십 방식을 갖춘 유능한 리더가 요구되었으나 그만한 인재가 부족했다. 기존 유형의 리더 가운데 일부는 스스로 혁신하여 새로운 리더십에 적응할 것이다. 하지만 보통은 아예 새로운 리더를 발굴해야 한다. 이런 상황이 당신에게는 기회가 될 수 있다!

❖ 실패하는 리더의 10가지 주요 특징

무엇을 해야 하는지 아는 것만큼 무엇을 하지 말아야 하는지를 아는 게 중요하다. 이제 실패하는 리더의 주요 특징을 살펴보자.

1. 세부 관리 능력이 없다. 리더십을 효율적으로 발휘하기 위해서는 세부 사항을 정리하고 완벽하게 파악할 수 있어야 한다. 진정한 리더는 '너무 바빠서' 리더의 본분을 다하지 못한다고 핑계 대지 않는다. 사실 리더든 추종자든 상관없이 너무 바빠서 계획을 변경하거나 긴급 상황에 주의를 기울이지 못한다고 둘러대면 자신이 무능하다는 사실을 스스로 인정하는 셈이다. 유능한 리더는 본인의 직위와 관련된 세부 사항을 모조리 꿰뚫고 있어야 한다. 물론 그러려면 유능한 부하 직원에게 세부 사항을 위임하는 습관을 들여야 한다.

2. 낮은 자세로 봉사하지 않는다. 위대한 리더는 필요하다면, 다른 사람에게 맡길 수 있는 일이라도 마다하지 않고 기꺼이 수행한다. 유능한 리더는 누구나 "너희 중에 큰 자는 너희를 섬기는 자가 되어야 하리라."(마태복음 23장 11절.—옮긴이)는 진리를 따르고 존중한다.

3. 아는 것을 행하기보다 아는 것 자체에 대한 보상을 기대한다. 세상은 안다고 해서 대가를 지급하지 않는다. 대신 직접 행한 일이나 다른 사

람들이 행하도록 이끈 일에 대가를 지급한다.

4. 추종자와 경쟁하기를 두려워한다. 추종자에게 자기 자리를 빼앗길까 봐 두려워하는 리더는 머지않아 그 두려움이 현실이 되는 순간을 반드시 맞이할 것이다. 유능한 리더는 본인의 직위와 관련된 세부 사항을 믿고 맡길 사람을 키운다. 그래야만 리더로서 동시에 여러 곳에 존재하는 게 가능하고 여러 일을 처리할 수 있다. 본인의 노력으로 얻을 수 있는 것보다 다른 사람의 행동을 끌어내는 능력에 더 많은 보수가 따른다는 건 만고의 진리다. 유능한 리더는 본인의 업무에 대한 지식과 인격을 통해 다른 사람들의 효율성을 크게 높이고, 그들이 리더의 지원을 받아 더 나은 성과를 더 많이 내도록 이끈다.

5. 상상력이 부족하다. 상상력이 없는 리더는 긴급 상황에 대처하고 추종자를 효율적으로 인도할 계획을 세우지 못한다.

6. 이기적이다. 추종자가 거둔 성과를 본인의 공으로 돌리는 리더는 원한을 사기 마련이다. 진정으로 위대한 리더는 공치사를 하지 않는다. 공을 인정받을 일이 있으면 추종자에게 돌리는 데 만족한다. 사람은 돈보다 칭찬과 인정을 받으려고 더 열심히 일한다는 사실을 알기 때문이다.

7. 절제하지 못한다. 추종자는 절제하지 못하는 리더를 존경하지 않는다. 게다가 어떤 형태든 무절제에 빠지면 인내심과 활력을 잃게 된다.

8. 신의가 없다. 어쩌면 이 항목은 목록의 맨 앞에 있어야 할 수도 있다. 자신의 심복, 동료, 상사, 부하 직원에게 신의가 없는 리더는 자리를 오랫동안 지키지 못한다. 신의가 없는 사람은 발밑의 흙만도 못한 존재로 취급받아 마땅하다. 어떤 직종에서든 신의가 부족한 것은 실패의

주된 요인으로 꼽힌다.

9. 리더의 권위를 강조한다. 유능한 리더는 두려움이 아닌 격려로 추종자를 이끈다. 자신의 권위를 추종자에게 각인시키려는 리더는 강압적인 리더십 유형에 속한다. 진정한 리더라면 공감, 이해, 공정성, 업무 수행 능력의 증거 등 행동으로 드러나는 것 이외의 어떤 사실도 입으로 떠벌릴 필요가 없다.

10. 직함을 강조한다. 유능한 리더는 직함이 없어도 추종자의 존경을 받는다. 직함을 지나치게 강조한다면 사실 그것밖에 내세울 게 없다고 볼 수 있다. 진정한 리더는 누구나 드나들 수 있게 문을 열어두며 업무 공간에 형식이나 겉치레가 없다.

이것들이 리더가 실패하는 가장 일반적인 원인이다. 이 가운데 결함이 하나만 있어도 충분히 실패를 자초할 수 있다. 리더를 꿈꾸는 사람이라면 이 목록을 유심히 보고 본인이 이런 잘못을 저지르고 있지 않은지 확인하라.

❖ 어떤 분야에서 새로운 리더십을 원하는가

새로운 유형의 리더를 필요로 하는 유망 분야를 살펴보자.

첫째, 새로운 리더를 가장 끈질기게 요구하는 분야는 '정치계'다. 이런 요구가 존재한다는 사실은 곧 비상사태라는 의미다. 대다수 정치인은 합법화된 고급 사기꾼으로 전락한 듯 보인다. 그들은 국민이 더 이상 감당할 수 없을 정도까지 세금을 인상하고 산업계와 사업계의 동력을 파괴했다.

둘째, '금융계'에 개혁이 일어나고 있다. 이 분야의 리더에 대한 대중의 신뢰는 거의 바닥을 쳤다. 은행가는 이미 개혁의 필요성을 감지하고 개혁을 시작했다.

셋째, '산업계'가 새로운 리더를 요구한다. 기존 리더는 사람이 아닌 배당금의 관점에서 생각하고 움직였다! 미래의 산업계 리더는 스스로 공무원과 다름없다고 생각해야 한다. 다시 말해 믿고 따르는 사람과 집단에 고통을 주지 않고 잘 관리해야 할 의무가 있다. 일하는 사람을 착취하던 시대는 끝났다. 사업계, 산업계, 노동계의 리더를 꿈꾼다면 이 사실을 명심해야 한다.

넷째, '종교계' 리더는 이미 죽은 과거와 아직 태어나지 않은 미래보다는 추종자의 현세적인 필요와 현재의 경제적·개인적 문제를 해결하는 데 더 많은 관심을 기울여야 한다.

다섯째, '법조계', '의학계', '교육계'에서는 새로운 리더십과 새로운 리더가 절실히 필요해질 것이다. 교육계는 특히 그렇다. 이 분야의 리더는 앞으로 학교에서 배운 지식을 적용하는 법을 가르칠 방식과 수단을 모색해야 한다. 그리고 이론보다는 실천에 더 밝아야 한다.

여섯째, '언론계'에도 새로운 리더가 필요하다. 미래의 신문을 성공적으로 인도하려면 특권과 결별하고 광고라는 보조금으로부터 자유로워져야 한다. 신문은 이제 더 이상 광고 지면을 후원하는 이익 집단의 선전물이 되어서는 안 된다. 추문과 선정적인 사진을 게재하는 신문은 결국 인간의 정신을 타락시키다가 사라진 세력의 전철을 밟을 것이다.

이들은 새로운 리더와 새로운 리더십에 기회를 제시하는 일부 분야일 뿐이다. 세계는 급변하고 있다. 무엇보다 미디어가 이런 변화에 적응해야 한다. 미디어야말로 문명의 흐름을 결정짓는 데 다른 어떤 것보다 더 중요하니 말이다.

원하는 일자리에서 돈을 번다는 것

누구나 자신에게 가장 잘 맞는 일을 하고 싶어 한다. 화가는 그림 그리기를 좋아하고 공예가는 수작업을 좋아하며 작가는 글쓰기를 좋아한다. 뚜렷한 재능이 상대적으로 부족한 사람이라면 특정한 사업이나 산업을 선호할 것이다.

그렇다면 원하는 일자리를 어떻게 구할 수 있을까?

첫째, 어떤 일자리를 원하는지 정확하게 결정한다. 아직 존재하지 않는 직업이라면 직접 만들어낼 수도 있다.

둘째, 어떤 회사나 개인과 함께 일하고 싶은지 선택한다.

셋째, 회사 방침, 인사 정책, 승진 가능성 등 예비 고용주에 대한 정보를 조사한다.

넷째, 자신의 성격과 재능, 역량을 분석함으로써 '무엇을 제공할 수 있는지'부터 파악하고, 스스로 생각하는 자신의 장점, 서비스, 발전, 아이디어를 제공할 방법과 수단을 계획한다.

다섯째, 일자리에 연연하지 마라. "제게 맞는 일자리가 있을까요?"라는 평범한 질문은 잊어라. 당신이 무엇을 제공할 수 있는지에만 집중하라.

여섯째, 일단 계획이 완성되면 전문가와 상의해 깔끔하고 상세하게 종이에 기록한다.

일곱째, 권한이 있는 적절한 사람에게 계획이 담긴 지원서를 제출한다. 나머지는 그 사람에게 맡겨라. 모든 회사가 아이디어, 서비스, 인맥 등 가치 있는 무언가를 제공할 수 있는 사람을 찾고 있다. 자기 회사에 이로운 명확한 계획을 제시하는 사람은 언제나 환영받는다.

이 구직 절차를 실행하는 데는 시간이 꽤 필요하다. 하지만 약간의 시간을 투자하면 결과적으로 당신은 박봉을 받고 일하는 기간을 몇 년이나 단축할 수 있을 것이다.

❖ 파트너십의 시대가 왔다

고용주와 직원 간의 관계가 파격적으로 변했다. 자신의 서비스를 효과적으로 마케팅하고 싶은 사람은 이 사실을 반드시 깨달아야 한다.

개인 서비스와 상품 마케팅의 미래를 지배할 원칙은 '황금 지상주의'가 아니라 '황금률'이 될 것이다. 고용주와 직원의 관계는 앞으로 고용주와 직원, 소비자로 구성된 파트너십에 가까워질 것이다. 이에 새로운 개인 서비스 마케팅 방식도 달라질 것으로 전망된다.

미래에 고용주와 직원은 소비자에게 효율적으로 서비스를 제공하는 동료가 된다. 과거에는 고용주와 직원이 무언가를 주고받으며 서로 가장 유리한 조건을 협상했다. 하지만 사실상 그것은 제3자, 즉 소비자를 볼모로 삼은 협상이었다.

불황은 그동안 권리를 마구잡이로 짓밟힌 소비자의 강력한 항의와도 같았다. 불황의 잔해가 수습되고 사업계가 균형을 되찾으면, 고용주와 직원은 소비자를 볼모로 이익을 추구할 권리를 잃었다는 사실을 깨닫게 될 것이다. 미래에는 소비자가 진정한 고용주가 될 것이다. 개인 서비스를 효과적으로 마케팅하고 싶다면 이 점을 마음에 깊이 새겨야 한다.

'소비자가 봉'은 옛말이 되었다. 대신 '소비자가 왕'이라는 정책이 그 자리를 차지했다.

금융계는 이 급격한 변화 속에서 교훈을 얻었다. 은행 임원이나 직원이 불친절하게 구는 건 십수 년 전만 해도 다반사였지만 더 이상은 보기 드문 광경이 되었다. 예전에는 대출 희망자가 느끼기에 은행원에게서 찬바람이 쌩쌩 부는 것 같았다.

그러던 은행이 경기 침체기에 줄줄이 도산함에 따라 은행원들의 자리 배치부터 달라졌다. 그들은 이제 어디에서나 보이는 책상에 앉아 있어서 예금자를 비롯한 모든 방문객이 편안하게 다가갈 수 있으며, 덕분에 은행 분위기가 화기애애하다.

예전에 동네 식품점에 가면 주인은 자리를 비웠고 점원은 친구들과 노닥거리고 있어서 고객이 계산대에서 기다리는 일마저 있었다. 하지만 고객의 신발을 닦아주는 일만 빼고는 무엇이든 마다하지 않는 친절한 마트가 등장하며 동네 식품점을 밀어냈다.

오늘날 마케팅의 화두인 친절과 서비스는 고용주보다 개인 서비스를 마케팅하는 사람에게 더 필요한 덕목이다. 따지고 보면 고용주와 직원 모두 소비자의 고용인이 서비스를 제대로 제공하지 못하면 서비스를 제공할 권리를 잃는 대가를 치르게 마련이다.

가스 회사 검침원이 대문을 부술 듯 두드리던 시절이 있었다. 큰 소리에 놀라 고객이 문을 열면 검침원은 '대체 왜 이렇게 사람을 기다리게 하는 거냐'는 불만 가득한 표정을 지으며 안으로 밀고 들어왔다. 그런 시절은 이제 끝났다. 요즘 검침원은 '서비스를 제공하게 되어 황송하다'는 듯이 예의 바르게 행동한다. 찌푸린 얼굴의 검침원이 결코 청산할 수 없는 부채를 쌓아가고 있다는 사실을 가스 회사가 드디어 안 것이다.

나는 경기 침체기에 펜실베이니아의 무연탄 광산 지역에서 몇 달 동안 지내며 석탄 산업이 몰락한 원인을 연구한 적이 있다. 사업자는 영업 손실을 입고 광부는 일자리를 잃었는데, 고용주와 직원의 탐욕이 그 원인이었다.

직원을 대변한답시고 의욕만 앞선 노동조합 지도부의 압력과 이익만 추구하는 사업자의 탐욕으로 무연탄 사업은 급작스럽게 위축되었다. 석탄 회사의 노사가 첨예하게 대립하면서 석탄 가격에 협상 비용까지 더해졌다. 결국 그들은 자신들이 다투는 사이, 석유로 가동하는 장비의 제조업체와 원유 생산업체가 득을 보았다는 사실을 뒤늦게 깨달았다.

"죄의 삯은 사망이요!"(로마서 6장 23절.—옮긴이) 이 성경 구절은 잘 알려져 있으나 그 의미를 깨달은 사람은 매우 드물다. 그래서 몇 년 동안 전 세계가 "사람이 무엇을 심든지 또한 그것을 거두리라."(갈라디아서 6장 7절.—옮긴이)라는 취지의 설교를 어쩔 수 없이 들어야 했다.

경기 침체처럼 그 범위와 효과가 막대한 일은 '단지 우연'일 수 없다. 경기 침체의 이면에는 원인이 존재한다. 원인 없는 결과란 없다. 대체로 씨앗을 심지도 않고 결실을 거두려는 세상의 습성에서 경기 침체의 원인을 곧바로 찾을 수 있다.

세계대전이 발발하자 전 세계 사람이 심은 서비스의 씨앗은 질과 양의 면에서 부족해졌다. 그때까지 거의 모든 사람이 베풀지 않고 받으려고 애쓰는 놀이에 빠져 있었다.

여태껏 여러 사례를 나열한 것은 개인 서비스를 시장에 내놓으려는 사람들에게 우리가 지금 이 자리에 이 모습으로 있는 게 우리의 행동 때문임을 일깨우기 위해서다! 경영, 금융, 운송을 지배하는 어떤 인과 법칙이 있다면, 똑같은 법칙이 우리의 경제적 지위를 지배한다고 할 수 있다.

❖ 당신의 QQS 점수는 얼마인가?

서비스 마케팅에서 효과적이고 장기적으로 성공을 거두는 원인은 이미 명확하게 밝혀져 있다. 이 원인을 연구하고, 분석하고, 이해하고, 적용하지 않으면 서비스를 효과적이고 장기적으로 마케팅할 수 없다. 사람은 모름지기 본인의 개인 서비스를 판매하는 영업 사원이 되어야 한다. 서비스의 질과 양, 그리고 서비스를 제공하는 정신에 따라 가격, 고용 기간 등이 크게 좌우된다. 개인 서비스를 효과적으로 마케팅하려면(다시 말해 만족스러운 가격과 흡족한 조건으로 영구적인 시장을 확보하려면), '**질**Quality + **양**Quantity + **정신**Spirit = **완벽한 서비스 영업 사원**'이라는 'QQS 공식'을 채택하고 따라야 한다. 이 공식을 기억하라. 기억하는 데 그치지 말고 습관처럼 이 공식을 삶에 적용하라!

이 공식을 분석하면서 의미를 정확히 이해해보자.

1. 질 서비스의 질은 효율성을 높이기 위해 자신의 직위에 따르는 모

든 세부 작업을 되도록 효율적인 방식으로 수행할 때 높아진다.

2. 양 서비스의 양은 연습과 경험을 통해 기술을 발전시키고 언제나 최선을 다하면 더 많이 제공할 수 있다.

3. 정신 서비스의 정신이란 유쾌하고 조화롭게 행동해 동업자와 동료 직원의 협력을 유도하는 습관을 뜻한다.

질과 양이 충분하다고 해서 개인의 서비스 시장이 장기적으로 유지되는 것은 아니다. 서비스를 전달하는 태도 혹은 정신이 서비스의 대가와 고용 기간을 결정하는 중대한 요인이다.

카네기는 개인 서비스 마케팅의 성공 요인을 설명할 때 이 점에 역점을 두었다. 그는 조화로운 행동의 필요성을 누차 강조했다. 특히 아무리 업무의 질이나 양이 훌륭하더라도 조화의 정신으로 일하지 않는 사람은 절대 고용하지 않을 것이라고 힘주어 말했다. 또한 호감 가는 사람을 중요하게 여겼다. 카네기는 이와 같은 기준에 부합하는 많은 사람에게 큰 부자가 될 기회를 제공했다.

카네기가 본 바에 따르면, 호감 가는 성격의 사람은 적절한 정신으로 고객에게 좋은 서비스를 제공할 수 있다. 비록 서비스의 질과 양적인 면에서 부족한 부분이 있더라도 성격이 이를 보완해준다. 그러나 반대로 호감 가는 성격과 행동을 완벽하게 대체할 수는 있는 건 어디에도 없다.

❖ 서비스의 자본 가치에 주목하라

개인 서비스 판매만 하는 사람은 상품 판매자와 다를 바 없으므로 정확히 똑같은 규칙에 따라 행동해야 한다. 이 점을 강조하는 이유가 있다. 개인 서비스 판매를 업으로 삼는 사람은 대부분 상품 판매자에게 부과되는 행동 규칙과 책임으로부터 자유롭다고 생각하는데, 이는 실수라고 할 수 있다.

새로운 마케팅 서비스 방식이 등장하면서 고용주와 직원은 어쩔 수 없이 사실상의 파트너십을 맺고 제3의 집단인 소비자의 권리를 고려해야 했다. 고-게터의 시대는 끝났다. 고-게터는 '고-기버go-giver(다른 사람의 필요를 이해하고 실질적인 가치를 제공하는 사람.—편집자)'로 대체되었다. 사업계의 강압적인 방식이 마침내 민낯을 드러냈다. 앞으로 과거의 방식은 필요 없을 것이다.

두뇌의 실제 자본 가치는 서비스 마케팅을 통해 창출할 수 있는 수입에 따라 결정된다. 돈의 가치는 결코 두뇌에 미치지 못한다. 돈은 흔히 두뇌보다 훨씬 더 가치가 떨어진다.

효과적인 마케팅만 가능하다면 유능한 두뇌가 상품 거래에 필요한 자본보다 훨씬 더 바람직한 자본 형태다. 두뇌는 경기 침체 중에도 영원히 감가상각이 되지 않고 훔치거나 소비할 수 없기 때문이다. 또한 효율적인 두뇌가 뒷받침되지 않는 한, 사업을 진행할 때 꼭 필요한 돈마저도 마치 모래성처럼 쉽게 사라지고 만다.

사람들이 실패하는 30가지 주요 원인

인생 최대 비극의 주인공은 진심으로 노력해도 실패하는 사람이다! 성공하는 사람은 소수인 데 반해 실패하는 사람은 압도적 다수를 차지한다는 건 비극이다.

나는 소중한 기회를 얻어 수천 명의 사람을 분석했는데, 그 결과 이 가운데 98퍼센트가 '실패자'로 분류되었다. 98퍼센트나 되는 사람이 실패자로 인생을 살아가도록 방치하는 문명과 교육 제도라면 근본적으로 문제가 있다. 하지만 이 책의 목적은 세상의 옳고 그름에 관해 설교하려는 게 아니다. 그러려면 이런 책을 100권은 써야 할 것이다.

나는 분석한 끝에 '실패의 주요 원인'과 '부의 법칙'을 찾았다. 이제부터 실패의 주요 원인을 살펴볼 것이다. 당신도 여러 실패 원인 중에서 무엇이 성공을 가로막는 걸림돌인지 확인해보라.

1. 불리한 유전자를 타고났다. 지적 능력이 태생적으로 부족한 사람들이 할 수 있는 일은 극히 드물다. 이 책은 마스터 마인드 그룹의 도움을 받아 여러 약점을 극복하는 방법을 제시하지만, 유전자만큼은 유일하게 개인의 힘으로 어찌할 수가 없는 영역이다.

2. 인생의 명확한 목적이 없다. 중추적인 목적이나 명확한 목표가 없는 사람이 성공할 가능성은 없다. 분석 결과, 98퍼센트의 실패자는 이런 사람이었다. 아마도 이것이 주요한 실패 원인이었을 것이다.

3. 평범함을 거부하는 야망이 없다. 출세하고 싶다는 생각조차 없을 만큼 남보다 앞선 삶을 사는 데 무심하거나 출세에 따르는 대가를 치를

마음이 없는 사람에게는 희망이 없다.

4. 교육을 많이 받지 못했다. 이는 비교적 쉽게 극복할 수 있는 불리한 조건이다. 내 경험상 이른바 자수성가한 사람이나 독학한 사람이야말로 지적이었다. 대학 교육을 받았다고 해서 배운 사람이 되지는 않는다. 배운 사람이란 다른 사람의 권리를 침해하지 않고도 본인이 원하는 걸 얻는 법을 깨우친 사람이다. 교육의 핵심은 지식이 아니라 지식을 효과적으로 꾸준히 적용하는 데 있다. 즉 아는 것으로 무엇을 하느냐에 따라 보상이 주어진다.

5. 자제력이 부족하다. 절제는 자신을 다스리는 능력에서 온다. 이는 모든 부정적인 자질을 다스려야 한다는 뜻이다. 상황을 다스리려면 먼저 자신을 다스려야 한다. 무엇보다 어려운 과제는 자기의 주인이 되는 일이다. 자기를 정복하지 못하면 도리어 정복당할 것이다. 거울에 비친 내 모습은 가장 친한 친구이자 가장 큰 적이다.

6. 건강하지 않다. 건강이 좋지 않으면 남다른 성공을 만끽할 수 없다. 건강을 망치는 다음의 여러 요인을 다스리고 바로잡아야 한다.

- 건강에 이롭지 않은 음식을 과식한다.
- 생각하는 습관이 바람직하지 않다. 부정적인 생각을 표현한다.
- 성생활이 바람직하지 않고 문란하다.
- 적절한 신체 운동이 부족하다.
- 호흡법이 잘못되어 신선한 공기를 충분히 들이마시지 못한다.

7. 해로운 환경에서 유년기를 보냈다. 작은 나뭇가지가 구부러지면 나

무가 비뚤게 자란다. 범죄 성향은 대부분 나쁜 환경에서 유년기를 보냈거나 친구를 잘못 사귄 탓에 비롯된다.

8. 미루는 습관이 있다. 이는 실패의 가장 일반적인 원인으로 꼽힌다. '미루는 습관'은 그림자 속에 숨어서 당신의 성공을 망칠 기회를 노린다. 많은 사람이 가치 있는 일을 시작할 좋은 때를 기다리다가 실패자로 생을 마감한다. 기다리지 마라. 좋은 때란 존재하지 않는다. 지금 서 있는 그곳에서 가진 것으로 일하다 보면 더 나은 수단이 눈에 띌 것이다.

9. 끈기가 부족하다. 사람들은 대체로 시작은 잘하는데 마무리는 서툴다. 더구나 패배의 징후가 보일라치면 곧바로 포기하는 이가 많다. 끈기를 대신할 수 있는 건 없다. 끈기를 좌우명으로 삼으면 결국 실패가 지쳐서 자리를 떠나고 말 것이다. 실패는 절대로 끈기의 적수가 못 된다.

10. 성격이 부정적이다. 부정적인 성격이라 다른 사람을 내치는 사람이라면 성공할 희망이 없다. 성공은 힘을 적용할 때 찾아오며, 힘은 다른 사람들과 협력해 노력해야만 얻을 수 있다. 그러나 부정적인 성격으로는 협력을 얻을 수 없다.

11. 성적 충동을 다스리는 능력이 부족하다. 성적 에너지는 인간의 행동을 유발하는 모든 자극 중에서 가장 강력하다. 당신이 성공하려면 무엇보다 강력한 그 충동을 반드시 다스리고 다른 감정으로 바꾸어 다른 길로 인도해야 한다.

12. 한탕주의 욕망을 참지 못한다. 도박 본능은 수많은 사람을 실패로 이끈다. 1929년 월스트리트 대폭락 때도 수백만 명이 주식 차익을 노리고 도박에 뛰어들었다.

13. 확실한 결정력이 부족하다. 성공하는 사람은 곧바로 결정을 내리고

굳이 결정을 바꾸어야 할 상황이라면 오래 생각한 끝에 바꾼다. 반면 실패하는 사람은 어쩌다 결정을 내릴 때는 오래 걸리지만 걸핏하면 잽싸게 결정을 바꾼다. 우유부단함과 미루는 습관은 쌍둥이다. 이 쌍둥이에게 붙잡혀 실패의 수레바퀴에 꼼짝없이 묶이기 전에 먼저 해치워라.

14. 6가지 기본적인 두려움 가운데 하나 이상을 경험했다. 6가지 두려움은 15장에서 분석했다. 자기 능력을 효과적으로 마케팅하려면 두려움을 극복해야 한다.

15. 배우자를 잘못 선택한다. 이는 실패의 가장 흔한 원인이다. 사람들은 결혼을 통해 친밀한 관계를 맺는다. 가정이 화목하지 않으면 실패가 뒤따를 가능성이 있다. 더욱이 결혼의 실패에는 고통과 불행이 수반되어 야망의 싹을 모조리 잘라버린다.

16. 지나치게 조심스럽다. 모험하지 않는 사람은 대개 다른 사람들이 선택하고 남은 걸 가져야 한다. 지나친 조심성은 조심성이 부족한 것만큼이나 나쁘다. 어느 쪽이든 지나친 건 경계해야 한다. 인생은 어차피 모험의 연속이다.

17. 사업상 동료를 잘못 선택한다. 사업에서 실패하는 일반적인 원인이 바로 이것이다. 직장을 구할 때는 현명하고 유능하며 영감을 주는 고용주를 선택하라. 사람은 가장 가까운 이를 모방하기 마련이다. 모방할 만한 가치가 있는 사람을 선택하라.

18. 미신과 편견에 사로잡힌다. 미신은 두려움의 다른 이름이자 무지의 소산이기도 하다. 성공하는 사람은 열린 마음을 유지하고 아무것도 두려워하지 않는다.

19. 잘못된 직업을 선택한다. 본인이 좋아하지 않는 일에서 성공하는

사람은 없다. 직장을 구할 때는 전심전력할 수 있는 직업을 선택하는 것이 필수다.

20. 집중적으로 노력하지 못한다. 만능 재주꾼은 대개 특출하게 잘하는 게 없다. 명확한 주요 목표 하나에 온 노력을 집중하라.

21. 무분별한 소비 습성이 있다. 낭비벽이 있는 사람은 끊임없이 가난을 두려워해야 하기에 성공할 수 없다. 수입의 일정 비율을 따로 떼어내어 체계적으로 저축하는 습관을 길러라. 은행 잔고는 임금 협상 때 용기를 낼 수 있는 든든한 배경이 되어준다. 돈이 없으면 주는 대로 받고 그것에 만족할 수밖에 없다.

22. 열정이 부족하다. 열정이 없으면 확신을 전달할 수 없다. 열정은 또한 전염성이 있기에 열정을 품은 사람은 일반적으로 어떤 집단에서든 환영받는다.

23. 편협하다. 어떤 주제에 대해 폐쇄적인 사람은 출세하기 어렵다. 편협하다는 말은 더 이상 배우지 않는다는 뜻이다. 종교·인종·정치의 차이를 인정하지 못하는 편협함이 가장 해롭다.

24. 절제하지 못한다. 과식과 음주, 성생활에서 절제하지 못하면 실패하기 쉽다. 이 가운데 어느 하나라도 지나치게 탐닉하면 성공에 치명적인 결과를 가져올 것이다.

25. 다른 사람과 협력하지 못한다. 이 결함 탓에 일과 삶에서 큰 기회를 잃는 사람이 굉장히 많다. 정보력이 탄탄한 사업가나 리더는 이를 용납하지 않는다.

26. 자신의 노력으로 얻지 않은 힘을 가지고 있다. 부자의 2세들, 그리고 자기 손으로 벌지 않은 돈을 물려받은 사람은 단계를 차근차근 거치

지 않고 편하게 손에 힘을 넣는다. 그런데 이렇게 쥐어진 힘은 종종 성공에 치명적인 결과를 일으킨다. 졸지에 얻은 부는 가난보다 더 위험하다.

27. 의도적으로 부정직하다. 정직을 대신할 수 있는 건 없다. 스스로 통제할 수 없는 상황이라면 돌이킬 수 없는 피해를 일으키지 않는 선에서 일시적으로 정직하지 않을 수 있다. 하지만 의도적으로 부정직한 사람에게는 희망이 없다. 머지않아 스스로 행동으로 거짓을 드러낼 테고, 그러면 평판은 물론이고 자유까지 잃는 대가를 치르게 될 것이다.

28. 자기중심적이고 허영심이 있다. 이런 자질은 다른 사람에게 '접근 금지'라고 경고하는 적신호다. 성공에 치명적이다.

29. 생각하지 않고 추측한다. 사람들은 대부분 너무 무심하거나 게을러서 정확한 사고의 재료인 사실을 파악하지 못한다. 추측이나 즉흥적인 판단으로 만들어낸 '의견'에 따라 행동하는 편을 선호한다.

30. 자본이 부족하다. 난생처음 창업하는 사람들은 일반적으로 자본이 충분하지 않아서 실패한다. 자본이 있어야 본인의 실수로 발생하는 충격을 흡수하고 평판을 쌓을 때까지 버틸 수 있다.

만약 당신이 겪은 실패의 원인이 목록에 없다면 직접 적어보라.

무언가를 시도했다가 실패하는 모든 사람이 삶의 비극을 겪는다. 이 비극을 살펴보면 여기서 다룬 30가지 실패의 주요 원인이 발견된다.

이 목록을 검토하고 자신을 분석하는 과정에서 잘 아는 사람의 도움을 받는 것도 바람직할 것이다. 보통은 다른 사람이 보는 나와 내가 보는 내가 다르다. 당신도 그럴 수 있다. "너 자신을 알라!"는 아주 오래된 금언이 있다. 상품을 성공적으로 마케팅하려면 그 상품을 잘 알아야 한다. 사람도 예외가 아니다. 자신의 약점을 모두 알아야 약점을 보완하거나 완전히 없앨 수 있다. <u>자신을 알려면 정확하게 분석하고 점검하는 방법밖에 없다.</u>

자신을 알지 못한 어리석음을 보여주는 한 청년의 사례가 있다. 그는 한 유명 기업에 입사하려고 관리자에게 지원서를 냈다. 관리자는 청년에게 매우 좋은 인상을 받았다. 그에게 예상 연봉을 물어보기 전까지는 그랬다. 청년은 일정한 금액을 염두에 두지 않았다며 명확한 목표가 없는 대답을 했다. 그러자 관리자는 "일주일 동안 당신을 시험한 다음에 합당한 급여를 지급하겠습니다."라고 말했다. 그러자 지원자는 이렇게 답했다. "그 제안은 수락하지 않겠습니다. 지금 일하는 직장에서 그보다 많이 받고 있으니까요."

현재 다니는 직장에서 연봉을 조정하기 위해 협상을 하거나 다른 직장을 구하고 싶은가? 그렇다면 먼저 자신이 현재 연봉보다 더 가치 있는 사람인지 확인하라. 임금을 더 많이 원하는 것과 더 많이 받을 가치가 있는 것은 완전히 별개의 문제다! 원하는 만큼 당연히 임금을 더 받을 거라고 착각하는 사람이 많다. 하지만 재정적인 필요나 욕구는 내 가치와 아무런 관련이 없다. <u>내 가치는 오로지 내가 유용한 능력을 제공할 수 있는지, 아니면 다른 사람들이 유용한 능력을 제공하도록 유도할 수 있는지를 기준으로 결정된다.</u>

자기 점검으로 알아보는 나의 가치

효과적으로 개인의 능력을 마케팅하려면 자기 점검은 필수다. 사람은 살면서 진보하거나 답보하거나 아니면 퇴보한다. 자기 점검에서는 진보했는지, 그랬다면 얼마나 진보했는지를 파악해야 한다. 물론 퇴보 여부도 파악해야 한다.

해마다 연말에 자기 점검을 진행한 뒤, 결과를 보고 개선이 필요한 부분을 새해 결심에 포함시키면 어떨까. 다음 질문에 답하고 믿을 만한 사람의 도움을 받아 자기 점검을 해보자.

자기 점검용 질문

1. 올해 목표를 달성했는가? (주요 인생 목표의 일부로서 명확한 연간 목표가 있어야 한다).
2. 최선을 다해 최고의 질로 서비스를 제공했는가, 아니면 부족한 점이 있는가?
3. 최선을 다해 최대한으로 서비스를 제공했는가?
4. 항상 조화롭고 협조적인 태도로 일했는가?
5. 미루는 습관 때문에 효율이 떨어졌는가? 그랬다면 어느 정도 떨어졌는가?
6. 내 성격이 개선되었는가? 그랬다면 어떤 면에서 개선되었는가?

7. 계획을 끈기 있게 실천해서 끝까지 완수했는가?
8. 언제나 신속하고 확실하게 결정을 내렸는가?
9. 6가지 기본적인 두려움 가운데 어떤 것 때문에 효율성이 떨어졌는가?
10. '지나치게 조심'했는가, 아니면 '조심성이 부족'했는가?
11. 직장 동료와의 관계가 즐거웠는가, 아니면 껄끄러웠는가? 만일 껄끄러웠다면 내게 얼마간 책임이 있었는가?
12. 집중적으로 노력하지 못해서 에너지를 낭비했는가?
13. 모든 주제에 개방적이고 포용적이었는가?
14. 어떤 방식으로 서비스 제공 능력을 개선했는가?
15. 어떤 습관을 자제하지 못했는가?
16. 공공연히 혹은 남모르게 자기중심적으로 행동한 적이 있는가?
17. 동료로부터 존경받을 만한 태도로 그들을 대했는가?
18. 추측에 근거해 의견을 제시하고 결정을 내렸는가, 아니면 정확한 분석과 생각을 근거로 삼았는가?
19. 시간과 비용, 수입을 고려해 계획을 세웠는가? 계획을 철저하게 따랐는가?
20. 시간을 더 유익하게 이용하지 못하고 소득도 없는 일에 얼마나 많은 시간을 허비했는가?
21. 내년에 더 효율적으로 일하려면 어떻게 시간 계획을 세우고 습관을 바꾸어야 하는가?

22. 양심에 어긋나게 행동해서 가책을 느낀 적이 있는가?

23. 받은 보수보다 질적·양적으로 더 나은 서비스를 제공한 일이 있는가?

24. 다른 사람을 부당하게 대한 적이 있는가, 혹시 그랬다면 어떤 식으로 대했는가?

25. 내가 의뢰인이었다면 한 해 동안 내 서비스에 만족했을 것이라고 생각하는가?

26. 일이 적성에 맞는가, 그렇지 않다면 이유가 무엇인가?

27. 의뢰인이 내 서비스에 만족했는가, 만족하지 못했다면 그 이유는 무엇인가?

28. 성공의 기본 법칙에 따르면 나는 지금 몇 점인가? (공정하고 솔직하게 점수를 매긴 다음, 정확하게 점수를 평가할 수 있는 용기 있는 사람에게 검증받는다.)

이제 개인의 능력을 마케팅하기 위한 실질적인 계획을 세울 준비는 마쳤다. 지금까지 정보를 광범위하고 상세하게 제시한 건 자신의 능력을 활용해서 부를 만들 사람에게 이 내용이 꼭 필요하기 때문이다. **재산을 잃은 사람과 이제 막 돈을 벌기 시작한 사람이 부를 축적할 수단은 개인의 능력밖에 없다.** 그러니 이를 최대한 활용할 수 있는 실용적 정보가 필요하다.

이 장은 어떤 직책에서든 리더십을 발휘하고자 하는 사람에게 큰 도움이 될 것이다. 사업계나 산업계의 경영자에게 특히 그렇다.

이 장의 정보를 완전히 이해해서 내 것으로 만들면 자신을 마케팅할 때는 물론이고 분석력과 판단력을 키우는 데도 이로울 것이다. 아울러 직원 선발과 효율적인 조직 유지를 담당하는 인사 책임자와 고용 관리자, 경영진에게도 값으로 매길 수 없을 만큼 귀중한 정보가 될 것이다. 이 말이 믿기지 않는다면 '자기 점검용 질문'으로 그 타당성을 시험해보라. 설령 타당성에 의문이 생길지라도 흥미롭고 유익한 경험이 될 것이다.

부의 기회를 어디서 어떻게 찾을까?

부를 축적하는 법칙을 분석했으니 이제 이를 적용할 기회를 찾아보자. 미국이라는 나라가 크든 작든 부를 추구하는 사람에게 과연 어떤 기회를 제공하는지 알아보자.

우선 미국은 법을 준수하는 모든 시민이 전 세계 어느 곳과도 비교할 수 없는 사상의 자유와 행동의 자유를 보장한다. 우리는 대부분 이런 자유가 어떤 면에서 이로운지 생각해본 적이 없다. 우리가 누리는 무한한 자유를 다른 나라의 제한된 자유와도 비교해본 적이 없다.

미국에는 사상의 자유, 교육 선택과 향유의 자유, 종교의 자유, 정치의 자유, 직업 선택의 자유, 아무런 불이익을 당하지 않고 원하는 대로 재산을 축적하고 소유할 자유, 거주지 선택의 자유, 결혼의 자유, 모든 인종에 균등하게 제공되는 기회를 통해 얻는 자유, 이동의 자유, 음식

선택의 자유, 살면서 대통령직까지 포함해 모든 지위를 목표로 삼을 자유가 있다.

물론 우리가 누리는 자유는 이것만이 아니다. 앞서 나열한 자유는 최고 수준의 기회를 제공하는 가장 중요한 자유다. 미국 태생이든, 이민자든 상관없이 모든 국민에게 광범위하고 다양한 자유를 보장하는 나라는 미국밖에 없다. 이런 면에서 미국은 더 독보적이다.

이처럼 광범위한 자유가 선사한 몇 가지 축복을 살펴보자. 평균적인 소득의 미국 가족을 예로 들어, 기회와 풍요의 땅에서 가족 구성원 모두가 누릴 수 있는 혜택을 요약해보겠다! 사고와 행동의 자유 다음으로 삶의 필수 요소인 의식주가 있다.

1. 의衣 미국 어디에서나 적은 비용으로 편안하고 깔끔한 옷차림을 유지할 수 있다.

2. 식食 보편적인 자유 덕분에 평균적인 미국 가정은 집에서 전 세계의 최고급 먹거리를 각자의 경제 수준에 맞는 가격으로 즐길 수 있다.

3. 주住 보일러로 난방하고, 전기로 불을 밝히고, 요리용 가스를 사용하며, 거주 비용은 낮은 편이다. 부엌, 욕실을 비롯해 집에는 각종 전자제품이 있어서 편리하다.

가장 기본적인 의식주 외에도 평균적인 미국 국민은 하루 여덟 시간을 넘지 않는 적당한 노력에 대한 대가로 남다른 특권과 혜택을 누릴 수 있다. 그중 하나가 아주 적은 비용으로 마음대로 이동할 수 있는 대중교통의 특권이다.

평균적인 미국인은 세계 어느 나라에서도 찾아볼 수 없는 수준의 재산권을 보장받는다. 여윳돈을 은행에 맡기면 정부가 그 돈을 보호하며 은행이 파산해도 보상을 받을 수 있다. 미국 국민은 여권이 없어도 별도의 승인을 받지 않고 주 경계를 넘어 이동할 수 있다. 원할 때 떠났다가 원할 때 돌아올 수 있다. 주머니 사정이 허락하는 대로 기차, 자가용, 버스, 비행기, 선박 등의 여행 수단을 선택할 수 있다.

❧ 자유가 축복이자 기적인 이유

선거 유세를 할 때 정치인은 미국의 자유를 부르짖는다. 하지만 시간이나 노력을 들여서 이 '자유'의 원천이나 본질을 분석하지는 않는다. 나는 칼을 갈 만한 일도 없고, 앙심을 드러낼 일도 없고, 실현해야 할 숨은 동기도 없다. 그러니 신비롭고 추상적이며 크게 오해받는 '무언가'를 철저하게 분석할 수 있는 적임자일 것이다. 모든 미국 국민에게 다른 나라에는 없는 더 많은 축복, 더 많은 부를 축적할 기회, 더 많은 본질의 자유를 제공하는 그 무언가 말이다.

나는 눈에 보이지 않는 힘의 근원과 본질을 분석할 만한 자격이 있다. 그 힘을 조직한 많은 사람, 그리고 지금 그 힘을 유지할 책임이 있는 많은 사람을 25년 이상 알고 있기 때문이다. **이 인류에게 은혜를 베푸는 신비한 대상은 바로 자본이다!** 돈만이 아니라 고도로 체계적이고 지적인 집단이 자본을 구성한다. 이 집단은 특히 공공의 이익을 위해 돈을 효율적으로 이용하고 자신에게 이로운 방법과 수단을 계획한다.

과학자, 교육자, 화학자, 발명가, 사업 분석가, 홍보 담당자, 교통 전문가, 회계사, 변호사, 의사 등 모든 산업 및 사업 분야에서 고도의 전문 지식을 갖춘 사람들이 이 집단에 포함된다. 이들은 새로운 분야를 선도하고 실험하며 새로운 길을 개척한다. 대학, 병원, 공립 학교를 지원하고, 근사한 도로를 건설하고, 신문을 발행하고, 정부의 비용을 대고, 인류 발전에 필수적인 다양한 일을 처리한다. <u>요컨대 자본가는 문명의 두뇌다. 모든 교육, 계몽, 인류 진보의 전체 구조를 제공하니 말이다.</u>

다만 두뇌가 없는 돈은 언제나 위험하다. 적절하게 이용하면 돈은 문명을 이루는 가장 중요한 기초가 된다. 체계적인 자본으로 기계, 선박, 철도, 그리고 이를 운영할 훈련된 거대 인력 집단이 탄생하지 않았다면 미국인 가족은 지금처럼 식사하지 못할 것이다.

자본의 도움을 받지 않고 뉴욕시의 한 가족에게 소박한 아침을 제공할 방법을 생각해보자. 그러면 체계적인 자본이 얼마나 중요한지 어느 정도 감이 잡힐 것이다.

차를 공급하려면 머나먼 중국이나 인도까지 직접 행차해야 할 것이다. 수영 실력이 뛰어나지 않는 한 돌아오기 전에 녹초가 될 것이다. 그런데 또 다른 문제가 생긴다. 바다를 헤엄쳐 건널 만큼 체력이 있다고 한들 돈을 써야 할 것 아닌가?

설탕을 공급하려면 쿠바까지 다시 한번 한참을 수영하거나 유타주에 있는 사탕무 밭까지 걸어가야 한다. 간다고 해도 설탕을 구하지 못하고 돌아올 수도 있다. 설탕을 생산하려면 조직적인 노력과 돈이 필요하기 때문이다. 설탕을 정제하고, 운송하고, 미국 전역의 아침 식탁까지 배달하는 데도 노력과 돈이 필요한 건 말할 필요도 없다.

달걀은 뉴욕시 근처 농장에서 쉽게 배달시킬 수 있지만, 자몽 주스 두 잔을 얻으려면 플로리다까지 아주 먼 길을 걸어갔다가 돌아와야 한다.

식빵 네 조각을 구하려면 캔자스나 밀을 재배하는 다른 주까지 다시 한참을 걸어가야 한다.

시리얼은 메뉴에서 제외해야 할 것이다. 이는 숙련된 인력의 노동력과 적절한 기계 장치가 아니면 구할 수 없으며 노동력과 기계 장치에는 모두 자본이 필요하다.

휴식을 취하고 나서 다시 남미로 헤엄쳐 가 바나나 몇 개를 따고, 돌아오는 길에 낙농장이 있는 가까운 농장에 잠시 들러 버터와 크림을 산다. 이렇게 해야 뉴욕의 어느 가족은 자리에 앉아 아침 식사를 즐길 수 있을 것이다!

터무니없는 이야기다. 그렇지 않은가? 하지만 자본주의 제도가 없었다면 소박한 먹거리를 뉴욕의 중심부까지 배달시킬 방법은 이것뿐이다. 이 과정에 이용하는 철도와 증기선을 건설하고 유지하려면 상상을 초월할 만큼 어마어마한 돈이 든다. 선박과 기차를 운영할 수 있는 숙련된 직원은 물론이고 수억 달러가 필요하다. 게다가 자본주의 사회에서 현대 문명을 구성하는 요건은 운송 수단만이 아니다. 무언가 운송하기 전에 먼저 땅에서 무언가를 재배하거나 혹은 제조해서 시장에 내놓을 준비를 마쳐야 한다. 그러려면 장비, 기계, 상자, 마케팅, 수백만 명의 인건비로 수백만 달러가 더 필요하다.

증기선과 철도는 땅에서 저절로 솟아나서 저절로 움직이는 게 아니다. <u>문명의 요구를 충족시키고자 상상력, 믿음, 열정, 결정력, 끈기를 가</u>

진 사람들의 노동과 독창성, 조직력을 통해 탄생한다! 이런 사람들이 이른바 '자본가'다. 자본가는 짓고, 건설하고, 성취하고, 유용한 서비스를 제공하고, 수익을 창출하고, 부를 축적하겠다는 열망에서 동기를 부여받는다. 나아가 문명이 존재하기 위해 꼭 필요한 서비스를 제공하기에 막대한 부로 향하는 길로 들어선다.

쉽게 말해 이 자본가는 급진주의자, 협박범, 부정직한 정치인, 이권을 차지하려는 노동계 리더가 '약탈을 일삼는 사업가'나 '월스트리트'라고 일컫는 인물이다. 나는 지금 어떤 집단이나 경제 체제에 대한 찬반론을 제기하려는 게 아니다. '이권을 차지하려는 노동계 리더'라는 말로 단체 교섭을 비난하거나 자본가라고 알려진 모든 개인이 청렴결백하다고 말하려는 의도도 없다.

이 책의 목적, 다시 말해 내가 반세기 동안 성실하게 헌신한 목적은 개개인이 원하는 만큼 부를 축적할 수 있는 수단으로서 가장 믿을 만한 철학을 제시하는 것이다. 자본주의 제도의 경제적 이점을 분석한 것은 다음과 같은 목적 때문이다.

첫째, 부를 추구하는 사람이 많든 적든 간에 부로 향하는 모든 접근 방식을 좌지우지하는 제도를 인식하고 적응하도록 이끌고 싶어서다.

둘째, 체계적인 자본을 마치 해로운 것처럼 표현함으로써 문제의 본질을 의도적으로 흐리는 정치인과 선동가의 주장과 반대되는 이면을 제시하고 싶어서다.

미국은 자본주의 국가고, 자본을 활용함으로써 발전했다. 자유와 기회의 축복을 누릴 권리를 주장하고 부를 축적하고 싶은 사람이라면 체계적인 자본이 제공하는 혜택 없이는 부나 기회를 얻을 수 없음을 마땅히 알아야 한다.

❖ 자본주의가 바로 기회다

지난 20여 년 동안 급진주의자, 사리사욕을 채우려는 정치인, 협박범, 냉소적인 노동계 리더, 때로는 종교 리더가 '월스트리트, 은행, 대기업'을 향해 비난의 화살을 날렸고, 이 행태는 일종의 오락이 되어 날이 갈수록 성행한다. 이 같은 행태가 너무 보편화되다 보니 고위 정부 관리가 싸구려 정치인, 노동계 리더와 결탁하는 믿을 수 없는 일이 일어났다. 그들의 노골적인 목적은 경기 침체기에 미국을 지구상에서 가장 부유한 나라로 만든 그 제도를 무너뜨리는 것이었다. 매우 대대적이고 체계적인 이들의 결탁으로 말미암아 미국 역사상 최악의 불황이 장기화되었다. 수백만 명이 국가의 중추를 이루는 산업 및 자본주의 제도와 직결되는 일자리를 잃었다.

미국 산업 제도에 대한 '무한 비판 기간'을 선포함으로써 정부 관리와 사리사욕을 채우려는 개인은 이처럼 보기 드문 동맹을 맺었다. 한편 일부 노동계 리더는 정치인과 결탁해 특정한 법안을 통과시키는 대가로 유권자를 동원하겠다고 제안했다. 이것은 공정한 일당을 받고 공정한 하루치 일을 제공하는 더 바람직한 방법을 택하는 대신에 조직적인 머릿수의 힘으로 산업에서 부를 빼앗을 수 있는 법이었다.

미국 전역에서 수백만 명이 여전히 베풀지 않고 얻으려는 이 대중적인 취미에 뛰어들었다. 이 가운데 일부는 노동조합과 손잡고 근무 시간 단축과 임금 인상을 요구하고 있다! 또 다른 사람들은 굳이 일하지 않는다. 그저 정부에 구제해달라고 요구하고 원하는 바를 취한다. 뉴욕시에서는 '구호 수혜자' 집단이 우체국장에게 격렬한 항의를 제기한 사건이 발생했다. 그들은 우체국 직원들이 정부 지원금을 배송하려고 아침 7시 30분에 잠을 깨웠다면서 배송 시간을 10시 정각으로 해달라고 요구했다.

당신이 혹시 무리를 조직해서 근무 시간 단축과 임금 인상을 요구하는 단순한 행위로 부를 축적할 수 있다고 믿는 사람이라면, 이른 아침에 방해받지 않고 정부 지원금을 배송해달라고 요구하는 사람이라면, 국고를 거덜 낼 수 있는 법을 통과시키는 대가로 정치인에게 표를 던지는 게 옳다고 믿는 사람이라면, 누구의 방해도 받지 않을 것이라고 확신하고 그 믿음을 편안하게 고수할 것이다. 이 나라는 원하는 대로 생각할 수 있는 자유 국가고, 조금만 노력해도 먹고살 수 있고, 전혀 일하지 않고도 잘사는 사람이 많은 곳이니 말이다.

그저 자랑하기만 할 뿐 이 자유를 제대로 이해하지는 못하는 사람이 많다. 하지만 이 자유에 대한 진실을 완벽하게 알아야 한다. **자유가 아무리 대단하고, 아무리 포괄적이고, 아무리 많은 특권을 제공한다고 해도, 노력하지 않고 부를 얻을 수는 없다.**

부를 축적하고 합법적으로 보유할 수 있는 믿을 만한 방법은 유용한 서비스를 제공하는 것뿐이다. 그저 머릿수의 힘으로, 혹은 다른 어떤 형태로, 대가를 치르지 않고 합법적으로 부를 획득하는 제도는 지금까지 존재하지 않았다.

경제학의 법칙Law of Economics은 단순한 이론이 아니다! 어떤 인간도 깨트릴 수 없는 법칙이다. 이 법칙을 눈여겨보고 마음에 새겨라. 그것은 정치인이나 정당 조직을 다 합쳐도 상대가 되지 않을 만큼 강력하다. 모든 노동조합의 통제권을 넘어선다. 협박범이나 자칭 리더 때문에 흔들리거나 영향을 받거나 매수되지 않는다. 또한 천리안과 완벽한 회계 체계를 갖추어서 베풀지 않고 얻으려는 모든 사람의 거래를 정확하게 기록한다. 머지않은 때 감사관이 찾아와 중대하든 사소하든 상관없이 개인의 기록을 살펴보고 회계 처리를 요구한다.

'월스트리트, 대기업, 자본을 포식하는 사업가', 혹은 다른 어떤 이름으로 불리든 간에 우리에게 미국의 자유를 선사한 그 제도는 이 강력한 경제학의 법칙을 이해하고 존중하며 적응하는 사람들을 대변한다! 사람들이 재정적인 면에서 존속할 수 있는지는 법을 존중하는 태도에 달려 있다.

미국에 거주하는 사람은 대부분 이 나라와 자본주의 제도, 이 나라의 모든 걸 좋아한다. 고백하건대 부를 축적할 수 있는 더 큰 기회를 찾기에 미국보다 더 좋은 나라는 없다. 이 나라를 좋아하지 않는 사람들도 물론 있다. 그것 또한 그들의 특권이다. 이 나라와 자본주의 제도, 무한한 기회를 좋아하지 않는다면, 그들에게는 이 나라를 떠날 특권이 있다! 독일, 러시아, 이탈리아처럼 그리 특별하지는 않아도 자유를 누리고 부의 축적을 시도할 수 있는 나라가 존재한다.

미국은 정직한 사람이라면 누구에게나 부를 쌓을 모든 자유와 기회를 제공한다. 사냥하러 갈 때 사냥감이 풍부한 사냥터를 선택하듯 부를 구할 때도 같은 법칙이 자연스럽게 적용된다.

부를 추구하는 사람이라면 립스틱을 비롯한 화장품 시장 규모만 연간 2억 달러가 넘을 만큼 국민이 부유한 나라에 어떤 가능성이 있는지

간과해서는 안 된다. 이 나라의 국민은 자유에 대한 감사를 표현하기 위해 안부 카드에 지출하는 비용만 연간 5천만 달러가 넘는다. 이런 나라의 자본주의 제도를 파괴하고 싶다면 부디 다시 생각하라!

부를 추구하는 사람이라면 4대 담배 회사의 수입이 연간 수억 달러에 달하는 나라를 신중하게 고려하라. 담배에서 발생하는 대부분의 수입은 국민에게 '차분함'과 '신경 안정'을 선사하는 네 개의 기업에 돌아간다.

영화를 보는 특권을 누리기 위해 국민이 연간 1,500만 달러 이상을 지출하고, 독주, 음료, 마약, 그 밖에 더 순한 청량음료와 주류에 몇백만 달러를 추가로 지출하는 나라를 충분히 고려하라.

국민이 미식축구, 야구, 프로권투에 매년 수백만 달러를 기꺼이, 심지어 열성적으로 갖다 바치는 나라에 너무 성급하게 등 돌리지 마라.

그리고 껌을 사기 위해 연간 100만 달러 이상을, 안전 면도날을 사기 위해 또 다른 100만 달러를 내놓는 나라에 무슨 일이 있더라도 붙어 있어라.

이 정도는 부를 축적하기 위해 이용할 수 있는 몇몇 원천에 불과하다. 사치품과 비#필수품 가운데 일부를 사례로 들었을 뿐이다. 이 소수의 상품을 생산, 운송, 마케팅하는 사업이 수백만 명의 사람에게 정규직 일자리를 제공하며, 이들은 서비스를 제공한 대가로 매달 수백만 달러를 받아 사치품과 필수품에 마음껏 소비한다.

이 모든 상품과 개인 서비스를 교환하는 과정의 이면에는 부를 축적할 풍부한 기회가 숨어 있다. 바로 이때 미국의 자유가 지원군으로 나선다. 누구도 다른 사람이 이런 사업을 계속하지 못하도록 막을 수 없다. 탁월한 재능과 훈련, 경험이 있다면 큰 부를 축적할 수 있다. 그리 운이 좋지 않다면 조금 적은 부를 축적할 것이다. 하지만 누구든지 최소한의 노동만으로 생계를 유지할 수 있다. 그래서… 당신이 지금 그 자리에 있는 것이다!

기회가 당신 앞에 펼쳐져 있다. 전면에 나서서 원하는 걸 선택하고, 계획을 세우고, 계획을 실행에 옮기고, 끈기 있게 따라라. 나머지는 자본주의에 맡겨라. 자본주의 환경은 모든 사람에게 유용한 서비스를 제공하고 서비스의 가치에 비례해 부를 얻을 기회를 보장한다.

시스템은 누구에게나 이 권리를 제공하지만, 대가 없이 무언가를 약속하지는 않는다. 그것은 시스템 또한 어쩔 수 없이 경제학의 법칙에 통제를 받기 때문이며, 이 법칙은 오랫동안 대가를 치르지 않고 받기만 하는 행태를 인정하거나 용납하지 않는다.

경제학의 법칙은 대자연이 통과시킨 법이다! 이 법칙을 위반한 사람이 항소할 수 있는 대법원이란 존재하지 않는다. 대신에 이 법칙은 인간이 개입하지 않아도 위반하면 처벌하고 준수하면 적절하게 보상한다. 이는 폐지할 수 없는 법칙이다. 하늘의 별들처럼 고정불변이고 별을 통제하는 것과 똑같은 시스템의 적용을 받는, 시스템의 일부다.

경제학의 법칙에 적응하지 않겠다고 버틸 사람이 있을까? 물론 있다! 이 나라는 누구나 동등한 권리를 가지고 태어나는 자유 국가며, 여기에는 경제학의 법칙을 무시할 수 있는 특권도 포함된다.

만일 적응하지 않는다면 어떤 일이 일어날까? 아무 일도 일어나지 않는다. 수많은 사람이 이 법칙을 무시하고 원하는 걸 힘으로 차지하겠다는 목적을 선포하고 결탁하기 전까지는 그렇다. 혹여 이런 사태가 벌어진다면 그때는 체계적인 사격 부대와 기관총을 확보한 독재자가 등장할 것이다!

미국인은 아직 이 단계에 이르지 않았다! 그러나 지금 우리는 시스템의 작동 방식에 대한 사실을 알았다. 어쩌면 우리가 운이 좋아서 그토록 끔찍한 현실을 피했을지 모른다. 우리가 원하는 것은 의심의 여지 없이 언론의 자유, 행동의 자유, 그리고 부의 대가로 유용한 서비스를 제공받을 수 있는 자유다.

정부 관리가 공공 재정을 털어서 국민의 표를 얻어내고, 때때로 선거를 통해 이런 특권을 더 많은 사람에게 확대하지만, 낮이 지나면 밤이 오듯 언젠가 그들이 대가를 치러야 할 때가 반드시 올 것이다. 부당하게 사용한 모든 돈은 동전 한 잎까지 복리로 계산해서 갚아야 할 것이다. 당사자가 갚지 않으면 그 빚이 대대로 이어진다. 빚을 피할 방법은 없다.

사람들은 임금 인상과 근무 시간 단축을 위해 무리를 지을 수 있고 이따금 실제로 그렇게 한다. 하지만 결코 넘어설 수 없는 시점이 존재한다. 이 시점에 이르면 경제학의 법칙이 개입해 보안관처럼 고용주와 피고용인을 모두 잡아들인다.

경제 침체 기간에 미국 국민은 부자든 빈자든 상관없이 '노련한 경제학'이 모든 기업과 산업, 은행을 보안관에게 넘겨주는 모습을 지켜보았다. 그리 달가운 광경은 아니었다! 그 일로 베풀지는 않으면서 얻기만 하려는 군중 심리를 더 이상 우러러보지 않게 되었다.

두려움이 하늘을 찌르고 믿음은 땅에 떨어졌던 6년의 시간이 흘렀다. 그동안 부유한 자와 가난한 자, 약한 자와 강한 자, 남녀노소 할 것 없이 모든 사람이 경제학의 법칙에 따라 가차 없이 대가를 치렀다. 그 시절을 그리워하는 사람은 없을 것이다.

이런 관찰 결과는 그저 단기간의 경험에서 얻은 것이 아니다. 그것은 내가 미국에서 가장 성공한 사람과 가장 실패한 사람이 어떤 방법을 썼는지를 25년 동안 철저하게 분석한 결과다.

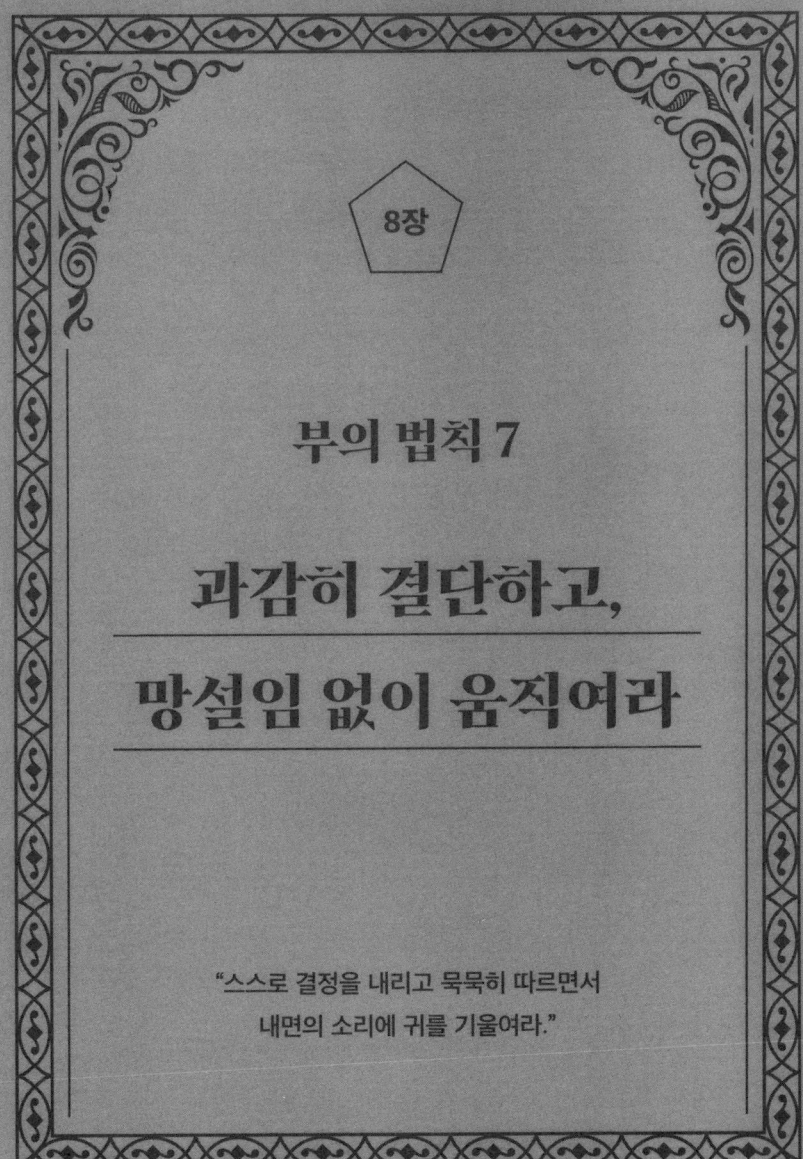

8장

부의 법칙 7

과감히 결단하고, 망설임 없이 움직여라

"스스로 결정을 내리고 묵묵히 따르면서
내면의 소리에 귀를 기울여라."

실패를 경험한 2만 5천 명이 넘는 사람을 정확하게 분석한 결과, 실패의 30가지 주요 원인 가운데 '결정력이 부족하다'가 가장 높은 순위를 차지했다. 이는 가설이 아니라 기정사실이다. 결정력의 반대말인 미루기는 거의 모든 사람이 정복해야 하는 공공의 적이다. 이 책을 다 읽고 나서 언젠가는 신속하고 확실하게 결정할 능력이 있는지 시험할 기회가 올 것이다. 바로 그때 이 책에서 설명한 법칙을 실천하라.

실행력, 성공한 부자들의 공통점

100만 달러가 넘는 재산을 모은 수백 명의 사람을 분석했더니, 그들은 하나같이 신속하게 결정을 내리는 습관이 있었다. 그리고 어쩔 수 없이 결정을 바꾸어야 할 상황에서는 오래 생각한 끝에 그렇게 했다. 이에 비해 부를 얻지 못한 사람은 예외 없이 결정 내릴 때는 오래 걸리고, 걸핏하면 잽싸게 결정을 바꾸었다.

포드는 신속하고 확실하게 결정하고 결정을 바꿀 때면 오래 생각한 끝에 바꿀 줄 아는 뛰어난 자질이 있었다. 이런 남다른 점이 있어서 고집스럽다는 평판을 얻기도 했다. 포드의 자문가와 수많은 고객이 이제 새로운 자동차를 내놓으라고 재촉했을 때조차 포드는 모델 T를 계속 생산했다.

어쩌면 포드가 새 모델에 대한 결정을 너무 오랫동안 미루었을지 모른다. 뒤집어 생각하면 확고한 결정 덕분에 모델 변경이 불가피해지기 전에 포드는 이미 막대한 부를 얻을 수 있었다. 포드의 확고한 결정에

고집스러움이 한몫한다는 데는 의심의 여지가 없지만, 결정하기까지 오래 걸리고 잽싸게 결정을 바꾸는 것보다는 낫다.

필요한 만큼의 돈을 모으지 못하는 사람들은 대개 다른 사람의 의견에 쉽게 영향을 받는다. 그들은 스스로 생각하기보다는 언론과 험담을 일삼는 이웃의 의견을 받아들인다. 의견은 지구상에서 가장 싸구려 물건이다. 누구나 남에게 풀어놓을 의견을 한 짐씩 짊어지고 다닌다. 결정 내릴 때 다른 사람의 의견에 영향을 받는다면, 열망을 돈으로 전환하는 일은 물론이고 어떤 사업에서도 성공할 수 없다. 다른 사람의 의견에 영향을 받으면 스스로 열망을 불러일으킬 수 없다.

이 책에서 설명한 법칙을 실천할 때는 스스로 결정을 내리고 묵묵히 따르면서 내면의 소리에 귀를 기울여라. 마스터 마인드 그룹을 제외하고는 아무도 신뢰하지 마라. 그리고 마스터 마인드 그룹을 선택할 때는 자신의 목적에 완전히 공감하고 조화를 이루는 사람으로 선택의 범위를 한정하라.

친한 친구와 친척이 별생각 없이, 때로는 재미로 놀리느라 말한 의견이 당신을 기분 나쁘게 하기도 한다. 또한 의도는 선하나 무지한 누군가가 의견이나, 혹은 장난삼아 상처를 주는 말을 듣고선 평생 열등감에 시달리는 사람이 많다.

누구에게나 나름의 생각이 있다. 이를 활용해서 스스로 결정을 내려라. 앞으로 십중팔구 결정을 내리기 위해 어떤 사실이나 정보가 필요할 경우가 많을 것이다. 그럴 때는 다른 사람에게 목적을 밝히지 말고 조용히 필요한 사실을 알아내거나 정보를 확보하라.

수박 겉핥기식으로 얄팍하게 아는 사람들이 으레 아는 게 많다는 인상을 주려고 애쓰기 마련이다. 그런 사람들은 일반적으로 말이 너무 많고 남의 말을 좀처럼 귀담아듣지 않는다. **신속하게 결정 내리는 습관을 기르고 싶다면 눈과 귀를 크게 열고 입은 다물어라.** 말이 너무 많은 사람은 좀처럼 행동하지 않는다. 듣지 않고 말을 많이 하면 유용한 지식을 얻을 기회를 스스로 내칠 뿐만 아니라 당신을 질투하는 사람들에게 계획과 목적만 드러내게 된다. 당신을 패배시키면서 고소해할 사람들 말이다.

또 기억하라. 지식이 풍부한 사람 앞에서 입을 열면 지식이 많든 적든 간에 밑천이 고스란히 드러난다. 진정한 지혜는 대개 겸손과 침묵을 통해 드러난다. 주변 사람도 당신처럼 돈을 축적할 기회를 찾고 있음을 명심하라. 계획을 떠벌리고 다니면, 다른 사람이 당신의 계획을 가로채 먼저 목표를 달성할 수 있다.

처음 내린 결정을 입 밖으로 내지 말고 귀와 눈을 열어두라. 이 조언을 잊지 않도록 다음 문장을 큰 글씨로 써서 매일 볼 수 있는 곳에 붙여두라. **"당신이 하고자 하는 일을 세상에 말하기 전에 먼저 행동으로 보여주라."** 바꾸어 말하면 "말이 아니라 행동이 가장 중요하다."라고 할 수 있다.

결정의 자유가 아니면 죽음을 달라

결정의 가치는 결정 내리는 데 용기가 얼마큼 필요한지에 따라 달라진다. 문명의 토대를 이룩한 중대한 결정은 때로 목숨을 잃을 수도 있을 만큼 엄청난 위험을 감수한 결과였다.

미국 흑인에게 자유를 선사한 노예 해방령이 선포될 때 링컨은 수천 명의 친구와 정치적 지지자가 등을 돌릴 수 있다는 사실을 충분히 알았다. 해방령을 시행하려면 전쟁터에서 수많은 사람이 목숨을 잃을 수 있다는 사실도 알았다. 결국 해방령은 링컨의 목숨까지 앗아갔다. 그만큼 용기가 필요한 결정이었다.

개인적인 신념을 지키고자 타협하지 않고 독배를 들겠다는 소크라테스의 결정에도 용기가 필요했다. 이 결정 덕분에 후대의 사람들은 사상과 언론의 자유를 얻었다.

로버트 E. 리 장군(미국 남북전쟁 때 남부군 최고 사령관을 역임했다.—편집자)이 북부 연방과 결별하고 남부 연합의 대의를 선택한 것은 용기가 필요한 결정이었다. 본인은 물론이고 다른 사람의 목숨까지 희생될 수 있다는 사실을 알았기 때문이다.

하지만 미국 역사상 가장 위대한 결정은 1776년 7월 4일 필라델피아에서 내려졌다. 이날 56명의 인물이 한 문서에 서명했다! 그것은 모든 미국인에게 자유를 가져다줄 문서였으나 여차하면 56명 전부가 교수형을 당할 수도 있었다.

이 문서 이야기는 유명하다. 하지만 이 문서가 분명하게 전달하는 개인의 성공에 대한 위대한 교훈은 아마도 많은 이가 모를 것이다. 사람들은 이 중대한 결정이 내려진 날을 기억한다. 하지만 그 결정을 내리기 위해 얼마나 큰 용기가 필요했는지를 기억하는 이는 별로 없다. 우리는 역사 속 날짜와 투사의 이름은 기억한다. 하지만 이런 이름과

날짜, 장소 뒤에 감추어진 실질적인 힘에 대해서는 잘 알지 못한다. 조지 워싱턴의 군대가 요크타운에 도착하기 오래전에 우리의 자유를 보장해준 무형의 힘에 대해서는 더더욱 알지 못한다.

미국 독립전쟁의 역사를 읽은 이들은 워싱턴이 미국의 아버지고, 자유를 쟁취한 사람이라고 잘못 생각한다. 하지만 워싱턴은 '뒷북을 쳤을' 뿐이다. 사실 콘월리스 경(미국 독립전쟁 때 영국군을 지휘한 장군.—편집자)이 항복하기 오래전부터 워싱턴의 군대가 승리할 것이 명확한 상황이었다. 워싱턴이 충분히 누릴 만했던 영예를 박탈하려고 하는 말이 아니다. 그가 승리를 거둔 진정한 원인이었던 놀라운 힘에 더 집중하자는 뜻이다.

지구상의 모든 민족에게 독립의 새로운 기준을 세울 운명을 타고난 국가가 있다. 어떤 저항할 수 없는 힘이 그 국가를 탄생시키고 자유를 선사했다. 역사가들이 이 힘을 전혀 언급하지 않았다는 건 참으로 비극이다. 사람이라면 누구나 이 힘을 이용해 삶의 어려움을 극복하고 삶으로부터 대가를 받아내야 한다.

이 힘을 탄생시킨 사건들을 간단히 살펴보자. 이야기는 1770년 3월 5일 보스턴에서 발생한 한 사건으로 시작한다. 영국 군인들이 거리를 활보하며 대놓고 시민을 위협하고 있었다. 식민지 시민은 그들 사이를 비집으며 행군하는 무장 군인들에게 분개했다. 시민은 분노를 숨기지 않으며 욕설을 퍼붓고 돌을 던지기 시작했다. 그러자 결국 군대 사령관이 "발포하라!"는 명령을 내렸다.

전투가 시작되었고 수많은 사상자가 나왔다. 그 사건으로 분노가 극에 달하자 결국 식민지의 저명인사로 구성된 주의회가 확실한 조치를 취하고자 회의를 소집했다. 회의 참석자 중에 존 핸콕과 사무엘 애덤스도 포함되어 있었다. 그들의 이름이 길이 남기를 바란다. 두 사람은 보스턴에서 영국군을 모조리 몰아내야 한다고 용감하게 소신을 밝혔다. 두 사람이 내린 결정은 지금 미국인이 누리는 자유의 시발점으로, 신념과 용기가 필요한 위험한 결정이었다.

의회가 폐회되기 전에, 토머스 허친슨 총독에게 영국군의 철수를 요구할 임무를 애덤스가 맡았다. 그 요구가 받아들여졌고 군대가 보스턴에서 철수했지만 사건은 종결되지 않았다. 이 사건으로 말미암아 문명의 흐름이 완전히 바뀌는 상황이 벌어졌다. 미국 독립전쟁이나 세계대전 같은 중대한 변화가 겉보기에는 대수롭지 않은 상황에서 시작된다는 사실이 신기하지 않은가? 이런 중대한 변화가 대개 비교적 많지 않은 사람의 마음속에서 확고한 결정의 형태로 시작된다는 사실 또한 흥미롭다. 핸콕, 애덤스, 리처드 헨리 리가 진정한 미국 건국의 아버지라는 사실을 알 만큼 미국의 역사에 정통한 사람은 매우 드물다.

리가 이 이야기에서 중요한 인물이 된 데는 그만한 이유가 있다. 그는 애덤스와 자주 서신을 주고받으면서 식민지 주민의 복지에 대한 두려움과 희망을 허심탄회하게 나누었다. 그러면서 애덤스는 13개 식민지가 서신을 주고받음으로써 조화롭게 협력해 문제를 해결할 수 있겠다는 아이디어를 떠올렸다. 보스턴에서 군대와 충돌한 지 2년이 지난 1772년 3월 애덤스는 이 아이디어를 의회에 제출했다. 제안서에는 식민지 연락 위원회를 발족해 '영국령 북아메리카 식민지의 발전을 위한 우호적인 협력을 목적으로' 각 식민지에 연락원을 임명하자는 내용이 담겨 있었다.

이 사건을 잘 기억하라! 그것이 미국인에게 자유를 선사할 포괄적인 힘이 조직된 시발점이었다. 애덤스와 리, 핸콕으로 마스터 마인드 그룹이 이미 조직되어 있었다. "내가 너희에게 이르노니, 무엇이든지 너희 두 사람이 땅에서 합심해서 무언가를 구하면, 무엇이든지 하늘에 계신 내 아버지로부터 그것이 너희에게 오리라."(마태복음 18장 18절을 응용한 문구.—옮긴이)

곧 연락 위원회가 조직되었다. 그 결과 모든 식민지 주민이 가세함으로써 마스터 마인드의 힘을 강화할 수 있는 길이 열렸다. 이것이 불만에 찬 식민지 주민의 첫 번째 체계적인 계획이었다. 뭉치면 힘이 생긴다! 식민지 주민은 보스턴 소요 때처럼 영국 군인들과 마구잡이식 전투를 벌였으나 성과는 없었다. 개별적인 불만이 하나의 마스터 마인드 아래 통합되지 않았던 탓이다. 애덤스, 핸콕, 리가 모이기 전까지는, 개인들이 모인 한 집단이 영국과의 문제를 확실하게 해결하겠다는 하나의 확고한 결정으로 마음과 정신, 영혼과 몸을 한데 모은 적이 없었다.

한편 영국인도 손 놓고 있지는 않았다. 그들 역시 자금과 조직적인 군대를 등에 업고 나름대로 계획과 마스터 마인드 그룹을 만들고 있었다. 영국 국왕은 허친슨을 대신해 토머스 게이지를 매사추세츠 총독으로 임명했다. 새 총독은 전령을 보내 애덤스를 호출했다. 공포심을 조장함으로써 그의 저항 운동을 막아보겠다는 속셈이었다.

게이지가 보낸 전령인 펜턴 대령이 애덤스에게 어떤 말을 했는지 살펴보면 당시 상황을 잘 파악할 수 있을 것이다.

"애덤스 씨, 나는 게이지 총독의 뜻을 전달할 임무를 위임받았소. 당신이 정부의 조치에 대한 반대를 중단한다면 흡족한 혜택을 제공할(뇌물을 약속해 당신의 환심을 사도록 노력할) 권한이 총독께 있소이다. 총독께서는 더 이상 국왕 폐하의 심기를 언짢게 하지 말라고 충고하십니다. 당신이 지금까지처럼 행동한다면 헨리 8세 법이 정하는 처벌을 받을 수 있소. 이 법에 따르면 지방 총독의 재량에 따라 영국으로 이송되어 반역죄나 중죄범 은닉죄로 재판을 받을 수 있지요. 하지만 정치적 노선을 바꾼다면 개인적으로 큰 이득을 얻을 뿐만 아니라 국왕과 화해할 수 있습니다."

애덤스에게는 선택지가 있었다. 저항 활동을 멈추고 뇌물을 받을지, 아니면 교수형 당할 위험을 무릅쓰고 계속 활동할지 양자택일해야 했다!

목숨을 좌우하는 결정을 즉각 내려야 할 순간이 온 것이다. 대다수 사람이라면 결정을 내리기 힘들었을 것이다. 두루뭉술하게 답할 수도 있지만 애덤스는 그렇게 하지 않았다! 그는 펜턴 대령에게 명예를 걸고 자신의 답변을 총독에게 곧이곧대로 전달하라고 못 박았다.

애덤스의 답변은 이러했다. "그렇다면 게이지 총독에게 내가 '왕 중의 왕'과 화해한 지 이미 오래라고 전해주시오. 어떤 개인적인 이득을 준다 해도 내가 조국의 의로운 명분을 저버리는 일은 없을 거요. 그리고 더 이상 격분한 시민의 감정을 욕되게 하지 말라고 사무엘 애덤스가 총독에게 충고하더라고 전하시오."

이 사람의 성격을 굳이 설명할 필요가 없을 듯싶다. 이 놀라운 메시지를 읽는 누구라도 메시지를 보낸 주인공의 충성심이 대단하다는 사실을 분명히 알 수 있다.

애덤스의 신랄한 답변을 전해 들은 게이지는 격분해서 다음과 같은 포고문을 발표했다. "본인은 이로써 국왕 폐하의 이름으로, 무기를 내려놓고 평화로운 신민의 의무로 복귀하는 모든 사람에게 가장 자비로운 사면을 제안하고 약속한다. 단, 사무엘 애덤스와 존 핸콕은 제외한다. 그들의 범죄는 너무나 극악무도하여 합당한 처벌을 제외하고는 고려의 여지가 없다."

속된 말로 표현하자면, 애덤스와 핸콕은 '죽은 목숨이었다'. 분노한 총독의 협박에 두 사람은 다시 한번 위험한 결정을 내릴 수밖에 없었다. 그들은 서둘러 가장 열렬한 지지자들을 소집해 비밀회의를 열었다. 이때부터 마스터 마인드가 탄력을 받기 시작했다. 회의가 시작되자 애덤스는 문을 잠그고 열쇠를 주머니에 넣은 다음, 참석자에게 식민지 주민 의회를 반드시 조직해야 하며, 의회를 조직하겠다는 결정에 이르기 전까지는 아무도 회의실을 떠날 수 없다고 통보했다.

한바탕 동요가 일어났다. 어떤 사람은 급진적인 결정이 가져올 결과를 따져보았다. 또 어떤 사람은 영국 왕실에 저항해 그토록 확고한 결정을 내리는 것이 과연 현명한지 심히 의구심을 표했다. 모든 것이 두려울 때 흔히 보이는 반응이었다. 하지만 그중 두 사람만큼은 두려움을 몰랐고 실패의 가능성도 전혀 생각하지 않았다. 바로 핸콕과 애덤스였다. 결국 두 사람에게 영향을 받은 다른 사람들은 연락 위원회를 통해 1차 대륙 회의를 준비하기로 뜻을 모았고, 마침내 1774년 9월 5일 필라델피아에서 대륙 회의가 열렸다.

이날은 1776년 7월 4일보다 더욱 중요하다. 대륙 회의를 개최하겠다는 결정을 내리지 않았다면 독립 선언서에 서명하는 일은 없었을 것이다.

새로운 의회의 1차 회의가 열리기 전, 다른 지역에서는 또 다른 리더가 『영국령 아메리카의 권리에 관한 소고』의 출판 준비에 매진하고 있었다. 그는 버지니아주의 토머스 제퍼슨이었다. 그와 버지니아의 영국 왕실 대표인 던모어 경과의 관계는 행콕이나 애덤스와 총독과의 관계에 못지않게 껄끄러웠다.

그 유명한 소고가 출판된 직후 제퍼슨은 영국 정부에 대한 반역죄로 기소될 수 있다는 통보를 받았다. 제퍼슨의 동료 패트릭 헨리는 이 위협에 자극받아 솔직한 속내를 대담하게 털어놓았다. 그는 영원히 명문으로 남을 말로 결론을 내렸다. "이것이 반역이라면 더한 반역을 하라."

1차 대륙 회의의 개최를 기점으로 2년 동안 끊임없이 식민지의 운명을 진지하게 고민한 이들은 권력, 권한, 군사력, 돈이 없는 사람들이었다. 마침내 1776년 6월 7일 의장으로 지명된 리는 의회에 다음과 같은 동의안을 내놓았다.

"신사 여러분, 저는 이 식민지 연합이 마땅히 자유롭고 독립적인 주여야 하고, 영국 왕실에 대한 모든 의무에서 벗어나야 하며, 대영 제국과의 모든 정치적 관계를 완전히 단절해야 한다는 동의안을 제출합니다."

리의 놀라운 동의안은 열띤 논의를 불러일으켰다. 논의가 너무 길어져서 리의 인내심이 바닥을 드러낼 정도였다. 마침내 며칠간의 논쟁 끝에 그는 다시 발언대에 올랐고, 분명하고 단호한 목소리로 이렇게 선언했다.

"의장님, 우리는 이 문제를 며칠 동안 논의했습니다. 우리가 갈 길은 이것뿐입니다. 그런데 의장님, 왜 더 지체하는 겁니까? 왜 아직도 망설이는 겁니까? 이 행복한 날을 미국 공화국의 탄생일로 만듭시다. 파괴와 정복이 아니라 평화와 법치를 위한 나라로 재건합시다. 유럽인들이 우리를 주시하고 있습니다. 미국 공화국은 우리에게 자유의 산증인이 되어 만연한 폭정과 대비되는 행복한 국민의 모습을 보이라고 요구합니다."

동의안을 표결에 부치기 전에 리는 가족이 위독하다는 소식을 듣고 버지니아로 돌아가야 했다. 하지만 그는 친구인 제퍼슨에게 자신의 과업을 일임했고, 제퍼슨은 긍정적인 결과가 나올 때까지 싸우겠다고 약속했다. 얼마 후 미국 의회 의장 핸콕은 독립 선언서 작성 위원회의 위원장으로 제퍼슨을 임명했다.

이 위원회는 오랫동안 심혈을 기울여 선언서를 작성했다. 식민지가 영국과의 싸움에서 패배할 가능성이 컸다. 만일 그렇게 된다면 의회의 승인을 받을 때 그 선언서는 서명인 전원에게 스스로 서명한 사형 집행 영장과 다름없었다.

선언서가 작성되어 6월 28일 의회에서 초안이 발표되었다. 며칠 동안 논의와 수정을 거친 끝에 최종본이 완성되었다. 1776년 7월 4일 제퍼슨은 의회에서 역사상 가장 중요한 결정을 한치의 두려움도 없이 발표했다.

"인류의 역사에서 한 민족이 다른 민족과의 정치적 결합을 해체하고, 세계의 여러 나라 사이에서 자연법과 자연의 신의 법이 부여한 독립, 평등한 지위를 차지하는 것이 필요하게 되었을 때 우리는 인류의 신념에 대해 엄정하게 고려해보면서 독립을 요청하는 여러 원인을 선언할 수밖에 없게 되었다….”

제퍼슨이 낭독을 마친 뒤 선언서는 표결에 부쳐져 승인되었고, 56명이 서명했다. 목숨을 걸고 서명한 이들의 결정 덕분에 인류에게 결정의 특권을 선사하는 한 국가가 탄생했다. 인간은 신념이라는 유사한 정신으로 내린 결정으로써, 오로지 그런 결정으로써 개인적인 문제를 해결하고 물질적·정신적 부를 얻을 수 있다. 이 사실을 잊지 말자!

실행 없이는 성공도 없다

결국 독립 선언서로 이어지는 사건들을 분석해보면, 지금 세계적으로 위상을 떨치는 미국이 탄생한 것은 56명으로 구성된 마스터 마인드 그룹의 결정 덕분이었다. 주목하라. 워싱턴의 군대가 확실히 승리할 수 있었던 것은 그 56명의 결정 덕분이었다. 그 결정의 정신이 워싱턴과 함께 싸운 모든 병사의 마음속에 있었고 실패를 인정하지 않는 정신적 힘으로 작용했다.

또한 자기 결정권이 있는 모든 개인은 이 나라에 자유를 선사한 그 힘을 활용할 수 있다. 그 힘을 구성하는 건 이 책에서 설명하는 법칙이다. 독립 선언서의 탄생 이야기에서 최소한 6가지 법칙의 핵심을 어렵지 않게 발견할 것이다. **열망, 결정, 신념, 끈기, 마스터 마인드, 체계적인 계획** 말이다.

이 책에 담긴 성공 철학의 핵심은 강한 열망으로 뒷받침되는 생각이 물리적 실체로 변화한다는 것이다. 미국철강회사의 탄생 비화와 미국의 건국사는 생각이 어떻게 이런 놀라운 변화를 일으키는지를 보여주는 완벽한 사례다.

하지만 이런 기적만 본다면 법칙을 찾지 못한다. 오로지 대자연의 영원한 법칙만 찾을 수 있을 뿐이다. 이 법칙은 신념과 용기가 있는 사람이라면 누구나 찾아 이용할 수 있다. 또한 한 국가에 자유를 선사하거나 부를 축적할 때도 이용할 수 있다. 법칙을 이해하고 활용하는 데는 시간만 걸릴 뿐 비용은 들지 않는다.

신속하고 확실하게 결정을 내리는 사람은 본인이 무엇을 원하는지 알고 있으며, 대개 원하는 것을 얻는다. 각계각층의 리더들은 신속하고 확고하게 결정을 내린다. 이것이 바로 그들이 리더가 된 주된 이유다. 세상은 언제나 자신이 어디로 향하는지를 말과 행동으로 보여주는 사람들을 위해 자리를 마련해준다.

우유부단함은 대개 어린 시절부터 형성되는 습관이다. 이 습관은 초등학교, 고등학교, 심지어 대학 시절을 분명한 목적 없이 거치다 보면 영구적으로 자리 잡기도 한다. 교육 제도에서는 확실하게 결단하는 습관을 가르치거나 장려하지 않고 있다. 대학이 주된 목적을 가진 학생에게만 입학을 허가한다면 좋을 것이다. 초등학교에 입학하는 모든 학생이 결단력을 배우고 이 과목의 시험에서 만족할 만한 점수를 받아야 한 학년 진급할 수 있다면 더 좋을 것이다.

학교 제도의 결함에서 생겨난 우유부단한 습관은 학생이 직업을 선택할 때도 따라다닌다. 학교를 막 졸업한 많은 젊은이가 처음 눈에 띈 일자리를 바로 택하곤 하는데, 이는 확실하게 결단하는 법, 일자리를 계획하는 법, 그리고 직장을 선택하는 법에 대한 지식이 부족해서다.

결단에는 언제나 용기가 필요하며 때로는 아주 큰 용기가 필요하다. 독립 선언서에 서명한 56명의 사람은 당시에 목숨을 걸었다. 이에 비해 직업을 얻겠다는 결정에는 목숨이 아니라 경제적 자유만 걸면 된다. 재정적 독립, 부, 원하는 사업, 전문 지위는 그것을 무시하거나, 기대하거나 계획하거나 요구하지 않는 사람들의 손에는 닿지 않는다. 애덤스가 식민지의 자유를 원했을 때와 같은 정신을 갖춘다면 부를 원하는 사람은 반드시 부를 일굴 수 있다.

9장

부의 법칙 8

끈기 없이는
부의 성취도 없다

"끈기라는 습관을 기른 사람은 보험을 들어둔 셈이다.
몇 번 실패하더라도 결국은 성공 사다리의 꼭대기에
이르기 마련이다."

끈기는 열망을 금전적 가치로 전환하는 과정에 꼭 필요하다. 끈기의 바탕은 의지력이다. 의지력과 열망은 적절하게 합쳐지면 무적의 2인조가 된다. 큰 부를 축적하는 사람은 냉혈하고 무자비하다고 종종 오해받는다. 하지만 그들은 끈기와 열망으로 의지를 강력하게 뒷받침하여 목표를 달성할 뿐이다. 포드도 종종 무자비한 냉혈한으로 오해받았다. 끈기 있게 모든 계획을 끝까지 밀고 나가는 일면 때문이었다.

대부분의 사람은 여차하면 목표와 목적을 내팽개치고, 반대나 불운의 조짐이라도 보일라치면 금세 포기한다. 소수의 사람만이 온갖 반대를 무릅쓰고 밀어붙여서 마침내 목표를 달성한다. 포드, 카네기, 록펠러, 에디슨이 바로 소수에 속한다.

'끈기'라는 단어에는 영웅적인 의미가 담겨 있지 않다. 하지만 탄소가 강철의 기본 요소이듯 끈기는 인간의 성품을 이루는 기본 요소다. 부를 일구려면 13가지 법칙을 모두 실천해야 한다. 이를 반드시 이해하고 끈기 있게 적용해야 한다.

모든 성공 비법에는 끈기가 들어 있다

당신은 이 책에 담긴 지식을 적용하겠다고 생각하고 있는가? 그렇다면 2장에서 설명한 '부를 현실로 만드는 6단계 원칙'을 실천하기 시작할 때부터 끈기의 첫 번째 시험대에 오르게 될 것이다. 이 책의 독자 100명 가운데 두 명 정도가 진작부터 확고한 목표와 이를 달성하기 위한 명확한 계획을 세웠을 것이다. 하지만 당신이 그 두 명에 속하지 않는다면 지침을 읽었어도 결코 일상에서 따르지 않을 것이다.

실패의 주요 원인은 끈기 부족이다. 수천 명의 사람을 접해본 내 경험상 대다수가 끈기가 부족했다. 다행히 이 약점은 노력으로 극복할 수 있다. 그리고 이 과정이 얼마큼 힘들지는 오롯이 열망의 강도에 달려 있다.

모든 성취의 출발점은 열망이다. 이 점을 항상 명심하라. 불이 작으면 열이 약하듯 열망이 약하면 그 결과 또한 미약하다. 끈기가 부족하면 열망에 더 뜨거운 불을 지펴서 이 약점을 보완할 수 있다.

이 책을 끝까지 읽은 다음에는 2장으로 돌아가 6단계와 관련된 지침을 즉시 실천하라. 이 지침을 얼마나 열심히 따르느냐가 부에 대한 열망의 강도를 명확하게 보여줄 것이다. 열망이 약하다면 부를 이루는 데 필요한 부 의식이 충분하지 않다는 뜻이다. 물이 바다로 흘러가게 되어 있듯 운은 '끌어당길' 준비가 된 사람에게 끌린다.

끈기가 약한 사람은 10장에 제시된 지침에 집중하고, 마스터 마인드 그룹의 도움으로 끈기를 기를 수 있다. 4장과 12장에는 끈기를 기르는 추가 지침이 나온다. 이를 따라 잠재의식에 열망의 대상에 대한 명확한 그림을 전달하는 습관을 길러라. 그러면 끈기가 부족해 어려움을 겪는 일은 없을 것이다.

잠재의식은 깨어 있거나 잠을 자거나 상관없이 항상 작동한다. 어쩌다가 잠깐 규칙을 적용하는 건 전혀 도움이 되지 않는다. 결과를 얻으려면 습관적으로 규칙을 적용해야 한다. 부 의식을 계발할 방법은 이뿐이다.

부는 돈을 끌어들일 마음의 준비가 된 사람에게 끌린다. 가난 또한

똑같은 이치에 따라 가난에 호의적인 사람에게 끌린다. '가난 의식'은 '부 의식'이 없는 사람의 마음을 자발적으로 사로잡을 것이다. 가난 의식은 습관을 기르지 않아도 저절로 발전한다. 그러나 <u>**부 의식은 타고난 사람이 아니라면 반드시 창조해야 한다.**</u> 그만큼 부를 이룰 때 끈기가 중요하다. 끈기가 없다면 시작하기도 전에 패배할 것이다. 끈기가 있다면 승리할 것이다.

잠자리에서 가위에 눌려본 사람은 끈기의 가치를 알 것이다. 가위에 눌리면 반쯤 깨어 있는 상태에서 금방이라도 숨이 막힐 것 같은 상태가 된다. 몸을 뒤척일 수도, 근육을 통제할 수도 없다. 가위에서 벗어나려면 끈질기게 의지를 발휘해야만 한다. 갖은 노력 끝에 겨우 손가락 하나를 까닥하면 한쪽 팔의 근육을 통제할 힘이 생긴다. 그런 식으로 의지를 최고로 끌어모아 반대편 손, 팔에 이어 다리까지 움직이면 마침내 근육을 완전히 통제하고 순식간에 가위에서 벗어난다. 이렇듯 비결은 한 단계씩 차례대로 진행하는 것이다.

살다 보면 정신적인 무기력증에서 빠질 때가 있다. 여기서 빠져나오는 방법도 가위에서 벗어나는 것과 같다. <u>**처음에는 천천히 시작해서 끈기 있게 움직이다 보면 마침내 의지를 완전히 제어할 수 있다. 끈기가 있으면 성공이 찾아온다.**</u>

신중하게 선택한 마스터 마인드 그룹에는 끈기를 기르도록 도울 사람이 적어도 한 명쯤은 있을 것이다. 막대한 재산을 모은 사람이 모두 처음부터 끈기가 있었던 것은 아니다. 개중에는 상황에 떠밀려 끈기를 길러야 했던 사람도 있다. 끈기를 대체할 수 있는 건 없다! 다른 어떤 자질로도 대체할 수 없다! 이를 반드시 기억하라. 그러면 과정이 어렵고 지지부진할 때 힘을 얻을 수 있다.

끈기라는 습관을 기른 사람은 실패에 대비해 보험을 들어둔 셈이다. 몇 번 실패하더라도 결국은 성공 사다리의 꼭대기에 이른다. 때로는 어떤 숨은 인도자가 우리를 온갖 실망스러운 경험으로 시험하는 것 같지만, 패배했어도 추스르고 계속 도전하는 사람은 결국 성공한다. 그러면 세상이 이렇게 환호한다. "만세, 네가 해낼 줄 알았어!" 숨어 있는 인도자는 끈기 시험을 통과하지 못한 사람이 위대한 성취를 거두도록 허락하지 않는다.

더구나 시험에 응하지 않으면 아예 점수조차 받지 못한다. 시험을 치는 사람은 풍성한 보상을 받기 마련이다. 보상이란 추구하던 목표를 이루는 것이다. 이뿐만 아니다! 물질적 보상보다 훨씬 더 중요한 깨달음을 얻게 된다. '모든 실패는 그에 상응하는 발전의 씨앗을 가져온다'라는 깨달음 말이다.

몇몇 사람만이 경험으로 끈기의 중요성을 안다. 그들은 패배를 그저 일시적인 것으로 받아들인다. 그래서 열망을 끈질기게 적용해 마침내 패배를 승리로 바꾼다. 한 발짝 떨어져 삶을 지켜보면, 압도적으로 많은 사람이 패배로 쓰러져 다시 일어나지 못한다. 하지만 패배를 더 많이 노력하라는 뜻으로 이해하는 소수의 사람이 있다. 다행히도 이들은 후진 기어를 모른다. 세상에는 조용하지만 저항할 수 없는 안 보이는 힘이 존재한다. 그 존재조차 잘 알려져 있지 않은 이 힘은 좌절을 겪고도 계속 싸우는 사람을 구한다. 우리는 이 힘을 끈기라고 일컫는다. 끈기가 없다면 어떤 분야에서든 주목할 만한 성공을 거두지 못한다.

이 글을 쓰는 동안 나는 작업실 밖으로 눈을 돌린다. 한 블록도 채 떨어지지 않은 곳에 신비로운 브로드웨이가 있다. 이곳은 '죽은 희망의 무덤', '기회의 문'으로 불린다. 세계 각지의 많은 사람이 명성, 재산, 권력, 사랑 등 성공이라고 여겨지는 무언가를 좇아서 브로드웨이로 온다. 이따금 누군가는 긴 행렬에서 두각을 나타내고, 세상은 또 다른 누군가가 브로드웨이를 정복했다는 소식을 듣는다. 하지만 브로드웨이는 그리 쉽게, 그리 빨리 정복되지 않는다. 브로드웨이는 포기하기를 거부한 다음에야 재능을 알아보고, 천재성을 인정하며, 돈으로 보상한다. 그러면 사람들은 그가 브로드웨이를 정복하는 비법을 발견했음을 알게 된다. 그 비법에는 언제나 끈기라는 단어가 따라붙는다!

소설가 패니 허스트의 분투기에서도 그 비법을 확인할 수 있다. 그녀는 글쓰기로 부자가 되겠다는 꿈을 품고 1915년 뉴욕에 입성했다. 금방은 아니였으나 그녀는 결국 꿈을 이루었다. 허스트는 4년 동안 뉴욕의 실상을 직접 경험했다. 낮에는 일하고 밤에는 희망을 품었다. 희망이 희미해져도 '알았어, 브로드웨이, 두 손 들게!'라며 포기하지 않았다. 대신 '알았어, 브로드웨이, 어떤 사람은 굴복하겠지만 나는 아니야. 내가 너를 굴복시키고 말겠어'라고 다짐했다.

《새터데이이브닝포스트》는 36번의 거절 통보를 보냈으나 허스트는 마침내 좁은 문을 비집고 들어가 한 편의 글을 기고하는 데 성공했다. 만일 그녀가 평범한 사람이었다면 맨 처음 거절 통보를 받았을 때 포기했을지 모른다. 하지만 이기고야 말겠다고 결심한 그녀는 아랑곳하지 않고 4년 동안 신문사의 문을 두드렸다.

그리고 마침내 보상이 찾아왔다. 마법이 풀렸고, 눈에 보이지 않는 인도자가 시험했고, 허스트는 기꺼이 시험을 치렀다. 그때부터 출판인들이 그녀의 집으로 몰려들기 시작했다. 물밀듯 돈이 들어와 돈을 셀 겨를조차 없었다. 곧이어 영화계에서 푼돈이 아니라 마치 홍수처럼 큰 돈이 쏟아져 들어왔다. 그녀의 최신 소설『위대한 웃음』은 아직 출판도 되지 않았으나 사상 최고가인 10만 달러라는 가격에 팔렸다. 출간작의 판매 수익금은 아마 훨씬 더 많을 것이다.

허스트는 이례적인 경우가 아니다. 누구든 큰 부를 축적한 사람은 분명 끈기부터 길렀다. 브로드웨이는 거지에게는 커피 한잔과 샌드위치를 주지만, 큰 것을 좇는 사람에게는 끈기를 요구한다.

케이트 스미스도 이 글에 전적으로 공감할 것이다. 수년 동안 그녀는 마이크가 있는 곳이라면 어디에서나 무보수로 노래를 불렀다. 마치 브로드웨이가 '할 테면 해봐'라고 말하는 듯했다. 그녀는 브로드웨이의 도전을 받아들였고, 마침내 어느 행복한 날 브로드웨이는 두 손 들고 태도를 바꾸었다. '아, 소용없군. 굴복할 줄 모르는 사람이네. 몸값을 정하고 본격적으로 일해봐.' 스미스는 몸값을 정했다! 그거면 충분했다. 이제 그녀가 한 주에 버는 돈은 보통 사람의 연봉보다도 많다.

과연 끈기는 제값을 한다!

응원의 말을 덧붙이면 스미스보다 훨씬 더 훌륭한 수천 명의 가수가 성공하지 못한 채 '행운'을 찾아 길을 헤맨다. 셀 수 없을 만큼 많은 사람이 왔다가 떠났고 개중에는 노래 실력이 뛰어난 사람도 있었다. 하지만 그들은 포기하지 않고 계속할 용기가 없어서 성공하지 못했으며, 결국 브로드웨이가 포기하고 그들에게서 등을 돌렸다.

♦ 끈기의 8가지 요소

끈기는 마음의 상태다. 모든 마음 상태와 마찬가지로 끈기라는 결과에는 명확한 이유가 존재한다. 끈기를 구성하는 요소를 알아본 다음, 이를 길러내보자.

1. 명확한 목적 자신이 무엇을 원하는지 아는 것은 끈기를 기르기 위한 첫 번째이자 가장 중요한 단계다. 강력한 동기가 있어야 숱한 난관을 극복할 수 있다.

2. 열망 강렬한 열망의 대상을 좇을 때 끈기를 기르고 유지하기가 비교적 쉽다.

3. 자기 신뢰 계획을 수행할 수 있다고 스스로 믿으면 끈기를 가지고 계획을 끝까지 수행할 힘이 생긴다. 자기 신뢰는 4장에서 설명한 법칙을 통해 계발할 수 있다.

4. 명확한 계획 설령 설득력이 부족하고 비현실적이라 해도 체계적인 계획을 세우면 끈기를 키울 수 있다.

5. 정확한 지식 경험이나 관찰에 근거해 계획에 타당성이 있다는 사실을 '알면' 끈기가 생긴다. '아는' 대신 '추측'하면 끈기가 사라진다.

6. 협력 다른 사람과 공감하고 이해하며 조화롭게 협력하면 대개 끈기가 생긴다.

7. 의지력 명확한 목적을 달성하기 위해 계획을 세우는 데 생각을 집

중하는 습관을 기르면 끈기가 생긴다.

8. 습관 끈기는 습관의 직접적인 결과물이다. 정신은 매일의 경험을 흡수하고 그 경험의 일부가 된다. 용기 있는 행동을 억지로라도 반복하면 최악의 적인 두려움을 효과적으로 없앨 수 있다. 전쟁에 참전해본 사람이라면 누구나 이 사실을 안다.

다음 주제로 넘어가기 전에 용기를 내어 조목조목 자신을 평가하고 끈기의 8가지 요소 가운데 무엇이 부족한지 살펴보라. 이 분석으로 당신은 자신을 새롭게 이해하고 발견할 수 있다.

❖ 끈기가 부족할 때 나타나는 증상

이제부터는 당신이 주목할 만한 성공을 하지 못하도록 가로막는 진정한 적을 알아본다. 끈기가 부족할 때 나타나는 '증상'뿐만 아니라 이 약점의 무의식적인 원인도 알아볼 것이다. 내가 어떤 사람인지, 무엇을 할 수 있는지 진심으로 알고 싶다면 다음 목록을 주의 깊게 살펴보고 자신을 정면으로 마주하라. 부를 이루어내려는 사람이라면 반드시 이 약점들을 극복해야 한다.

1. 내가 원하는 것을 정확히 인식하고 명확하게 정의하지 못한다.
2. 이유가 있든 없든 상관없이 미루는 습관이 있다. 대개 변명과 핑계를 늘어놓는다.
3. 전문 지식을 습득하는 방법에 관심이 없다.
4. 결정을 내리지 못할 뿐만 아니라 문제를 정면으로 직시하지 않고 언

제나 '책임을 전가'한다. 이때도 변명을 늘어놓는다.
5. 문제를 해결하기 위해 확실한 계획을 세우기보다는 변명부터 찾는다.
6. 자기만족을 한다. 이는 치료법이 거의 없기에 이 증상을 보이는 사람에게는 희망이 없다.
7. 무관심하다. 반대에 부딪히면 맞서 싸우기보다는 언제든 기꺼이 타협한다.
8. 자기 실수를 남 탓으로 돌리고 상황이 불리하면 어쩔 수 없다고 받아들인다.
9. 행동을 일으키는 동기를 선택하지 않아서 열망이 부족하다.
10. 패배의 조짐이 나타나면 곧바로 그만두거나 열의를 잃는다. 이는 6가지 기본적인 두려움에 속하는 어떤 두려움이 있어서다.
11. 체계적인 계획서를 작성해서 계획을 분석하지 않는다.
12. 아이디어를 실행하지 않거나 기회가 왔을 때 잡지 못한다.
13. 의지를 발휘하기보다는 막연히 바라기만 한다.
14. 부를 목표로 삼지 않고 가난과 타협한다. 어떤 사람이 되고 싶다, 어떤 일을 하고 싶다, 무엇을 갖고 싶다는 열망이 전반적으로 부족하다.
15. 정당한 대가를 치르지 않고 받기만 하려 하면서 부를 얻는 지름길을 찾는다. 이런 사람들은 대개 도박에 빠져 '한탕'하려고 애쓴다.
16. 비판을 두려워하고, 다른 사람들의 생각과 행동, 말에 신경 쓰느라 계획을 세우고도 실행에 옮기지 못한다. 일반적으로 두려움은 잠재의식 속에 존재하고 밖으로 드러나지 않으므로 최악의 적으로 꼽힌다. 이와 관련해서는 6가지 기본적인 두려움을 참고하라.

비판에 대한 두려움으로 나타나는 증상을 살펴보자. 많은 사람이 친척, 친구, 일반 대중으로부터 영향을 받아서 주도적인 삶을 살지 못한다. 그들에게 받을 비판이 두려워서다.

배우자를 잘못 선택하고도 결혼 서약을 지키면서 비참하고 불행한 삶을 지속하는 사람들이 있다. 실수를 바로잡았을 때 뒤따를 수 있는 비판이 두려워서다. 이런 두려움은 돌이킬 수 없는 해를 입힌다. 야망, 자립심, 성취 욕구를 파괴한다. 학교를 떠난 후에 뒤늦게라도 더 배우지 못하는 것 또한 남들 눈이 두려워서다.

나이를 불문하고 수많은 사람이 비판이 두려워서 친척이 '가족의 의무'라는 명분을 내세우며 자신의 삶을 망치는데도 보고만 있다. 하지만 가족의 의무란 자기 방식으로 혈육의 삶을 파괴하는 게 아니다.

사람들은 사업에 실패했을 때 뒤따를 수 있는 비판이 두려워서 모험을 거부한다. 비판에 대한 두려움이 성공에 대한 열망보다 더 강한 경우라 할 수 있다.

"목표를 너무 높게 잡았다가는 사람들이 미쳤다고 생각할 거야."라는 친척과 친구의 비판이 두려운 나머지, 목표를 높게 잡지 않거나 심지어 어떤 경력을 선택하지 않는 사람도 너무나 많다.

카네기가 내게 20년을 바쳐 개인의 성공 철학을 체계화하자고 제안했을 때, 가장 먼저 든 감정은 사람들이 보일 반응에 대한 두려움이었다. 그 제안의 목표는 내가 그동안 품었던 어떤 목표보다도 훨씬 원대했다. 곧 머릿속에서 변명과 핑계가 전광석화처럼 떠오르기 시작했다. 모두 내게 내재한 비판에 대한 두려움에서 비롯된 것이었다. 내 안의 무언가가 말했다. "넌 할 수 없어. 너무 거창한 과업이라 시간이 엄청

걸릴 텐데, 친척들이 널 어떻게 생각하겠어? 그동안 어떻게 생계를 꾸려나갈 건데? 성공 철학을 정리한 사람은 지금껏 아무도 없었어. 대체 무슨 근거로 네가 할 수 있다고 생각하는 거야? 그렇게 높은 목표를 세울 만큼 네가 대단한 사람이니? 보잘것없는 네 태생을 잊지 마. 철학에 대해 네가 뭘 알아? 사람들은 널 미쳤다고 생각할 거야. 왜 지금껏 이 일을 한 사람이 없었겠어?"

이런저런 질문들이 머릿속을 스치면서 아우성쳤다. 마치 온 세상이 갑자기 내게 주의를 돌리더니 나를 조롱해 카네기의 제안을 실행하고 싶다는 내 열망을 뿌리째 뽑아버리려는 것 같았다.

그때 하마터면 열망이 나를 품기도 전에 나는 열망을 포기할 뻔했다. 훗날 수천 명의 사람을 분석한 후에 깨달은 것이 있다. 대부분의 아이디어는 사장된다. 따라서 **우리는 즉각 실행할 수 있는 계획을 확실하게 세워 아이디어에 생명력을 불어넣어야 한다. 아이디어가 태어나는 순간, 아이디어를 돌보아야 한다.** 아이디어가 오래 살아남을수록 생존 가능성이 높아진다. 대다수 아이디어가 계획과 실행 단계에 이르지 못하고 파괴되는 가장 근본적인 원인은 비판에 대한 두려움이다.

많은 사람이 물질적 성공을 행운의 결과라고 믿는다. 물론 전혀 근거 없는 믿음은 아니지만, 이들은 또 다른 중요한 요소를 간과하고 있다. 성공에는 바로 행운을 끌어들일 수 있는 지식이 필수다.

대공황 시절에 코미디언 W. C. 필즈는 재산을 모두 잃은 데다가 마땅한 수입과 일자리, 생계 수단을 찾지 못했다. 더구나 그는 많은 사람이 스스로 늙었다고 여기는 60대였다. 재기에 대한 열망이 무척 강했던 그는 새로운 분야인 영화계에 무보수로 일하겠다고 제안했다. 그런데 엎친 데 덮친 격으로 넘어지는 바람에 목까지 다치고 말았다. 많은 이가 포기하고 그만둘 만한 상황이었지만 필즈는 끈질겼다. 그는 포기하지 않으면 조만간 행운이 찾아올 거라고 믿었고 실제로 행운이 찾아왔다.

에디 캔터는 1929년 주식이 폭락하면서 재산을 잃었지만 끈기와 용기를 잃지 않았다. 여기에 남다른 통찰력까지 더해져 일주일에 1만 달러를 버는 쾌거를 거두었다! 누구에게나 버팀목이 되는 행운은 스스로 만드는 것이다. 끈기를 발휘할 때 행운이 찾아온다. 이때 출발점은 확고한 목적이다.

앞으로 만나는 100명의 사람에게 인생에서 가장 간절하게 원하는 게 무엇인지 물어보라. 그러면 그 가운데 98명은 답하지 못할 것이다. 답해보라고 재촉하면 어떤 사람은 '안전'을 꼽을 것이다. '돈'이라고 하는 사람도 많을 것이다. 개중에는 '행복'이나 '명성과 권력', '사회적 인정', '안락한 생활', '예술적인 능력'이라고 하는 사람도 있을 것이다. 하지만 그들 중 이 단어들이 어떤 의미인지 정의하거나 막연하게 표현한 소망을 달성하기 위한 계획을 마련한 사람은 없을 것이다. 바라기만 해서는 부를 얻을 수 없다. 불타는 열망이 뒷받침하는 확고한 목적과 명확한 계획을 끈기를 가지고 꾸준히 실행할 때 부를 얻을 수 있다.

끈기의 습관을 기르는 법

끈기의 습관을 기를 때 필요한 4가지가 있다. 대단한 지능이나 특별한 교육, 시간이나 노력을 들이지 않더라도 갖출 수 있는 4가지는 다음과 같다.

1. 성취를 향한 불타는 열망으로 뒷받침되는 확고한 목적
2. 지속적인 행동으로 표현되는 명확한 계획
3. 부정적이고 실망스러운 모든 영향을 거부하는 마음(친척과 친구, 지인의 부정적인 영향이 포함.)
4. 계획과 목적을 계속 추진하도록 격려하는 사람

어떤 분야에서든 성공하려면 반드시 이 4가지가 필요하다. 그리고 이 책에서 제시하는 '부의 법칙'도 궁극적으로는 이 습관으로 만들어야 한다. 그렇게 하면 다음과 같은 결과를 얻을 수 있다.

- 경제적 운명을 스스로 결정한다.
- 생각의 자유와 독립을 얻는다.
- 크든 작든 부를 얻는다.
- 권력, 명성, 세상의 인정을 얻는다.
- 반드시 행운이 찾아온다.
- 꿈이 물리적인 현실로 전환된다.
- 두려움, 낙담, 무관심을 극복할 수 있다.

끈기의 습관을 길러낸 모든 사람에게는 엄청난 보상이 따른다. **바로 스스로 삶의 계획을 세우고, 삶으로부터 대가를 얻어내는 특권이다.**

어떤 신비한 힘이 끈기 있는 사람에게 어려움을 극복할 능력을 주는 것일까? 끈기라는 특성이 우리 마음속에서 모종의 영적·정신적·화학적 작용을 일으켜 초자연적인 힘이 생기는 것일까? 이미 전투에서 패배했는데도 온 세상을 상대로 여전히 싸우는 사람을 무한 지성이 밀어주는 것일까?

오로지 끈기만 가지고 맨손으로 사업에 뛰어들어 거대한 산업 제국을 건설한 포드와 같은 사람을 관찰하면서 내 머릿속에 이런저런 질문들이 떠올랐다. 에디슨을 만났을 때도 그랬다. 고작 3개월도 안 되는 정규 교육을 받고 끈기만으로 축음기, 영사기, 백열전구 등 50여 종에 이르는 유익한 발명품을 탄생시켜 세계 최고의 발명가가 되지 않았는가.

나는 오랫동안 포드와 에디슨을 가까이에서 연구하고 분석하는 특권을 누렸다. 그래서 두 사람이 놀라운 업적을 이룬 바탕에 끈기가 있었다고 말할 수 있다.

과거의 선지자, 철학자, '경이로운' 인물, 종교 리더를 공정하게 연구한 사람이라면 그들이 거둔 업적의 주요 원천은 끈기, 집중적인 노력, 명확한 목적이라는 필연적인 결론에 이르게 된다. 이를테면 이슬람교의 창시자 무함마드의 신기하고 매혹적인 이야기를 생각해보라. 그의 삶을 분석하고, 오늘날 산업과 금융의 시대에 성공한 인물과 비교해보라. 그러면 그들의 공통점이 끈기라는 남다른 특성임을 발견할 것이다!

끈기에 효력을 부여하는 이상한 힘이 궁금하면 무함마드의 전기, 그

중에서도 특히 에사드 베이(20세기 초 유럽에서 활동한 러시아 출신 작가. 러시아, 중동 관련 역사 문화서를 주로 집필했다.―편집자)의 작품을 읽어보라. 다음은《헤럴드트리뷴》에 실린 이 책에 관한 짧은 서평이다. 이 서평을 읽으면 문명사회에 알려진 끈기의 힘에 대한 놀라운 사례의 완결판이 궁금해질 것이다.

마지막 위대한 예언자

무함마드는 선지자였지만 기적을 행한 적은 없다. 그는 신비주의자도 아니었고 정규 교육을 받은 적도 없으며 40세가 되어서야 비로소 전도를 시작했다.

참된 종교의 말씀을 전하는 하나님의 사자라고 스스로 선언했을 때 그는 조롱당하고 미치광이 취급을 받았다. 아이들은 그의 발을 걸어 넘어뜨리고 여성들은 그에게 오물을 퍼부었다. 그는 고향인 메카에서 추방당했고, 그의 추종자들도 재산을 몰수당하고 그의 뒤를 이어 사막으로 쫓겨났다. 10년 동안 설교했으나 그에게 남은 건 추방과 가난, 조롱뿐이었다. 그러나 이후 10년이 채 지나지 않아 그는 아라비아 전역의 절대 권력자이자 메카의 통치자, 세계적인 종교의 수장이 되었고, 그가 일으킨 원동력으로 이 종교는 다뉴브강과 피레네산맥까지 휩쓸게 된다. 그의 원동력을 구성하는 3가지는 말의 힘, 기도의 효능, 하나님과 인간의 연대감이었다.

그가 걸어온 길은 절대 평범하지 않았다. 무함마드는 메카의 한 유력한 가문의 가난한 집안에서 태어났다. 메카는 세계의 교차로이자 마법의 돌이 있는 카바(이슬람교의 성전. 신이 주었다는 검은 돌이 성전에 벽에 박혀 있다.

—편집자)가 위치한 고장, 무역로의 중심지였다. 하지만 그곳은 위생이 좋지 않아서 아이들은 사막으로 보내져 베두인(아라비아반도 사막에 사는 유목민.—편집자)의 손에서 자랐다. 무함마드는 유목민 대리모의 젖을 얻어먹으며 강인하고 건강하게 자랐다. 그는 양 목동으로 일하다가 부유한 미망인에게 고용되어 그녀의 대상隊商을 이끄는 리더가 되었다. 그 뒤로 동방세계의 온갖 지역을 두루 다니며 다양한 신앙인과 대화를 나누었고 기독교가 여러 종파로 갈라져 서로 분쟁하며 쇠퇴하는 과정을 지켜보았다. 28세가 되었을 때 미망인이었던 카디자의 눈에 들어 그녀와 결혼했다. 카디자의 아버지가 결혼에 반대하자 그녀는 아버지에게 술을 진탕 먹여 인사불성 상태일 때 승낙을 받았다. 이후 12년 동안 무함마드는 부유하고 존경받는 매우 영리한 상인으로 살았다. 그러던 어느 날 사막에서 방황하다가 코란의 첫 구절을 가지고 돌아와서는 카디자에게 대천사 가브리엘이 현신해 자신이 하나님의 사자가 되리라고 계시했다고 말했다.

하나님의 계시를 담은 코란은 무함마드의 삶에서 기적에 가까운 일이었다. 그는 시인이 아니었다. 언어에 타고난 재능이 없었다. 그러나 그가 신도에게 낭송한 코란 구절은 그 부족의 전문 시인이 지을 수 있는 어떤 시보다도 뛰어났다. 이것은 아랍인에게 기적이었다. 아랍인에게 그 말씀은 가장 위대한 선물이었고 무함마드는 전능한 존재였다. 코란은 모든 사람이 하나님 앞에서 평등하며 세계는 하나의 이슬람 민주국가여야 한다고 말하고 있었다. 이는 정치적인 이단 행위였고, 더구나 무함마드가 카바의 안뜰에 있는 360개의 우상을 모두 파괴하겠다고 주장하는 바람에 다시 추방당했다. 사막 부족을 메카로 이끌었던 것은 그 우상이었던 데다가 그렇게 해서 무역이 시작되었으니, 메카의 사업가, 자본가가 무함마드를 공격하는 건 당연했다. 그는 사막으로 물러나 세계의 통치자를 자처했다.

이슬람의 부상이 시작되었다. 사막에서 꺼지지 않는 불길이 등장했다. 그것은 바로 평등주의에 입각한 군대였으며, 이들은 하나로 뭉쳐 조금도 두려워하지 않고 죽을 각오로 싸웠다. 무함마드는 여기에 동참하라며 유대인과 기독교인을 초대했다. 그가 세우려는 건 새로운 종교가 아니었다. 그는 하나의 하나님을 믿는 모든 이에게 하나의 신앙에 동참하라고 호소했다. 유대인과 기독교인이 그의 초대를 받아들였다면 이슬람은 세계를 정복했을 것이다. 그러나 그들은 그의 초대를 받아들이지 않았다. 인도주의적 전쟁이라는 무함마드의 혁신마저 받아들이지 않았다. 예언자의 군대가 예루살렘에 입성했을 때 한 사람도 죽임을 당하지 않은 건 그의 신앙 때문이었다. 수 세기가 흘러 십자군이 그 도시에 입성했을 때는 남녀노소를 막론하고 이슬람교도가 단 한 명도 살아남지 못했다. 하지만 기독교인이 받아들인 이슬람 사상이 있었으니, 그건 바로 배움의 터전, 대학이었다.

— 토마스 서그루

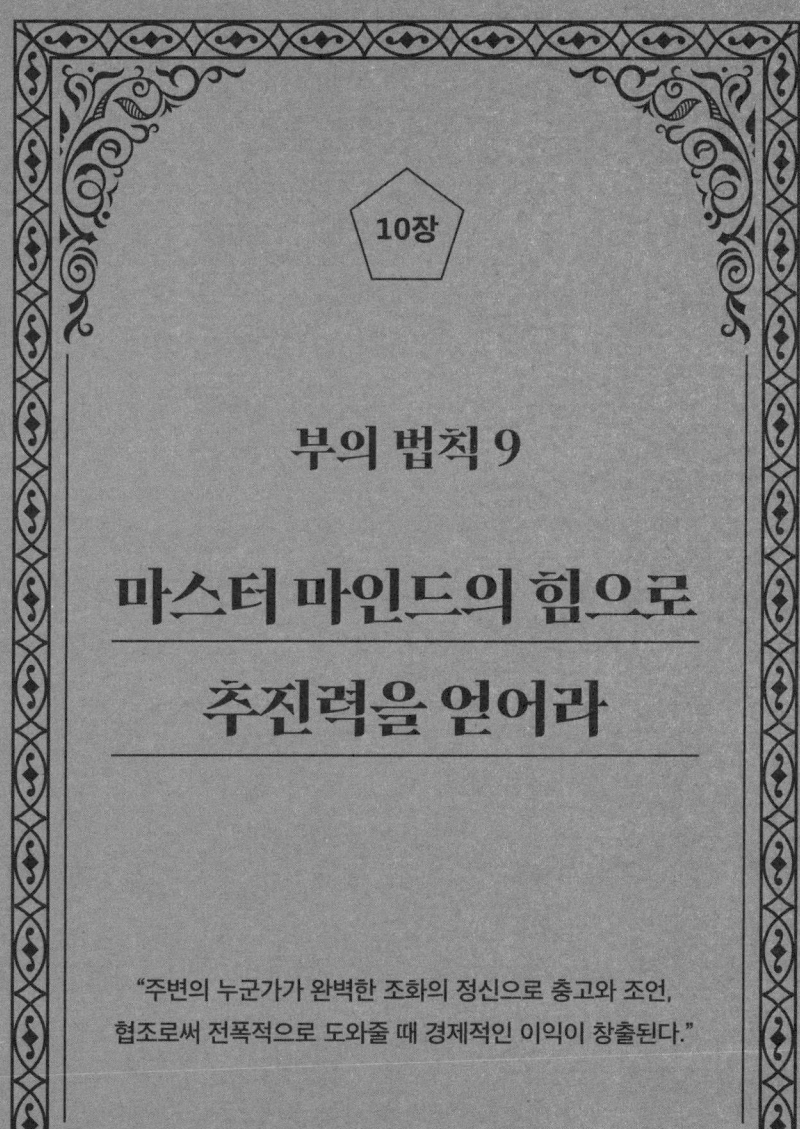

10장

부의 법칙 9

마스터 마인드의 힘으로
추진력을 얻어라

"주변의 누군가가 완벽한 조화의 정신으로 충고와 조언,
협조로써 전폭적으로 도와줄 때 경제적인 이익이 창출된다."

부를 축적하는 데 성공하려면 반드시 '힘'이 있어야 한다. 계획을 행동으로 옮길 충분한 힘이 없다면 계획은 무력하고 쓸모가 없다. 이 장에서는 당신이 힘을 얻어 적용하는 방법에 관해 설명할 것이다.

<u>힘이란 '체계적이고, 지혜롭게 이용하는 지식'이라고 정의할 수 있다. 여기서 말하는 힘은 개인이 열망을 금전적 가치로 전환해주는 체계적인 노력을 의미한다.</u> 체계적으로 노력하려면 두 명 이상의 사람이 명확한 목적을 향해 조화롭게 협력해야 한다.

부를 축적하려면 힘이 필요하다. 부를 축적한 후에도 힘을 유지하려면 힘이 필요하다. 어떻게 하면 힘을 얻을 수 있을까? 힘이 체계적인 지식이라면, 지식은 어디에서 올까? 지식의 원천은 3가지로 정리된다.

1. 무한 지성 창조적 상상력의 도움을 받으면 앞서 설명한 절차를 통해 지식의 원천에 닿을 수 있다.

2. 축적된 경험 공공 도서관에 가면 인간의 축적된 경험 혹은 그중 정리되고 기록된 경험을 찾을 수 있다. 그리고 가장 중요한 경험은 공립학교와 대학에서 분류하고 체계화해서 가르친다.

3. 실험과 연구 과학 분야뿐만 아니라 거의 모든 분야에서 사람들은 매일 새로운 사실을 수집하고, 분류하고, 체계화한다. 축적된 경험을 통해 지식을 얻을 수 없을 때는 실험과 연구에 의지해야 한다. 이때도 창조적 상상력이 자주 활용된다.

이런 원천에서 지식을 얻은 다음, 명확한 계획으로 체계화하여 행동으로 옮기면 힘으로 변환할 수 있다. 그런데 혼자만의 노력으로 이 모든 것을 하기란 매우 어렵다. 결국 포괄적이고 규모가 큰 계획은 다른 사람에게 협조를 구해야만 계획에 필요한 힘을 실을 수 있다.

두뇌 협력 동맹으로 힘을 키워라

마스터 마인드는 '확고한 목적을 달성하기 위해 조화의 정신으로 지식과 노력을 조율하는 두 명 이상의 사람'을 뜻한다.

마스터 마인드를 활용하지 않으면 어떤 사람도 큰 힘을 가질 수 없다. 앞서 열망을 금전적 가치로 전환하기 위해 계획을 세우는 방법을 설명했다. 끈기와 지성으로써 이를 실천하고 마스터 마인드 그룹을 선택할 때 분별력을 발휘한다면, 당신은 스스로 깨닫지 못하는 사이에 이미 절반은 성공했다고 할 수 있다.

적절하게 선택한 마스터 마인드 그룹을 통해 무형의 잠재력을 더 정확히 이해하고 발휘하도록 마스터 마인드 법칙의 2가지 특성을 살펴보자. 하나는 본질적으로 경제적인 특성이고, 다른 하나는 정신적인 특성이다.

경제적인 특성은 자명하다. **주변의 누군가가 완벽한 조화의 정신으로 충고와 조언, 협조로써 전폭적으로 도와줄 때 경제적인 이익이 창출된다. 막대한 부를 축적하는 토대가 된 것은 거의 언제나 이런 형태의 협력 동맹이었다.** 이 위대한 진리를 얼마나 이해하느냐에 따라 재정 상태가 확실하게 결정된다.

정신적인 특성은 훨씬 더 추상적이고 이해하기 어렵다. 인류가 제대로 알지 못하는 영적인 힘과 관계가 있어서다. 그렇지만 다음 문장에서 유의미한 단서를 포착할 수 있다.

> 두 개의 마음이 합쳐지면 반드시 눈에 보이지 않고 만질 수 없는 제3의 힘이 만들어지고, 이 힘은 제3의 마음에 비유할 수 있다.

명심하라. 온 우주에 존재하는 요소는 에너지와 물질뿐이다. 잘 알려져 있듯 물질은 분자, 원자, 전자 단위로 분해된다. 격리하거나 분리하거나 분석할 수 있는 물질의 단위가 있다.

이와 마찬가지로 에너지에도 단위가 있다. 인간의 정신은 에너지의 한 형태며, 그중 일부는 본질상 영적이다. **두 사람의 마음이 조화의 정신으로 협력할 때, 각 정신의 영적 에너지 단위가 친화력을 형성하며, 이것이 마스터 마인드의 정신적인 측면을 구성한다.**

내가 25년 전 마스터 마인드의 경제적인 특성에 주목한 것은 카네기 때문이었다. 당시 나는 이 원리를 발견하고 평생 과업을 선택하게 되었다.

카네기는 철강 제조와 마케팅이라는 확고한 목적을 위해 약 50명으로 구성한 마스터 마인드 그룹을 곁에 두었다. 그는 자신이 부를 이룬 것은 모두 이 마스터 마인드를 통해 축적한 힘 덕분이라고 했다. 이처럼 크든 작든 부를 이룬 많은 사람의 기록을 분석해보면, 의식적으로나 무의식적으로 마스터 마인드의 원리를 활용했음을 알 수 있다.

큰 힘은 오로지 협력의 원리로 축적할 수 있다! 에너지는 인간과 동식물을 포함해 우주의 모든 물질을 구성하는 자연의 보편적인 요소다.

에너지를 물질로 전환하는 과정은 자연만이 완벽하게 이해할 수 있다.

인간은 생각에 관여하는 에너지를 통해 자연의 구성 요소를 이용할 수 있다! 인간의 뇌는 전지電池와 같다. 그것은 대기에서 에너지를 흡수하며, 대기는 물질의 모든 원자에 스며들어 온 우주를 가득 채운다. 널리 알려져 있듯 한 무리의 전지가 개별 전지보다 더 많은 에너지를 제공한다. 각각의 전지가 제공하는 에너지는 그 안에 포함된 셀의 수와 용량에 비례한다.

인간의 뇌도 비슷한 방식으로 작용한다. 뇌의 능력은 사람마다 다르고 그래서 다음과 같은 명제가 생겼다.

"여러 개의 전지가 한 개의 전지보다 더 많은 에너지를 제공하듯, 조화의 정신으로 조율된(혹은 연결된) 뇌 집단이 개별적인 뇌보다 더 많은 생각과 에너지를 제공할 것이다."

따라서 두뇌 집단을 곁에 두고 있는 사람이 발휘하는 힘의 비밀은 마스터 마인드 원리에 있다.

포드부터 간디까지, 마스터 마인드의 원리

이제 마스터 마인드 원리의 정신적인 측면을 더 자세히 살펴보자. 개별적인 뇌로 구성된 집단이 협력해 조화롭게 작용할 때, 집단의 모든 뇌가 협력을 통해 생성한 에너지를 이용할 수 있다.

포드가 사업계에 진출할 때 가난하고, 배우지 못했고, 무지했다는 건 잘 알려진 사실이다. 또 잘 알려졌듯 그는 놀랍게도 10년이라는 짧은 기간 만에 이 불리한 조건을 모두 극복했고, 25년 후에는 미국 최고 갑부의 반열에 올랐다. 게다가 포드는 에디슨과 개인적으로 친분을 쌓기 시작하면서 더욱 빠른 속도로 성장했다. 이 사실들은 한 정신이 다른 정신에 영향을 미치면 어떤 일을 성취할 수 있는지 알려준다. 더 나아가 사업가 하비 S. 파이어스톤, 철학자 존 버로스, 식물학자 버뱅크 등 두뇌 능력이 뛰어난 사람들과 친분이 생긴 시점부터 포드는 가장 뛰어난 업적을 쌓기 시작했다. 이것은 힘이 우호적인 정신의 연합으로 형성된다는 또 다른 증거다.

포드가 사업계와 산업계에서 가장 정보가 많은 사람으로 꼽힌다는 데는 의심의 여지가 없으며, 부에 대해서도 마찬가지다. 앞서 언급한 포드의 친한 친구들을 분석하면 다음 문장이 무슨 뜻인지 이해할 수 있을 것이다.

> 사람은 공감하며 조화롭게 교류하는 사람들의 본성과 습관, 생각의 힘을 받아들인다.

포드는 본인의 불리한 조건을 극복하기 위해 위대한 지성인과 교류하면서 그들의 생각을 흡수했다. 그는 에디슨, 파이어스톤, 버로스, 버뱅크와 교류하면서 뇌의 힘을 키웠다. 따라서 포드의 뇌는 이 네 사람의 지성, 경험, 지식, 영적 힘의 총합이자 실체다. 아울러 포드는 이 책에서 소개한 여러 방법으로 마스터 마인드 원리를 적절히 적용하고 활용했다. 그리고 **당신도 이 원리를 사용할 수 있다!**

간디에 대해서는 먼저 살펴보았다. 아마도 간디의 이야기를 들은 사람은 간디를 변변하게 갖추어 입지도 않고 돌아다니면서 영국 정부의 골치를 썩인 괴짜로 여길지 모른다. 하지만 간디를 따르는 수많은 사람의 믿음으로 보건대, 실제로는 괴짜가 아닌 현존하는 가장 대단한 인물이 바로 간디다. 그뿐 아니라 역사상 가장 유력한 인물일 것이다. 그의 힘은 사람들로부터 주어졌지만 실재한다.

그는 어떻게 엄청난 힘을 얻었을까? 간단히 말해, 2억 명이 넘는 사람이 조화의 정신으로 몸과 마음을 다하여 확고한 목적을 위해 협력하도록 이끈 덕분이다. 간디는 기적을 일으켰다. 2억 명을 강압이 아닌 조화의 정신으로 무한정 협력하도록 이끈 것은 기적이다. 이 말이 의심스럽다면 아무 두 사람이나 일정 시간 동안 조화롭게 협력하도록 이끌어보라. 절대로 쉬운 일이 아니다.

이미 살펴보았듯 힘을 얻는 첫 번째 주요 원천은 무한 지성이다. 두 명 이상의 사람이 조화롭게 협력하고 명확한 목표를 향해 노력할 때, 연합을 통해 무한 지성이라는 거대한 우주 저장고로부터 직접 힘을 흡수할 수 있다. **천재는 가장 위대한 힘의 원천인 협력을 활용한다. 모든 위대한 리더도 의식적으로나 무의식적으로 이 원천을 활용한다.**

힘을 축적할 때 필요한 지식을 얻는 나머지 두 주요 원천은 인간의 오감만큼 믿을 수 없다. 감각을 항상 믿을 수는 없지만 무한 지성은 오류를 범하지 않는다. 이어지는 11장에서는 무한 지성에 가장 쉽게 닿을 방법에 관해 충분히 설명하겠다.

이 책은 종교서가 아니다. 이 책에서 설명한 법칙은 직간접적으로 누군가의 종교적 습관에 개입하지 않는다. 이 책의 목적은 오로지 부에 대한 열망이라는 명확한 목표를 금전적 등가물로 전환하는 방법을 알려주는 것이다. 이 책을 읽으면서 생각하고 묵상하라. 머지않아 당신은 종합적인 관점으로 책의 주제를 꿰뚫게 될 것이다. 각 장의 세부 내용이 눈에 선명하게 보일 것이다.

돈은 수줍음을 많이 타고 손에 쉽게 잡히지 않는다. 돈을 얻는 방법은 구애와 다르지 않다. 그리고 돈에 구애할 때 들이는 힘은 연인에게 구애할 때 들이는 힘과 크게 다르지 않다. **돈을 열망하는 힘에 신념이 더해져야만 돈을 좇을 때 그 힘을 성공적으로 이용할 수 있다. 또한 이 힘에 열망이 합쳐져야 한다. 끈기가 합쳐져야 한다. 계획을 세워 힘을 활용해야 하며, 계획은 반드시 행동으로 옮겨야 한다.**

물이 자연스럽게 흘러가듯 이른바 큰돈은 부를 일구는 사람을 향해 자연스럽게 흘러간다. 눈에 보이지 않는 거대한 힘의 흐름이 존재한다. **힘의 흐름에서 어느 쪽 끝에 있느냐에 따라 운명이 달라진다.** 한쪽 끝은 위쪽을 향해, 즉 부를 향해 흘러간다. 다른 한쪽 끝은 반대 방향으로 흐르면서 안타깝게도 아래쪽을 향해, 즉 불행과 가난을 향해 흘러간다.

큰 부를 축적한 모든 사람은 이 삶의 흐름이 존재한다는 사실을 이미 안다. 생각하는 과정이 그 흐름을 결정한다. 생각의 긍정적인 감정은 부를 향해 흐르는 강물의 한쪽 끝을 구성한다. 부정적인 감정은 가난으로 이끄는 쪽을 구성한다.

부를 만들겠다는 목표로 이 책을 읽는 사람에게는 이 생각이 매우 중요하다. 만일 힘의 흐름에서 가난으로 이어지는 한쪽 끝에 있는 사람이라면, 이 생각을 노처럼 저어서 흐름의 반대편으로 나아가라. 이때 힘을 적용하고 활용해야만 도움이 된다. 그저 읽고 판단하는 것만으로는 도움이 되지 못한다.

어떤 사람은 때로는 긍정적인 쪽에서, 때로는 부정적인 쪽에서, 자리를 바꾸어가며 흐름을 경험한다. 1929년 월스트리트 붕괴는 수백만 명을 긍정적인 흐름에서 부정적인 흐름으로 휩쓸어버렸다. 이들은 절망과 두려움 속에서 다시 긍정적인 방향으로 돌아가기 위해 고군분투하고 있다. 이 책은 특히 그런 사람을 위해 집필되었다.

가난과 부는 종종 자리를 바꾼다. 비록 세상은 곧 잊어버리겠지만 월스트리트 붕괴 사태가 이 진리를 일깨웠다. 이처럼 가난은 자주 부의 자리를 쉽게 대체한다. 반대로 부가 가난의 자리를 대체하게 하려면 계획을 잘 구상해서 신중하게 실행해야 가능하다. 가난에는 계획이 필요하지 않다. 가난은 대담하고 무자비한 까닭에 누군가의 도움이 필요하지 않다. 부는 수줍고 소심하다. 누군가 '끌어당겨야' 한다.

11장

부의 법칙 10

성적 에너지를 열정과 창조력으로 바꿔라

"성적인 감정은 저항할 수 없는 힘이다. 이 감정에 이끌릴 때 사람은 행동을 향한 강력한 힘을 선물로 받는다."

'변환하다'라는 단어의 의미는 간단히 말해 '한 요소나 에너지의 형태를 다른 요소나 형태로 바꾸거나 옮기는 것'이다.

성적인 감정은 어떤 마음의 상태를 일으킨다. 이 사실을 모르는 사람은 이 마음의 상태를 일반적으로 육체와 연관 짓는다. 대부분의 사람이 성에 대한 지식을 습득할 때 부적절한 영향을 받은 탓이다.

성적인 감정에는 다음과 같은 건설적인 잠재력이 있다.

1. 인류의 영속성
2. 건강 유지(치료 효과를 고려하면 성적인 감정을 따를 만한 게 없다.)
3. 변환을 통해 평범함을 천재성으로 바꾸는 변화

성적 에너지의 변환은 간단하고 쉽게 설명할 수 있다. 육체적 표출에 대한 생각에서 다른 성질의 생각으로 마음을 옮긴다는 뜻이다.

성적 열망은 인간의 열망 가운데 가장 강력하다. 이 열망에 이끌릴 때, 사람은 평소와 달리 상상력, 용기, 의지력, 끈기, 창조적 능력을 발휘한다. 성적 접촉을 향한 열망은 매우 강렬하고 충동적이어서 사람들은 삶과 명예를 걸고 탐닉에 빠진다. 이 동기 부여의 힘을 도구로 이용하고 다른 방향으로 인도하면 상상력, 용기 등의 모든 속성을 그대로 유지하면서 문학이나 예술, 부의 축적을 포함한 여러 분야에서 강력한 창조력을 발휘할 수 있다.

성적 에너지를 변환하려면 의지가 필요하지만 그만한 가치가 있는 보상이 따른다. 성적 표현을 향한 열망은 선천적이고 자연스러운 것이다. 이 열망은 억제하거나 제거할 수 없고, 제거해서도 안 된다. 인간의 몸과 마음, 정신을 풍요롭게 하는 형태로 표출함으로써 그 열망에 출구를 제공해야 한다. 변환을 통해 이 같은 형태의 출구가 주어지지 않는다면, 인간은 오로지 육체적인 출구만 찾게 될 것이다.

강물을 댐으로 막으면 한동안은 통제할 수 있지만 결국에는 강물이 힘으로 댐을 밀고 나간다. 성적인 감정도 이와 다르지 않다. 한동안은 억제하고 통제할 수 있으나 끊임없이 표출할 수단을 찾는 것이 성적 에너지의 본질이다.

성적인 감정을 창조적인 노력으로 변환하지 않으면 인간은 천박한 출구를 찾게 된다. 그러다 어떤 운 좋은 경우에는 성적인 감정을 특정한 형태의 창조적인 노력으로 표출하는 방법을 발견하기도 한다.

과학적 연구로 다음과 같은 중요한 사실이 밝혀졌다.

1. 성적 본성을 고도로 계발하고 성적 에너지를 변환하는 기술을 익힌 사람은 위대한 성취를 이룬다.
2. 이성의 영향으로 동기를 부여받은 사람은 문학, 예술, 산업, 건축, 전문 분야에서 큰 부를 이루고 남다른 인정을 받는다.

이런 놀라운 사실을 발견한 한 연구는 지난 2천 년간의 전기와 역사를 조사했다. 그 결과 위대한 업적을 남긴 사람에게는 고도의 성적 욕구가 있었다는 사실을 찾아냈다.

성적인 감정은 저항할 수 없는 힘이다. 이 감정에 이끌릴 때 사람은 행동을 향한 강력한 힘을 선물로 받는다. 그리고 이 진리를 이해할 때 성적 에너지의 변환이 사람을 천재의 경지로 끌어올린다는 의미를 이해할 수 있다.

성적인 감정에는 창조적 능력의 비밀이 담겨 있다. 사람이나 짐승에게서 생식선生殖腺을 파괴하는 건 행동을 일으키는 주요 원천을 제거하는 셈이다. 거세한 동물에게 어떤 일이 일어나는지 관찰해보라. 거세한 황소는 암소처럼 유순해진다. 성전환을 하면 사람이든 짐승이든 수컷의 본능적인 투지가 완전히 사라진다. 암컷도 마찬가지로 특유의 본능을 잃는다.

마음을 자극하는 10가지 요소

인간의 마음은 자극에 반응하며, 이를 통해 열정, 창조적 상상력, 강렬한 열망을 끌어올릴 수 있다. 마음은 다음과 같은 자극에 가장 잘 반응한다.

1. 성적 표현의 욕구
2. 사랑
3. 명성, 권력, 그리고 금전적인 보상, 즉 돈을 향한 불타는 열망
4. 음악
5. 동성이나 이성 간의 우정
6. 영혼이나 속세의 발전을 위해 두 명 이상이 조화롭게 협력하는 마스터 마인드 그룹
7. 박해받는 사람이 겪는 고통에 대한 공감

8. 자기 암시
9. 두려움
10. 술과 마약

성적 표현의 욕구는 마음의 진동을 가장 효과적으로 '증폭'하고, 신체 활동의 '바퀴'를 돌아가게 한다. 이 자극 가운데 8가지는 자연스럽고 건설적인 데 비해 2가지는 파괴적이다. 이 목록을 제시한 것은 마음을 자극하는 10가지 요소의 주요 원천을 비교하기 위해서다. 그러면 성적인 감정이 모든 마음의 자극 중에서 가장 강렬하고 강력하다는 사실을 쉽게 알 수 있다.

이 비교 결과는 성적 에너지를 변환함으로써 천재의 경지에 오를 수 있다는 사실의 증거가 된다. 그렇다면 어떤 사람을 천재라고 할 수 있을까?

되게 아는 척하는 누군가가 천재를 "머리가 길고, 희한한 음식을 먹고, 혼자 살고, 농담의 소재가 되는 사람이다."라고 언급한 적이 있다. 하지만 천재의 좀 더 적절한 정의는 '생각의 진동 속도를 높여 평범한 생각의 진동 속도로는 얻을 수 없는 지식의 원천과 자유롭게 소통하는 법을 발견한 사람'일 것이다.

아마도 당신은 천재의 정의에 대해 몇 가지 묻고 싶을 것이다. 첫 번째 질문은 이것일 것이다. '평범한 생각의 진동 속도로는 얻을 수 없는 지식의 원천과 어떻게 소통할 수 있을까?' 다음 질문은 이것일 것이다. '천재만이 이용할 수 있는 지식의 원천이 존재하는가, 만일 그렇다면 그 원천은 무엇이며 정확히 어떤 방법으로 그것에 이를 수 있을까?'

나는 이제까지의 중요한 몇 가지 이야기에 대한 타당성을 입증하는 증거를 제시하겠다. 아니면 적어도 당신이 스스로 실험하여 증명하도록 할 것이다. 그리고 그 과정에서 두 질문에 대한 해답을 찾을 수 있다.

천재성은 육감으로 계발된다

육감의 실체는 상당히 훌륭하게 정립되어 있다. 이 여섯 번째 감각은 창조적 상상력이다. 대부분의 사람은 평생 창조적 상상력을 한 번도 사용하지 않으며, 혹시 사용한 적이 있다고 해도 대개는 그저 우연히 일어난 일일 뿐이다. **상대적으로 소수의 사람만이 의도적으로 먼저 목적을 세우고 창조적 상상의 능력을 사용한다. 이 능력을 이해하고 자유롭게 사용하는 사람이 바로 천재다.**

창조적 상상력은 인간의 유한한 마음과 무한한 지성을 직접 잇는 연결고리다. 종교 영역에서 일컫는, 이른바 계시나 발명 분야의 기본 원리, 혹은 새로운 원리의 발견은 모두 창조적 상상력을 통해 일어난다.

일반적으로 말하는 직감처럼 머릿속에 번쩍 떠오르는 아이디어나 개념은 다음과 같은 원천에서 온다.

1. 무한 지성
2. 잠재의식(오감을 거쳐 뇌에 도달한 모든 감각적 인상과 생각의 발화가 저장되어 있다.)
3. 의식적인 생각으로 방금 생각이나 아이디어, 개념의 그림을 떠올린

다른 사람의 마음
4. 다른 사람의 잠재의식에 있는 저장고

    창조적 상상력이 잘 작동하려면 마음이 어떤 형태의 자극을 받아 매우 높은 속도로 진동해야 한다. 다시 말해 <u>마음이 평범한 정상적인 사고보다 더 높은 진동 속도로 작동해야 한다.</u>

    '마음을 자극하는 10가지 요소'가 두뇌 활동을 자극하면 평범한 사고의 차원을 훌쩍 뛰어넘는 효과가 일어난다. 그러면 사업상, 직업상 접하는 일상적인 문제를 해결할 때처럼 고차원적인 생각을 떠올릴 수 있다.

    어떤 자극으로 더 높은 사고의 경지에 이르는 것은 비행기를 타고 높은 곳에 오르는 것과 같다. 높은 곳에 오르면 지상에서는 시야를 막고 있던 지평선의 너머를 볼 수 있다. 게다가 기본적인 의식주를 해결하는 문제와 씨름하는 동안에는 자극들이 시야를 제한하고 방해하지만 높은 사고의 경지에서는 어떤 자극에도 방해받거나 구속되지 않는다. 비행기를 타고 날아오를 때 언덕과 계곡, 시야를 제한하던 그 밖의 물리적인 요소가 사실상 사라지듯이 평범하고 일상적인 생각이 사실상 사라지는, 생각의 세계에 들어선다.

    <u>이처럼 고차원의 생각에 머무는 동안, 마음의 창조적 능력은 자유롭게 활동한다. 육감이 작용할 길이 열리고, 다른 상황이라면 개인에게 닿을 수 없는 아이디어를 수용하게 된다. 천재와 평범한 사람을 나누는 능력은 육감이다.</u>

    창조적 능력을 더 많이 사용할수록 이 능력에 더 많이 의존하고, 생

각의 발화를 일으키라고 요구할수록 육감은 잠재의식 외부에서 발생하는 진동에 더 예민하게 반응하고 수용한다. 이 능력은 오로지 사용함으로써 함양하고 계발할 수 있다.

이른바 직감은 완전히 육감의 능력으로 작동한다. 위대한 화가, 작가, 음악가, 시인은 창조적 상상력으로 내면에서 들려오는 작은 목소리에 귀를 기울이는 습관을 길렀기에 위대해졌다. 상상력이 예리한 사람은 직감에서 최고의 아이디어가 탄생한다는 사실을 잘 안다.

한 위대한 연설가는 눈을 감고 창조적 상상력에 완전히 의존할 때 위대함의 수준에 도달한다고 한다. 연설이 절정에 이르기 직전에 왜 눈을 감느냐는 질문을 받자, 그는 "그러면 내면에서 떠오르는 생각을 말할 수 있기 때문이다."라고 답했다.

미국의 한 성공한 유명 금융가는 결정을 내리기 전에 2~3분 동안 눈을 감는 습관이 있었다. 그 이유에 관해 그는 "눈을 감으면 뛰어난 지성의 원천을 활용할 수 있다."라고 설명했다.

메릴랜드주 체비체이스의 고故 엘머 R. 게이츠 박사는 창조적 능력을 함양하고 활용하여 200여 건의 유용한 특허를 출원했다. 그는 비록 세계적인 인지도가 높지는 않아도 참으로 위대한 과학자다. 의심의 여지 없이 천재의 범주에 속하는 그가 특허 아이디어를 떠올린 방법은 천재의 지위를 얻고자 하는 사람에게 유의미하고도 흥미롭다.

게이츠의 연구소에는 '개인 소통의 방'이라는 곳이 있었다. 사실상 방음이 되고, 모든 빛이 차단된 방이다. 방에는 작은 테이블이 있고 그 위에는 메모지 묶음이 놓여 있다. 그리고 테이블의 맞은편 벽에는 조명을 조절하는 전기 스위치가 있다. 창조적 상상력으로 힘을 끌어내고 싶을 때 게이츠는 이 방으로 들어가 테이블 앞에 앉는다. 불을 끈 다음 연구 중인 발명품에 대해 밝혀진 요소에 집중한다. 아직 밝혀지지 않은 요소에 대한 아이디어가 마음에 '번쩍' 떠오를 때까지 계속 그 자세로 앉아 있는다.

한번은 아이디어가 물밀듯 떠올라서 그는 거의 세 시간 동안이나 메모를 적어야 했다. 생각의 흐름이 멈추었을 때 기록을 살펴보자, 메모지에는 여러 원리에 관한 상세한 설명이 적혀 있었다. 과학계의 알려진 데이터에서는 찾아볼 수 없는 원리였다. 게다가 그가 풀지 못했던 문제의 해답까지 명쾌하게 제시되어 있었다. 게이츠는 이 방식으로 설익은 생각을 200여 건의 특허로 완성했다. 이 말이 진실이라는 증거가 미국 특허청에 있다.

게이츠는 개인과 기업을 위해 '앉아서 아이디어를 구하는 일'로 밥벌이한다. 미국의 몇몇 대기업은 그 대가로 시간당 상당한 비용을 지급한다.

추론 능력은 종종 오류를 범한다. 주로 본인이 축적한 경험의 인도를 받아서 벌어지는 일로, 이처럼 경험을 통해 축적된 지식이 모두 정확한 것은 아니다. 오히려 창조적 능력으로 얻은 아이디어가 이성의 추론 능력보다 더 믿을 만하다. 정신의 추론 능력보다 더 믿을 만한 원천에서 비롯되기 때문이다.

천재와 평범한 괴짜 발명가의 가장 큰 차이점은 창조적 상상력에 있다. 천재는 창조적 상상력을 발휘해서 연구하지만 괴짜는 이 상상력을 전혀 모른다. 에디슨이나 게이츠 같은 과학 발명가는 합성적 상상력과 창조적 상상력을 모두 활용한다.

이를테면 과학 발명가, 즉 천재는 발명을 시작할 때 경험과 합성적 능력(추론 능력)을 발휘해 그간 축적된 아이디어나 원리를 체계화하고 조합한다. 이 축적된 지식만으로는 발명을 완성할 수 없다고 판단되면 창조적 능력을 발휘해 지식의 원천을 활용한다. 이때 천재가 거치는 과정은 다음과 같다.

1. 천재는 마음을 자극하는 10가지 요소나 스스로 선택한 다른 요소를 활용해 평균보다 더 높은 수준에서 마음이 진동하도록 자극한다.
2. 발명의 알려진 요소(완성 부분)에 집중하고, 알려지지 않은 요소(미완성 부분)에 대한 완벽한 그림을 머릿속에 그린다. 잠재의식에 새겨질 때까지 그 그림을 마음속에 품는다. 마음에서 모든 생각을 지움으로써 긴장을 풀고 머릿속에 원하는 답이 떠오를 때까지 기다린다.

이 과정은 때로 육감이나 창조적 능력의 발달 상태에 따라 부정적인 결과가 나타나기도 하지만, 보통은 즉각적으로 확실한 결과를 보여준다.

에디슨은 상상력을 통해 1만 가지가 넘는 다양한 아이디어의 조합을 시도하고 창조적 능력에 귀를 기울인 끝에 백열등을 완성하는 해답을 얻었다. 축음기를 제작하는 과정도 이와 비슷했다.

창조적 상상력이 존재한다는 믿을 만한 증거는 아주 많다. 교육을 많이 받지 못했어도 각 분야에서 리더가 된 사람을 면밀하게 분석해보면 이와 관련한 증거를 얻을 수 있다. 링컨은 창조적 상상력을 발견하고 활용함으로써 위대함의 경지에 오른 대표적 리더다. 그는 러틀리지와 만나 사랑이라는 자극을 받은 후에 이 능력을 발견하고 활용하기 시작했다. 이 이야기는 천재성의 원천을 연구하는 데 아주 중요하다.

역사에는 이성으로부터 영향을 직접 받은 위대한 리더의 업적에 대한 기록이 차고 넘친다. 그것은 이성이 성적 열망을 자극함으로써 한 사람의 창조적 능력을 일깨운 결과였다. 일례로 나폴레옹이 있다. 첫 번째 부인 조세핀으로부터 자극을 받은 그는 천하무적이 되었다. 하지만 그의 판단력이나 추론 능력이 깨어나면서 조세핀을 멀리하기 시작하자, 나폴레옹은 점점 몰락해갔다. 패배와 함께 그는 세인트헬레나섬에 유배되었다. 올바른 원천으로부터 비롯된 성적 에너지의 영향력은 단순한 이성이 만드는 어떤 방법보다도 더 강력하다. 이 사실을 깨달은 사람은 나폴레옹만이 아니다.

인간의 마음은 자극에 반응한다! 이 자극 중에서도 가장 크고, 가장 강력한 자극이 성적 욕구다. **성적 욕구를 원동력으로 삼아 잘 활용하고 변환하면 인간은 더 높은 생각의 영역으로 올라갈 수 있다. 그러면 낮은 차원에서 길을 가로막는 걱정과 사소한 골칫거리의 원천을 지배할 수 있다.**

안타깝게도 이 사실을 깨달은 사람은 천재뿐이다. 대부분의 다른 사람은 성적 욕구의 잠재력을 발견하지 못한 채 살아간다. 천재가 소수에 불과한 것은 이 때문이다.

기억을 되살릴 목적으로 뛰어난 업적을 이룬 몇몇 위인의 이름을 제시한다.

조지 워싱턴, 나폴레옹 보나파르트, 윌리엄 셰익스피어, 에이브러햄 링컨, 랠프 월도 에머슨, 로버트 번스, 토머스 제퍼슨, 엘버트 허버드, 엘버트 H. 개리, 오스카 와일드, 우드로 윌슨, 존 H. 패터슨, 앤드루 잭슨, 엔리코 카루소

이들은 모두 성적 욕구가 매우 강했다고 알려져 있다. 그들의 천재성은 분명 변환된 성적 에너지에서 비롯되었을 것이다.

당신도 알고 있는 위인의 이름을 이 목록에 추가할 수 있다. 가능하면 문명의 모든 역사에서 어떤 직업에서든 뛰어난 성공을 거두었으나 성적 욕구가 그리 발달하지 않은 사람을 찾아보라. 성적 에너지는 모든 천재의 창조적 에너지다. 성적 에너지라는 원동력이 부족한 위대한 리더, 건축가, 예술가는 지금껏 없었고 앞으로도 없을 것이다.

물론 이 말을 성욕이 강한 사람이 모두 천재라는 뜻으로 오해하는 사람은 없으리라! 인간은 상상력이라는 창조적 능력을 활용해 스스로 마음을 자극함으로써 힘을 활용할 때만, 그리고 그렇게 할 수 있다면 천재의 지위에 이를 것이다. 이 진동을 높일 수 있는 주된 자극이 성적 에너지다. 단순히 이 에너지를 소유한다고 해서 천재가 탄생하지는 않는다. 육체적 접촉을 향한 열망으로부터 다른 형태의 열망과 행동으로 이 에너지가 변환되어야만 천재의 지위에 오를 수 있다. 하지만 대부분의 사람은 성적 열망이 강해서 천재가 되기는커녕, 이 위대한 힘을 오해하고 오용함으로써 스스로 하등 동물로 전락하고 만다.

왜 40세 전에 성공하는 사람이 드물까?

2만 5천 명이 넘는 사람을 분석한 결과, 나는 흥미로운 점을 발견했다. 40세 전에 성공을 거두는 사람은 거의 없었고, 50세가 넘어서야 제 궤도에 오르는 경우가 많았다. 이 사실이 너무 놀라웠기에 나는 12년 넘게 그 원인을 연구했다.

이 연구에 따르면, 이른 나이에 성공하지 못하는 주된 원인은 성적인 감정을 육체적으로 표출하는 데 지나치게 탐닉해 에너지를 소진하는 데 있었다. 사람들은 대부분 단순한 육체적 표출의 중요성을 훨씬 뛰어넘는 다른 가능성이 성적 욕구에 담겨 있다는 사실을 모른다. 성적 에너지가 최고조에 달하는 시기에 몇 년을 낭비한 후에야 이를 깨닫는다. 그리고 그 이후에야 주목할 만한 업적을 이룬다.

40세까지, 혹은 40세를 훌쩍 넘겨서까지 더 바람직한 방향으로 에너지를 전환하지 못하고 계속 낭비하는 사람이 많다. "젊음이 방탕한 씨앗을 뿌린다."라는 말도 그래서 생겨났다.

성적 표현의 열망은 인간의 모든 감정 가운데 가장 강렬하고 자극적이다. 바로 이런 이유로 성적 표현의 열망을 도구로 이용해 육체적 표출이 아닌 행동으로 변환할 때 인간은 천재의 반열에 오를 수 있다.

역사를 돌아보면 술과 마약이라는 인위적인 물질을 정신의 자극제로 이용해 천재의 지위를 얻은 사례가 많다. 에드거 앨런 포는 술에 취한 상태에서 "인간이 감히 꿈꿀 수 없는 꿈을 꾸면서" 시 〈갈까마귀〉를 썼다. 문학가 제임스 휘트콤 라일리는 술에 취한 상태에서 자신의 최고 걸작을 썼다. 술에 취했었기에 "현실과 꿈, 강물 위의 방앗간과 개울

위의 안개가 질서정연하게 뒤섞여 있는 것"을 보았는지 모른다. 시인 로버트 번스는 술에 취했을 때 "즐거웠던 지난날을 위하여, 그대여, 우리는 다정함의 잔을 들 것이다. 즐거웠던 지난날을 위하여"라는 멋진 글을 썼다.

그러나 많은 사람이 결국에는 스스로 파멸했다는 사실을 잊지 마라. 대자연은 천연의 묘약을 제조했다. 그 묘약으로 인간은 자신의 마음을 안전하게 자극함으로써 아무도 모르는 곳으로부터 귀하디귀한 생각을 떠올릴 수 있다! 이와 같은 천연의 자극제를 대체할 만한 만족스러운 물질은 아직 발견되지 않았다.

심리학계에 널리 알려졌듯, 성적 열망과 영적 충동 사이에는 매우 밀접한 관계가 있다. 그래서 사람들이 원시 종교에서나 있을 법한 난잡한 행사에 참여해 특이하게 행동하는 것이다.

인간의 감정은 세상을 지배하고 문명의 운명을 결정한다. 이성이 아닌 감성이 사람들의 행동에 영향을 끼친다. 마음의 창조적 능력은 냉철한 이성이 아니라 전적으로 감정에 따라 작동한다. 인간의 모든 감정 중에서 가장 강력한 건 성적인 감정이다. 정신을 자극하는 다른 요소도 있으나, 그중 어느 것도, 아니 모두를 합친다 해도 성적 에너지의 원동력에는 상대가 되지 않는다.

정신 자극제란 일시적으로나 영구적으로 생각의 진동을 증가시키는 모든 영향을 일컫는다. 앞서 설명한 10가지 주된 자극 요소가 가장 일반적으로 이용된다. 이 같은 원천을 통해 우리는 무한 지성과 교감하거나 잠재의식의 저장고에 마음대로 들어갈 수 있다. 그리고 이 과정에서 천재성을 얻는다.

지금껏 3만 명이 넘는 영업 사원을 교육하고 지도한 한 강사는 성적 에너지가 높은 사람이 판매 실적도 뛰어나다는 놀라운 사실을 발견했다. 이처럼 성적 에너지가 큰 사람은 언제나 다른 사람을 자석처럼 끌어당긴다. 이 중요한 자력(磁力)을 함양하고 이해하면 인간관계에 유리하게 활용할 수 있다. 이 에너지를 활용하는 방법은 다음과 같다.

1. **악수** 손의 촉감으로 자력의 존재 여부를 곧바로 알 수 있다.
2. **음색** 자력 혹은 성적 에너지가 목소리에 색을 입히거나 목소리를 음악처럼 듣기 좋고 매력적으로 만들 수 있다.
3. **몸의 자세와 태도** 성적 에너지가 높은 사람은 활발하고 우아하며 여유롭게 움직인다.
4. **생각의 진동** 성적 에너지가 높은 사람은 성적인 감정을 생각과 자유자재로 결합해 주변에 영향을 끼칠 수 있다.
5. **옷차림** 성적 에너지가 높은 사람은 외모에 관심이 많다. 그래서 본인의 성격, 체격, 피부색 등에 어울리는 스타일의 옷을 잘 선택한다.

유능한 영업 관리자는 영업 사원을 고용할 때 개인적인 자력을 첫 번째 요건으로 삼는다. 성적 에너지가 부족한 사람은 열정이 없을 뿐만 아니라 다른 사람에게 열정을 불어넣을 수도 없다. 어떤 상품을 판매하든 열정은 영업 활동에서 가장 중요하다.

성적 에너지가 부족한 대중 연설가, 연사, 설교자, 변호사, 영업 사원은 다른 사람에게 영향을 미치지 못한다. 사람의 마음을 움직이는 데는 감정 호소가 중요하다는 점을 고려하면 영업 사원에게 능력 면에서 성적 에너지가 얼마나 중요한지 이해할 수 있을 것이다. 최고의 영업 사원이 판매왕에 오르려면 의식적으로나 무의식적으로나 성적 에너지를 판매에 대한 열정으로 변환해야 한다! 성적 에너지 변환의 참의미가 무엇인지가 바로 이 말에 담겨 있다.

어떤 영업 사원이 열정적이고 단호하게 성적 에너지를 영업 활동에 집중하는 법을 안다면 성적 에너지 변환의 기술을 진작 터득한 것이다. 기술을 알고 했든 자각하지 못하고 했든 상관없이 말이다.

성적 에너지를 변환하려면 흔히 생각하는 것보다 더 큰 의지력이 필요하다. 필요한 만큼 의지력을 끌어모으기가 어렵다면 성적 에너지 변환 기술을 익히면 된다. 물론 이때도 의지력이 요구되지만 그 결과는 노력을 보상하고도 남는다.

올바른 성적 욕구가 불러오는 좋은 변화

대체로 사람은 성적 에너지에 대해 안타까울 만큼 무지하다. 무지하고 악의적인 사람들 탓에 성적 욕구는 너무나 오랫동안 심한 오해와 비방, 조롱을 받았다. 그래서 점잖은 집단에서는 '성'이라는 단어를 좀처럼 입에 올리지 않는다. 심지어 강한 성적 욕구의 축복을 받은 사람은 요주의 인물로 취급되고, 저주를 받았다고 여겨졌다.

오늘날의 이 계몽 시대에도 강한 성적 욕구가 저주라는 잘못된 믿음 탓에 수많은 사람이 열등감에 시달린다. 물론 성적 에너지의 미덕이 방탕한 자를 정당화하는 데 사용되어서는 안 된다. 성적인 감정은 지혜롭고 분별력 있게 사용할 때만 미덕이 된다. 성적 에너지가 오용되면 몸과 마음을 풍요롭게 하기는커녕 피폐하게 만들 수 있다. 이제부터는 이 힘을 더 현명하게 이용하는 방법을 제시하겠다.

성적 방종은 음주와 식습관의 무절제만큼이나 해롭다. 세계대전과 함께 시작된 지금 시대에는 성적 방종이 흔하다. 위대한 리더가 부족한 것은 이런 광란의 탐닉 탓인지도 모른다. 마구 낭비하고도 남을 만큼 창조적 상상력이 풍부한 사람은 없다. 그런데도 대자연의 목적을 거스르는 생물은 지구상에서 인간이 유일하다.

다른 모든 동물은 적절히 성적 욕구에 탐닉하며 자연의 법칙과 조화를 이룬다. 그들은 짝짓기 시기에만 성애의 부름에 반응한다. 인간은 대개 연중무휴를 선언한다.

지성인이라면 누구나 술과 마약이 일으키는 과도한 자극이 뇌를 포함해 중요한 신체 기관을 파괴하는 일종의 방종임을 안다. 그러나 성적 표출에 대한 지나친 탐닉이 마약이나 술만큼 창조적인 노력에 해롭고 파괴적일 수 있다는 사실은 덜 알려져 있다.

섹스광은 약쟁이와 본질적으로 다르지 않다! 둘 다 이성과 의지력에 대한 통제력을 상실한다. 성적 방종은 이성과 의지력을 파괴할 뿐만 아니라 일시적이거나 영구적인 정신 이상을 일으킬 수 있다. 상상의 질병인 건강 염려증은 성의 기능을 잘 몰라서 앓는 경우가 많다. 이렇듯 성적 에너지의 변환에 대해 알지 못하면 엄청난 대가를 치르기 마련이다. 그뿐 아니라 엄청난 혜택 또한 놓칠 수 있다.

성에 대해 무지가 만연한 것은 그만큼 금기시되어서다. 이에 젊은이는 성에 더 호기심을 보이고 더 많이 알고 싶어 하게 되었다.

어떤 분야에서든 40세가 되기 전에 창조적인 노력에 매진하는 사람은 드물다. 내가 직접 조사한 결과에 따르면, 평균적으로 사람의 창조력은 40~60세에 최전성기에 도달한다. 그러므로 두려움과 떨림이 아니라 희망과 간절한 기대감으로 이 나이에 다가가야 한다.

포드는 40세를 넘길 때까지 본격적인 성공 궤도에 오르지 못했다. 카네기는 40세를 훨씬 넘긴 후에야 비로소 노력의 결실을 거두기 시작했다. 후에 그레이트노던철도의 최고 경영자가 된 힐은 40세가 되었을 때도 여전히 전신기를 두드리고 있었다. 그의 엄청난 업적은 40세가 지나서야 만들어졌다. 이처럼 미국의 산업가와 금융가의 전기에는 40~60세가 인간의 가장 생산적인 시기라는 증거가 가득하다.

사람은 30~40세에 이르러 성적 에너지 변환의 기술을 배우기 시작한다. 물론 이 기술을 배운다면 말이다. 이 발견은 대개 우연히 일어나며 보통은 발견 자체를 전혀 의식하지 못한다. 35~40세 무렵이 되면 성공을 거둘 힘이 더 생겼다는 사실은 깨닫지만 어째서 그렇게 되었는지는 알지 못한다. 이것은 이 시기에 자연스럽게 사랑과 성적인 감정이 조화를 이루기 시작하고, 그러면서 이 위대한 힘을 행동 자극으로 활용하기 때문이다.

성적 에너지는 그 자체로 행동을 일으키는 강력한 원동력이지만, 그 힘은 마치 폭풍과도 같아서 종종 통제할 수 없다. 사랑의 감정이 성적인 감정과 섞이기 시작할 때 안정적인 목적, 평형 감각, 정확한 판단력, 균형 감각이 생긴다. 40세에 이르렀는데도 이 말들을 분석하거나 스스로 경험함으로써 입증하지 못한다면 얼마나 불운한 사람인가?

오로지 성적인 감정을 토대로 어떤 한 사람에게 기쁨을 주겠다는 열망에 사로잡힌다면 체계적이지 못하고 왜곡되며 파괴적인 행동을 하게 될지 모른다. 도둑질하고, 바람을 피우고, 심지어 살인을 저지를 수도 있다. 하지만 사랑의 감정이 성적인 감정과 합쳐질 때 분별력과 균형 감각, 이성을 갖추게 될 것이다.

범죄학자에 따르면, 가장 비정한 범죄자라도 사랑의 영향을 받아 교화될 수 있다. 반면 성행위의 영향으로 범죄자가 교화되었다는 기록은 없다. 교화란 '가슴의 변화'를 의미한다. '머리의 변화'가 아니다. 어떻게든 교화된다면 머리나 이성적인 측면이 아니라 가슴, 즉 감정적인 측면을 통해서 이루어진다는 소리다. 이성적으로 생각해서 바람직하지 않은 결과를 피하고자 행동을 바꿀 수 있다. 하지만 **진정한 감응은 오직 가슴의 변화, 다시 말해 변화하고자 하는 열망을 통해서만 일어난다.**

사랑과 연애, 성적 에너지는 모두 사람을 최고의 성취라는 고지로 이끌 수 있는 감정이다. 사랑은 안전밸브 역할을 담당하며, 균형과 평형, 건설적인 노력을 보장한다. 세 감정이 결합하면 사람을 천재의 경지로 끌어올릴 수 있다. 하지만 사랑이라는 감정에는 거의 무지한 천재도 있다. 그런 천재는 대부분 파괴적이거나, 적어도 타인에 대한 정의와 공정성 따위는 아랑곳하지 않는 행동을 일삼는다. 당신이 귀에 거슬리더라도 참아준다면 나는 산업과 금융 분야에서 동료의 권리를 무자비하게 짓밟는 천재의 이름을 여럿 열거할 수 있다. 아마 당신도 완전히 양심이 불량한 사람들의 이름을 나열할 수 있을 것이다.

감정은 마음의 상태다. 대자연은 인간에게 물질의 화학 원리와 유사한 방식으로 작동하는 '마음의 화학'을 제공한다. 널리 알려졌듯 화학자는 물질의 화학 작용을 이용해 특정 원소를 혼합함으로써 치명적인 독을 만들 수 있다. 그러나 적절한 비율로 혼합하면 그 자체로는 해롭지 않다. 이와 마찬가지로 감정을 결합해서도 치명적인 독을 만들 수 있다. 성적 에너지와 질투의 감정이 서로 합쳐지면 사람은 이성 잃은 짐승으로 변한다.

인간의 마음속에 파괴적인 감정이 존재하면 화학 작용이 일어나 정의와 공정성을 파괴하는 독이 만들어진다. 극단적인 경우, 마음속에서 이런 감정들이 합쳐졌을 때 이성이 파괴되기도 한다.

천재로 향하는 길은 성적 에너지와 사랑, 연애의 감정을 계발하고 통제하며 활용하는 과정이다. 이 과정을 간략하게 설명하면 다음과 같다.

먼저 이 감정들이 마음의 지배적인 생각으로 자리 잡도록 장려하고, 파괴적인 모든 감정을 억제하라. **마음은 습관의 산물이다. 지배적인 생각에 따라 마음이 발전한다.** 의지의 힘으로 어떤 감정을 억제하고 다른 감정을 장려할 수 있는데, 이는 어렵지 않다. 통제력은 끈기와 습관에서 비롯된다. 통제의 비결은 변환의 과정을 이해하는 데 있다. **부정적인 감정이 마음속에 떠오를 때 생각만 바꾸면 긍정적이거나 건설적인 감정으로 발전시킬 수 있다.**

자발적인 노력 외에 천재가 되는 다른 길은 없다. 사람은 성적 에너지의 추진력으로만 재정이나 사업에서 위대한 업적을 이룰 수 있다. 하지만 역사에는 어떤 성격적 특성 때문에 부를 소유하거나 누릴 능력을 잃을 수 있다는 증거가 가득하다. 이는 성별을 불문하고 누구에게나 이로운 진리이니, 잘 분석하고 생각하며 숙고해보라. 이 진리를 깨닫지 못한 탓에 부를 소유하고도 행복을 누리지 못한 사람이 많다.

사랑과 성적인 감정은 외모에 놓칠 수 없는 흔적을 남긴다. 게다가 이 징후는 눈에 잘 띄기에 쉽게 읽을 수 있다. 오직 성적 열망만으로 열정의 폭풍에 사로잡힌 사람은 눈빛과 표정으로 이 사실을 만천하에 드러낸다. 사랑의 감정이 성적인 감정과 합쳐지면 표정이 부드러워지고, 달라지고, 아름다워진다.

사랑의 감정은 인간의 예술적 · 미적 본성을 끌어내 발전시킨다. 시간이 흐르고 환경이 바뀌어 불길이 잦아든 후에도 사람의 영혼에 깊은 인상을 남긴다. 사랑의 기억은 절대 사라지지 않는다. 자극의 원천이 사라져도 오래 머물고, 인도하고, 영향을 끼친다. 이는 새로운 사실이 아니다. 진정한 사랑에 감동한 적이 있는 사람이라면 누구나 사랑이 인간의 마음에 오래도록 지속되는 흔적을 남긴다는 사실을 안다. 사랑은 본질상 영적인 것이라서 그 여파가 오래도록 남는다. 사랑으로부터 자극을 받았으나 위대한 업적을 이루지 못한 사람은 살아 있는 것처럼 보일지언정 죽은 것과 다름없다.

사랑은 그 기억마저도 창조적인 노력을 한 차원 높이기에 부족함이 없다. 불이 스스로 완전히 타버리듯 사랑이라는 큰 힘이 소진되어 사라지기도 하지만, 사랑이 그렇게 지나갔다는 증거로서 지울 수 없는 흔적을 남긴다. 이따금 떠나버린 사랑이 인간의 마음에 더 큰 사랑을 맞이할 준비를 시킨다.

때로 과거로 돌아가 지나간 사랑의 아름다운 추억을 마음에 담아보라. 그러면 지금의 걱정과 괴로움이 누그러질 것이다. 불쾌한 삶의 현실에서 벗어날 수 있는 탈출구가 열릴 것이다. 그리고 누가 알겠는가? 환상의 세계로 잠시 도피하는 동안 마음속에서 인생의 재정적 · 정신적 상태를 완전히 바꿀 수 있는 아이디어나 계획이 떠오를지.

'사랑했다가 사랑을 잃었다'라는 이유로 스스로 불행하다고 생각하지 마라. 진정으로 사랑했다면 모든 걸 잃었다고 할 수 없다. 사랑은 종잡을 수 없고 변덕스럽다. 본질적으로 일시적이고 무상하다. 제멋대로 왔다가 예고도 없이 사라진다. 사랑이 머무는 동안 받아들이고 즐겨라. 떠날까 봐 노심초사하지 마라. 걱정한다고 한들 사랑을 되돌릴 수는 없다.

또한 사랑은 오직 단 한 번뿐이라는 생각을 버려라. 사랑은 수없이 왔다가 사라질 테고, 저마다 다른 영향을 끼칠 것이다. 유달리 더 깊은 흔적을 남기는 사랑도 있겠으나 모든 사랑의 경험은 이롭다. 물론 사랑이 떠났다고 분노하고 냉소적으로 변하는 사람에게는 그렇지 않겠지만 말이다.

사랑과 성적인 감정의 차이를 이해한다면 사랑에 실망해서도 안 되고 실망할 일도 없다. 두 감정의 가장 큰 차이는 사랑은 영적이나, 성적인 감정은 생물학적이라는 것이다. 영적인 힘으로 인간의 마음을 움직이는 경험은 무지나 질투를 제외하면 해로울 리 없다.

사랑은 의심할 여지 없이 인생 최고의 경험이다. 사랑은 무한 지성과 교감할 수 있게 해준다. 연애와 성적인 감정이 합쳐지면 창조적인 노력을 더 끌어올릴 수 있다. 사랑, 성애, 연애의 감정은 제각기 업적을 달성하는 천재성의 영원한 삼각형을 이루는 세 변과 같다. 대자연은 이 외의 어떤 힘으로도 천재성을 창조할 수 없다.

사랑은 다양한 측면과 음영, 색채를 지닌 감정이다. 부모나 자녀에게 느끼는 사랑은 연인에게 느끼는 사랑과는 사뭇 다르다. 후자는 성적인 감정이 섞여 있지만 전자는 그렇지 않다. 그리고 진정한 우정에서 느끼는 사랑은 연인이나 부모, 자녀에게 느끼는 사랑과는 다르지만, 사랑의 한 형태임은 틀림없다.

자연의 손길을 향한 사랑처럼 무생물에 대한 사랑의 감정도 있다. 그러나 사랑과 성적인 감정이 합쳐질 때 이 모든 다양한 종류의 사랑 가운데 가장 강렬하고 불타는 사랑을 경험한다. 사랑과 성적 에너지가 적절하게 균형과 비율을 이루며 영원한 사랑의 축복을 받지 못한다면 결혼 생활은 행복하지 못하며 오래 지속되는 경우도 드물다. 결혼 생활은 사랑이나 성적 에너지, 어느 하나만으로 행복할 수 없다. 아름다운 두 감정이 조화를 이룰 때, 결혼은 이 세상에서 우리가 아는 영적인 것과 가장 가까운 마음의 상태를 일으킨다.

사랑과 성적인 감정에 연애라는 감정이 더해지면 인간의 유한한 마음과 무한한 지성 사이의 장해물이 제거된다. 그렇게 해서 천재가 탄생한다!

성적인 감정에 대한 통념과 사뭇 다른 이야기가 아닌가. 이 감정을 평범함의 수준에서 끌어올리는 해석이 있다. 이에 따르면 성적인 감정은 하나님의 손에서 도공의 흙을 빚어내며, 하나님은 이 감정으로부터 아름답고 감동적인 모든 것을 창조한다. 이 해석을 제대로 이해했을 때 너무나 많은 결혼 생활에 존재하는 혼돈에서 조화를 끌어낼 수 있다. 이따금 불평불만의 형태로 표현되는 부조화의 원인을 되짚어보면 대개 성애에 대한 지식이 부족한 것이 문제다. 사랑과 연애, 성적인 감정과 기능을 올바르게 이해하면 결혼 생활이 조화롭지 않을 일이 없다.

12장

부의 법칙 11

잠재의식을 긍정으로 채우면 부의 그릇이 바뀐다

> "우리 마음속에는 긍정과 부정이 동시에 공존하지 못한다.
> 부정적인 생각을 차단하고 긍정적인 열망을 심어라."

잠재의식은 의식의 한 영역을 구성한다. 오감을 거쳐 객관적인 정신에 도달하는 모든 생각의 발화는 이 영역에서 분류되고 기록된다. 그래서 인간은 마치 서류 보관함에서 서류를 꺼내듯 이 영역에서 생각을 소환하거나 보류시킬 수 있다.

잠재의식은 인상이나 생각을 어떤 성질이든 상관없이 수용하고, 정리하고, 지각한다. 물리적·금전적 가치로 변환하고 싶은 계획이나 생각, 목적도 자발적으로 잠재의식에 심어진다. **잠재의식은 신념 같은 감정적인 느낌과 합쳐진 지배적인 열망에 먼저 작용한다.**

2장에서 설명한 '부를 현실로 만드는 6단계 원칙'과 7장에서 계획의 수립과 실행에 관해 설명한 지침을 연결해보자. 그러면 잠재의식이 얼마나 중요한지 알 수 있다.

잠재의식은 밤낮없이 작동한다. 인간에게는 알려지지 않은 어떤 절차를 통해 무한 지성의 힘을 빌려 열망을 물리적 형태로 변환하는 힘을 발휘한다. 그리고 이때 언제나 목적을 달성할 수 있는 가장 실용적인 도구를 활용한다. 잠재의식을 완전히 통제할 수는 없지만, 계획이나 열망, 목적을 구체적인 형태로 바꾸어 넘겨줄 수는 있다. 이에 관한 자세한 설명이 필요하다면 5장으로 돌아가 잠재의식을 활용하는 지침을 다시 한번 읽어보라.

잠재의식이 긍정적인 생각을 먹고 자라게 하라

　잠재의식이 인간의 유한한 마음과 무한 지성을 연결하는 고리라는 믿음을 뒷받침하는 증거가 많다. **잠재의식은 무한 지성의 힘을 마음대로 끌어낼 수 있는 수단이다.** 오직 잠재의식에만 정신적인 자극이 영적인 등가물로 바뀌는 비밀스러운 과정이 담겨 있다. 기도에 응답할 수 있는 원천에 기도를 전달하는 수단은 잠재의식뿐이다.

　잠재의식과 연결된 창조적 노력의 가능성은 가늠할 수 없을 만큼 엄청나다. 나는 이 주제를 논할 때마다 스스로가 하찮고 열등한 존재처럼 느껴지고 경외심마저 든다. 잠재의식에 대한 인간의 지식은 처량할 정도로 보잘것없다. 이처럼 잠재의식은 대단해서 인간의 사고력과 무한 지성 사이에 일어나는 소통의 매개체라는 사실만으로도 인간의 이성을 거의 마비시킨다.

　잠재의식의 존재를 현실로 받아들이고, 열망을 물리적·금전적 가치로 변환하는 매개체라는 잠재의식의 가능성을 이해하라. 이렇게 하면 당신은 2장에서 제시한 지침의 의미를 완벽하게 파악할 수 있다. 아울러 열망을 명확하게 밝히고 글로 표현하라고 거듭 권하는 이유를 이해하게 될 것이다. 지침을 수행하는 과정에 끈기가 필요하다는 사실도 말이다.

　부의 법칙을 자극제로 삼아, 잠재의식에 도달하고 잠재의식에 영향을 미칠 능력을 습득하자. 단번에 성공하지 못하더라도 낙담하지 마라. 3장에서 제시했듯 오직 습관으로만 잠재의식에 자발적으로 지시를 내릴 수 있다. 당신에게는 지금껏 신념을 완벽하게 다질 시간이 없었다.

인내심과 끈기를 가져라.

이번 장에서는 당신의 잠재의식에 대한 이해를 돕고자 3장과 5장에서 제시한 내용을 다시 반복할 것이다. 당신이 잠재의식에 영향을 주려고 노력하든 하지 않든 상관없이 잠재의식은 자발적으로 작동한다. 따라서 두려움과 가난에 대한 생각, 그리고 모든 부정적인 생각은 잠재의식에 자극으로 작용한다. 이런 자극을 다스리며 잠재의식이 먹고 자랄 수 있는 더 바람직한 생각을 제공하지 않는 한 그렇다.

잠재의식은 게으름을 피우지 않는다!

잠재의식에 열망을 심지 않으면, 그 무관심의 결과로 잠재의식이 부정적인 생각을 먹고 자랄 것이다. 지금 이 순간에도 부정적이거나 긍정적인 생각이 11장에서 언급한 4가지 원천으로부터 잠재의식에 이르고 있다.

일단 당신은 매일 자신도 모르는 사이에 잠재의식에 도달하는 온갖 생각 속에서 살고 있다는 사실만 기억하라. 그중 일부는 부정적이고 일부는 긍정적이다. 부정적인 생각을 차단하고 열망이라는 긍정적인 자극이 잠재의식에 자발적으로 영향을 끼치게 해야 한다. 이를 달성하면 잠재의식의 문을 여는 열쇠를 얻을 것이다. 나아가 그 문을 완전히 통제함으로써 바람직하지 않은 생각이 잠재의식에 영향을 미치지 못하도록 막을 수 있다.

인간이 창조하는 모든 것은 생각의 발화에서 시작한다. 먼저 생각 속에서 구상하지 않으면 아무것도 창조하지 못한다. 우리는 상상력의 도움을 받아 생각의 발화를 계획으로 구성할 수 있다. 상상력은 직업적으로 성공을 거둘 수 있는 계획이나 목적을 세울 때 활용된다.

잠재의식 속에 자발적으로 심은 모든 생각의 발화가 물리적 등가물로 변환되려면 반드시 상상력을 통과해서 신념과 합쳐져야 한다. 잠재의식에 전달하기 위한 계획이나 목적을 신념과 합치는 과정은 오로지 상상력을 거쳐야만 가능하다. 그러므로 잠재의식을 자발적으로 사용하려면 이 책의 모든 원칙을 적용해야 한다.

미국 문학가 엘라 휠러 윌콕스는 잠재의식의 힘을 이해했다. 다음의 시가 그 증거다.

> 그대는 절대 알 수 없을 것이다.
> 그대에게 미움이나 사랑을 안길 때 생각이 무슨 일을 할지 —
> 생각은 실체고, 그 날렵한 날개는
> 전령 비둘기보다 더 빠르다.
> 생각은 우주의 법칙을 따르고 —
> 각 실체는 똑같은 실체를 창조한다.
> 생각은 궤도를 넘어 재빨리 날아서
> 그대의 마음에서 나갔던 것을 되찾아온다.

윌콕스는 알고 있었다. 마음에서 나오는 생각은 잠재의식에 깊이 새겨져 자석이나 패턴, 청사진의 역할을 하며, 잠재의식은 그 영향으로 생각을 물리적 등가물로 변환한다는 진리 말이다. 물질적인 모든 것이 생각 에너지의 형태로 시작된다는 점에서 생각은 과연 실체다.

잠재의식은 오로지 마음의 이성적 부분에서 생겨나는 생각보다 느

낌이나 감정과 합쳐진 생각의 발화에 영향을 더 많이 받는다. 실제로 감정으로 변화한 생각만이 잠재의식에 영향을 미친다는 이론을 뒷받침하는 증거가 많다.

잠재의식을 자극하는 감정들

  사람들은 대개 감정이나 느낌의 지배를 받는다. 감정과 잘 합쳐진 생각의 발화에 잠재의식이 더 빠르게 반응하고 더 쉽게 영향받는다면 더 중요한 감정을 반드시 알아야 한다.

  감정에는 '7가지 긍정적인 감정'과 '7가지 부정적인 감정'이 있다. 부정적인 감정은 자발적으로 생각의 발화에 주입되어 반드시 잠재의식으로 전달된다. 긍정적인 감정은 자기 암시의 원리에 따라 원하는 생각의 발화에 주입되어 잠재의식에 전달되는데, 이에 대해서는 4장을 참고하도록 하자.

  이런 감정, 다시 말해 느낌의 발화는 빵의 효모에 비유할 수 있다. 행동에 관여해 생각의 발화를 수동적 상태에서 능동적 상태로 전환하기 때문이다. 그래서 사람들은 '냉철한 이성'에서 비롯된 생각의 발화보다 감정과 잘 합쳐진 생각의 발화에 따라 행동하기가 더 쉽다.

  당신은 지금 잠재의식이라는 '내면의 청중'에게 영향을 미치고 이를 통제하기 위해 준비하는 중이다. 돈에 대한 열망을 잠재의식에 전달해 금전적 등가물로 전환하는 것이 당신의 목적이다. 따라서 이 내면의 청중에게 접근하는 방법을 반드시 이해해야 한다. 한 가지 방법은 그들의 언어로 말해서 당신의 부름에 귀를 기울이게 하는 것이다. <u>내면의 청중은 감정이나 느낌의 언어를 가장 잘 이해한다. 따라서 당신이 잠재의식에 지시를 내리려면 긍정적인 감정을 활용하고 부정적인 감정을 피하는 게 좋다.</u> 이럴 때 필요한 긍정적 감정과 부정적 감정에 대해 알아보자.

7가지 긍정적인 감정
- 열망의 감정
- 신념의 감정
- 사랑의 감정
- 성적인 감정
- 열정의 감정
- 연애의 감정
- 희망의 감정

다른 긍정적인 감정도 있지만, 가장 강력하고 창조적인 노력에 흔히 사용하는 감정은 이 7가지다. 이를 자기 것으로 만들려면 실제로 사용해야 가능하다. 그리고 자기 것이 되면 다른 긍정적인 감정이 필요할 때 마음대로 사용할 수 있다.

지금 당신은 긍정적인 감정으로 마음을 채움으로써 부 의식을 키울 방법을 배우고 있음을 기억하자. 부정적인 감정으로 마음을 채우면 부 의식이 생기지 않는다.

7가지 부정적인 감정
- 두려움의 감정
- 질투의 감정
- 증오의 감정
- 복수의 감정
- 탐욕의 감정
- 미신의 감정
- 분노의 감정

긍정적인 감정과 부정적인 감정은 동시에 마음속에 공존할 수 없다. 어느 한쪽이 반드시 마음을 지배한다. <u>긍정적인 감정이 마음에 지배적인 영향력을 행사하게 하는 것은 당신의 책임이다.</u> 이때 습관의 법칙이 도움이 된다.

긍정적인 감정을 적용하고 사용하는 습관을 들여라! 마침내 긍정적인 감정이 마음을 완전히 지배하게 되면 부정적인 감정이 비집고 들어올 틈이 없어진다. 이 지침을 정직하게 꾸준히 따라야 잠재의식을 통제할 수 있다. 의식 속에 부정적인 감정이 하나만 있어도 잠재의식의 도움을 받을 기회가 통째로 날아갈 것이다.

눈썰미가 있다면 많은 사람이 다른 모든 방법이 실패한 뒤에야 비로소 기도에 의지한다는 것을 알 것이다. 영혼을 담지 않고 의미 없는 말로 의례적인 기도를 하기도 한다. 이런 이의 마음속에는 기도를 할 때 두려움과 의심이 가득하다. 그러면 잠재의식이 작용하여 이런 감정이 무한 지성에 전해진다. 무한 지성은 그 감정을 받아들이고 그에 따라 행동한다. 이것이 바로 기도하면서 응답받지 못할까 봐, 혹은 무한 지성이 기도로 움직이지 않을까 봐 두려워하면서 기도하면 아무 소용이 없는 이유다.

이따금 기도로 간구한 것이 정말로 실현된다. 기도에 응답받은 경험이 있다면, 그때 어떤 마음의 상태로 기도했는지 기억을 더듬어보라. 여기서 설명한 이론이 그저 이론만은 아님을 깨달을 것이다.

언젠가는 학교와 교육 기관에서 '기도의 과학'에 대해 가르칠 날이 올 것이다. 기도가 과학으로 정립될 가능성도 있다. 그날이 오면 두려움 같은 감정은 존재하지 않을 것이다. 무지, 미신, 거짓 가르침은 사라지고 인간은 무한 지성의 자녀라는 진정한 지위를 얻을 테니 말이다. 그리고 지금도 이 축복을 이미 받은 소수의 사람이 있다.

이 예언이 터무니없다고 생각한다면 인류 역사를 돌아보라. 불과 100년 전만 해도 인간은 번개를 신의 분노라고 믿고 두려워했다. 하지만 이제 인간은 신념의 힘 덕분에 번개를 활용해 산업의 바퀴가 굴러가게 한다. 그리고 불과 100년 전만 해도 인간은 행성 사이의 공간을 거대한 허공, 즉 생명이 없는 공(空)의 연속일 뿐이라고 믿었다. 그러나 이제 인간은 신념의 힘 덕분에 행성 사이의 공간이 생명이 없거나 빈 것이 아니라, 생명력이 넘치고 어쩌면 생각의 진동 다음으로 고차원적인 형태의 진동임을 안다.

아울러 인간은 물질의 모든 원자에 스며들어 공간의 모든 틈새를 채우는, 살아 있고, 고동치고, 진동하는 에너지가 모든 인간의 뇌를 다른 모든 인간의 뇌와 연결한다는 사실을 안다.

그러므로 이 같은 에너지가 모든 인간의 뇌와 무한 지성을 연결하지 않는다고 믿을 이유가 있을까? 인간의 유한한 마음과 무한한 지성 사이에는 톨게이트가 없다. 소통이 요구하는 대가는 인내, 믿음, 끈기, 이해, 그리고 소통하고자 하는 진지한 열망뿐이다. 물론 인간이 직접 이 대가를 치러야 한다.

누군가 돈을 받고 대신해주는 기도는 소용없다. 무한 지성은 대리자와 거래하지 않는다. 당사자가 직접 다가가거나 소통해야만 한다. 기도서를 사서 운명의 날까지 되풀이해서 읽을 수 있겠지만, 아무 소용 없을 것이다. 무한 지성에 전달하고 싶은 생각은 반드시 변형의 과정을 겪어야 하며, 이는 본인의 잠재의식을 통해서만 가능한 일이다.

무한 지성과 소통하는 방법은 라디오에서 소리의 진동이 전달되는 과정과 매우 유사하다. 라디오의 작동 원리를 이해한다면, 소리가 '증폭'되거나 아니면 인간의 귀가 감지할 수 없는 진동 속도로 바뀌어야만 대기를 통해 전달된다는 사실을 당연히 알 것이다. 라디오 송신국은 사람의 목소리를 포착한 후에 진동을 수백만 배로 증폭해 '주파수를 변환하거나 변경'한다. 그렇게 해야 소리의 진동이 대기를 통해 전달된다. 이런 변형이 일어난 후에는 대기가 원래 소리의 진동 형태였던 에너지를 '포착'해 라디오 수신국에 전달하며, 수신 체계가 그 에너지를 원래 진동 속도로 다시 '낮추면' 소리로 인식된다.

잠재의식은 중개자다.

무한 지성이 인식할 수 있는 용어로 기도를 번역하고, 메시지를 전달하고, 기도의 목적을 이루기 위한 명확한 계획이나 아이디어의 형태로 응답을 가져온다. 이 원리를 명확하고 확실하게 이해하면 그저 기도서의 단어들을 읽는 일만으로는 왜 인간의 마음과 무한 지성 사이에 일어나는 소통의 매개체가 될 수 없는지 알 수 있다.

    기도는 무한 지성에 닿기 전에 원래의 생각 진동에서 영적 진동으로 변형된다. 생각에 영적인 성격을 부여하는 유일한 도구는 신념이다. <u>신념과 두려움은 어울리는 한 쌍이 아니다. 그것들은 한곳에 공존할 수 없다.</u>

13장

부의 법칙 12

뇌에 숨겨진
잠재력을 폭발시켜라

"우리는 우리가 가진 무형의 힘 가운데
'생각'이 가장 위대하다는 사실을 잘 안다."

20여 년 전 나는 지금은 작고한 벨, 게이츠와 함께 인간의 뇌가 생각의 진동을 송신하고 수신하는 기지국이라는 사실을 발견했다.

인간의 뇌는 대기를 통해 라디오 방송 원리와 유사한 방식으로 다른 뇌에서 방출되는 생각의 진동을 포착할 수 있다. 창조적 상상력은 다른 사람의 뇌에서 방출되는 생각을 받아들이는 뇌의 '수신 체계'다. 그리고 의식이나 추론하는 정신과 생각의 자극을 받을 수 있는 4가지 원천 사이에서 소통을 담당하는 기관이다.

정신은 자극받거나 높은 진동 속도로 증폭될 때 외부에서 대기를 거쳐 도달하는 생각의 진동을 더 잘 수용한다. 대기는 오직 초고속 진동만 포착해 하나의 뇌에서 다른 뇌로 전달한다. **생각은 초고속 진동으로 이동하는 에너지다.** 주요 감정의 영향으로 변형되거나 증폭된 생각은 일반적인 생각보다 훨씬 더 빠른 속도로 진동하며, 이런 유형의 생각은 인간의 뇌라는 방송 체계를 통해 하나의 뇌에서 다른 뇌로 전달된다.

강도와 추진력에 대한 한 성적인 감정은 인간의 감정 가운데 1순위다. 성적인 감정에 자극받은 뇌는 그 감정이 잠잠하거나 존재하지 않을 때보다 훨씬 더 빠른 속도로 진동한다. 성적 에너지 변환이 일어나면 생각의 진동 속도가 빨라져 창조적 상상력이 대기에서 포착하는 아이디어를 매우 훌륭하게 수용한다. 그리고 뇌가 빠른 속도로 진동할 때 대기를 매개로 삼아 다른 뇌에서 방출되는 생각과 아이디어를 끌어들일 뿐만 아니라 그 느낌을 생각에 전달한다. **잠재의식이 생각을 포착하고 행동으로 옮길 때는 이 느낌이 꼭 필요하다.** 마치 방송의 원리처럼 느낌이나 감정은 생각과 합쳐져 잠재의식으로 전달된다.

잠재의식은 생각의 진동이 송출되는 뇌의 '송신국'이다. 창조적 상상력은 대기에서 생각의 진동을 포착하는 '수신 체계'다. 정신적인 방송 장비의 송신 체계(잠재의식의 중요한 요소들)와 수신 체계(창조적 상상력)와 더불어 이제 송신국을 작동시키는 매개체인 자기 암시의 원리를 생각해보라. 4장에서 이와 관련한 지침을 살펴보았으니 당신은 열망을 금전적 등가물로 전환할 방법을 이미 확실히 이해했을 것이다.

<u>정신적 송신국의 운영 방식은 비교적 절차가 단순하다. 송신국을 이용할 때 명심해서 적용해야 할 3가지는 잠재의식, 창조적 상상력, 자기 암시뿐이다.</u> 이 원칙을 실행에 옮길 수 있는 자극은 먼저 설명했듯 열망이다.

위대한 힘은 눈에 보이지 않는다

경기 침체로 전 세계가 눈에 보이지 않는 무형의 힘을 잘 이해하게 되었다. 오랜 세월 인간은 신체 감각에 지나치게 의존했고, 그 결과 인간의 지식은 보고, 만지고, 무게를 재고, 측량할 수 있는 물리적 실체에 국한되었다.

바야흐로 우리는 역사를 통틀어 가장 경이로운 시대, 즉 눈에 보이지 않는 힘에 대한 지식을 전달하는 시대로 접어들었다. 어쩌면 이 시대를 지나면서 거울에 비치는 물리적 자아보다 '다른 자아'가 더 강력하다는 사실을 배울 수 있을지 모른다.

이따금 사람들은 형체가 없는 것, 오감으로 인식할 수 없는 것을 대수롭지 않다는 듯이 말한다. 이럴 때일수록 우리는 모두 눈에 보이지 않는 무형의 힘에 지배당한다는 사실을 되새겨야 한다.

인간에게는 대양의 파도처럼 덮쳐오는 눈에 보이지 않는 힘에 대처하거나 통제할 힘이 없다. 중력은 이 작은 지구를 공중에 매달아놓고 지구에서 인간이 떨어지지 않게 당기지만 인간은 눈에 보이지 않는 이 힘을 이해하거나 통제할 능력이 없다. 인간은 뇌우를 일으키는 보이지 않는 힘에 속절없이 좌지우지되며, 눈에 보이지 않는 전기의 힘 앞에서도 마찬가지로 무력하다. 아니, 전기가 무엇인지, 어디에서 오는지, 그 목적이 무엇인지조차 모른다.

눈에 보이지 않는 무형의 것에 대한 인간의 무지는 결코 여기서 끝나지 않는다. 인간은 대지의 흙 속에 있는 무형의 힘 그리고 지성, 다시 말해 인간이 먹는 모든 음식, 몸에 걸치는 모든 의복, 주머니에 넣고 다니는 모든 돈의 원천인 눈에 보이지 않는 힘을 이해하지 못한다.

놀라운 우리의 두뇌 이야기

제아무리 문화와 교육을 자랑해도 인간은 모든 무형의 힘 중에서 가장 위대한 힘, '생각'이라는 무형의 힘에 대해 아는 바가 없다. 물리적 뇌와 생각의 힘이 물질로 변환되는 복잡한 조직의 방대한 네트워크도 거의 알지 못한다. 그러나 바야흐로 접어드는 이 시대가 이 주제에 관한 통찰을 선사할 것이다. 과학계에서는 진작 뇌라고 불리는 이 엄청난 존재에 대한 연구에 주의를 기울이기 시작했다. 아직 걸음마 단계에 머물러 있지만 뇌의 중앙 배전반, 즉 뇌세포와 뇌세포를 연결하는 줄기가 무수히 많은 단위로 구성된다는 사실이 밝혀졌다.

시카고대학교의 C. 저드슨 헤릭 박사는 다음처럼 말했다. "수억 광년을 다루는 천문학적 수치가 무색할 정도로 이는 엄청난 수치다. 인간의 대뇌 피질에는 100~140억 개의 신경 세포가 명확한 패턴으로 배열되어 있다는 사실이 확인되었다. 이 배열은 무작위적이지 않다. 질서정연하다. 최근에 개발된 전기 생리학의 방법은 매우 정확하게 위치한 세포나 미세 전극이 있는 섬유질에서 활동 전류를 끌어내어 라디오 진공관으로 증폭하고 전위차를 100만 분의 1볼트까지 기록한다."

이처럼 복잡한 네트워크 조직이 오로지 신체 성장과 유지에 부수적으로 일어나는 신체 기능을 수행하기 위해서만 존재한다고 보기는 어렵다. 수십억 개의 뇌세포가 서로 소통할 매개체를 제공하는 체계가 다른 무형의 힘과 소통할 매개체까지 제공할 가능성은 없을까?

내가 이 책의 원고를 완성하여 출판사에 전달하기 직전에 《뉴욕타임스》에 한 사설이 실렸다. 적어도 한 훌륭한 대학교와 정신 현상 분야의 한 지적인 연구원이 체계적인 연구를 진행해 이 장과 다음 장에서 설명한 것과 유사한 결론에 이르렀다는 내용이었다. 사설은 듀크대학교의 라인 박사 연구진이 수행한 연구를 다음처럼 간략하게 분석했다.

'텔레파시'란 무엇인가?

한 달 전 이 칼럼에서는 듀크대학교의 라인 교수 연구진이 '텔레파시'와 '투시력'의 존재를 확인할 목적으로 10만여 회의 실험을 진행해 얻은 놀라운 결과를 발표했다. 《하퍼스매거진》은 이 실험의 결과를 두 차례에 나누어 실었다. 이번에 발표된 두 번째 기사에서 E. H. 라이트 기자는 이 같은 '초감각적' 지각 방식의 정확한 본질에 대해 지금까지 밝혀진 사실이나 합리적으로 유추할 수 있는 내용을 요약했다.

라인 교수 연구진의 실험 결과에 따르면, 일부 과학자는 텔레파시와 투시력이 실제로 존재할 가능성을 대단히 크게 보는 것 같다. 해당 실험에서는 초감각적 능력이 있는 다양한 사람에게 시각과 다른 감각을 사용하지 않고 특수한 꾸러미에 담긴 카드를 알아맞히라고 요청했다. 그 결과 약 20명의 참가자가 상당히 많은 수의 카드를 정확하게 맞추었다. 이것이 운이나 우연일 확률은 극히 희박하다.

그들은 어떻게 그렇게 했을까? 텔레파시와 투시력이 존재한다고 가정해도 감각과는 무관한 듯 보인다. 그런 능력을 담당한다고 알려진 기관도 없다. 같은 공간뿐만 아니라 수백 마일 떨어진 거리에서 실험을 진행해도 결과는 똑같았다. 라이트는 이런 사실들로 보건대 복사라는 물리적 이론으로는 텔레파시나 투시력을 설명할 수 없다고 했다. 알려진 모든 형태의 복사 에너지는 이동한 거리의 제곱에 반비례해 감소한다. 텔레파시와 투시력은 그렇지 않다. 하지만 카드를 정확히 맞춘 참가자의 능력은 다른 정신 능력과 마찬가지로 물리적 원인에 따라 달라진다. 통념과 달리 수면 상태나 가수면 상태에서는 능력이 향상되지 않았지만, 완전히 깨어 있고 각성한 상태일 때는 향상되었다. 라인 교수는 진정제를 이용하면 항상 참가자의 점수가 낮아지는 한편 각성제를 이용하면 항상 점수가 높아진다는 사실을 발견했다. 제아무리 믿을 만한 능력자라도 최선을 다하지 않으면 좋은 점수를 받을 수 없는 것 같다.

라이트는 다분히 확신에 차서 텔레파시와 투시력이 사실상 동일한 재능이라고 결론을 내렸다. 바꾸어 말하면 테이블 위에 뒤집어 놓은 카드를 '보는' 능력이 다른 사람의 마음속에만 존재하는 생각을 '읽는' 능력과 정확히 같은 능력이라는 것이다. 이를 뒷받침하는 몇 가지 근거가 있다. 이를테면 지금까지 한 가지 재능이 있는 사람은 다른 한 가지 재능도 있는 것으로 밝혀졌다. 두 능력의 정도도 동일했다. 장막, 벽, 거리는 이들 능력에 전혀 영향을 미치지 않는다. 라이트는 이 결론에서 더 나아가 다른 초감각적 경험, 예언적 꿈, 재앙의 예감 등도 동일한 능력일 수 있다고 '직감적으로' 말했다. 이런 결론을 굳이 받아들일 필요는 없지만 라인 기자가 제시한 증거는 확실히 인상적이다.

정신이 초감각적 지각 방식에 반응하는 조건에 대한 라인의 발표 내용을 보면, 내가 힘을 실어줄 수 있을 것 같다. 다음 장에서 설명할 정신을 자극하여 육감을 실제로 작동시킬 이상적인 조건을 발견했기 때문이다.

그 조건이란 나와 직원 두 명이 맺었던 긴밀한 업무상 협력이다. 우리는 실험과 실습을 거쳐 '보이지 않는 자문단'과 관계를 맺을 때 사용하는 원리를 적용함으로써 정신을 자극하는 방법을 발견했다. 그 결과, 세 사람의 마음을 하나로 통합하여 의뢰인의 매우 다양한 개인 문제에 대한 해결책을 찾을 수 있었다.

절차는 매우 단순하다. 우리는 회의 탁자 앞에 앉아 당면한 문제의 성격을 명확하게 밝히고 나서 토론했다. 이때 각자 떠오르는 생각을 자유롭게 제시했다. 이 정신 자극법은 신기하게도 참가자 각자가 본인의 경험에서 완전히 벗어나 지식을 제공하는 어떤 미지의 원천과 소통하도록 해주었다.

만일 10장에서 설명한 마스터 마인드의 원리를 이해한다면, 당신은 여기에서 설명한 회의 절차가 마스터 마인드의 실전편임을 눈치챘을 것이다. 명확한 주제를 놓고 조화롭게 토론하는 이 정신 자극법은 마스터 마인드의 가장 간단하고 실용적인 사례다.

누구든 이를 배운다면 앞서 저자 서문(7~15쪽 참조)에서 간략하게 설명한 유명한 카네기 공식을 활용하게 될 것이다. 지금 이 말이 와닿지 않는다면 이 페이지를 표시했다가 마지막 장까지 다 읽은 후에 다시 읽어보라.

14장

부의 법칙 13

부와 성공은
육감이 이끈다

"육감은 인간의 유한한 마음과 무한한 지성을 잇는 매개체이며, 따라서 정신적인 것과 영적인 것의 혼합체다."

무한 지성은 육감을 통해 사람이 노력하거나 요구하지 않아도 자발적으로 소통할 수 있다. 이 법칙이 이 책에서 제시하는 성공 철학의 최고봉이다. 다른 12가지 법칙을 먼저 완전히 정복해야만 육감의 법칙을 내 것으로 만들고, 이해하고, 적용할 수 있다.

육감, 이제부터 다르게 보라

육감은 창조적 상상력이라고 일컫는 잠재의식의 한 요소다. 또한 아이디어, 계획, 생각이 떠오르는 '수신 체계'라고 불린다. 이따금 그 번뜩임은 '직감'이나 '영감'이라고도 한다.

육감은 설명 불가의 개념이다! 성공 철학의 다른 법칙을 습득하지 않은 사람에게 육감을 설명할 수 없다. 그런 사람은 육감에 대한 지식과 육감과 비교할 만한 경험이 없기 때문이다. 오직 내면으로부터 정신을 계발해 명상하는 방식으로만 육감을 이해할 수 있다. 아마 육감은 인간의 유한한 마음과 무한한 지성을 잇는 매개체일 것이며, 따라서 정신적인 것과 영적인 것의 혼합체. 그리고 **육감을 인간의 마음이 우주의 정신과 접촉하는 지점**이라고 여겨진다.

부의 법칙을 완전히 정복하고 나면 그때껏 믿을 수 없었던 말들이 기꺼이 진실로 받아들여질 것이다. 이런 말들 말이다.

> 육감의 경고와 알림으로 늦지 않게 목전에 닥친 위험을 피하고 기회를 잡을 수 있다.

육감을 계발하면 수호천사가 찾아와 나를 돕고 내 명령을 수행하면서 언제든 지혜의 사원으로 들어가는 문을 열어줄 것이다.

이 말이 참인지 거짓인지는 이 책에서 설명한 지침이나 유사한 절차를 따르지 않는 한 결코 알 수 없다.

나는 기적을 믿거나 옹호하지 않는다. 그것은 내가 대자연에 대한 지식을 충분히 쌓은 덕에 대자연이 정해진 법칙에서 절대 벗어나지 않는다는 사실을 이해하고 있어서다. 일부 자연법칙은 도무지 이해가 되지 않아 기적처럼 보이기도 한다. 육감은 내가 경험한 그 어떤 일보다 기적과 더 가깝지만, 사실 내가 그 원리의 작동 방식을 이해하지 못하기에 기적처럼 보일 뿐이다.

물질의 모든 원자에는 무한 지성이 스며들어 인간이 지각할 수 있는 모든 에너지 단위를 포용한다. 도토리가 떡갈나무로 변하고, 물이 중력의 법칙에 따라 언덕 아래로 흐르고, 제각기 적절한 위치와 관계를 유지하면서 밤이 가면 낮이 오고, 겨울이 지나면 여름이 오는 건 무한 지성 때문이다. 무한 지성은 이 책에서 설명한 부의 법칙을 통해 열망이 구체적인 형태나 물질적인 형태로 전환되도록 도울 수 있다. 나는 실험하고 경험했기에 이 사실을 잘 안다.

한 단계씩 거쳐 당신은 드디어 마지막 법칙에 도달했다. 앞서 제시한 법칙을 완전히 정복했다면 이제 이번 장에서 제시하는 엄청난 주장을 의심 없이 받아들일 준비가 되었을 것이다. 혹시 그렇지 않은 사람이 있다면 먼저 제시한 법칙들부터 완전히 정복하라. 그래야만 이 장의 주장이 참인지 거짓인지 확실하게 판단할 수 있다.

성공한 인물들과의 상상 속 만남과 배움

나는 영웅 숭배의 시기를 거치면서 가장 존경하는 사람들을 본받기 위해 노력했다. 그리고 이 과정에 신념이 힘을 보탠 덕분에 그들을 성공적으로 모방할 수 있었다. 비록 영웅 숭배에 빠질 만한 나이는 지났지만 나는 여전히 영웅을 숭배한다. 실제로 위대해지는 것의 차선책은 위대한 사람처럼 느끼고 행동함으로써 그들을 모방하는 것임을 경험으로 깨달았다. 저작 활동이나 대중 연설을 준비하기 오래전부터 나는 인상적인 삶과 업적을 남긴 아홉 명의 인물을 본받으려고 노력하며 품성을 갈고닦았다. 바로 에머슨, 토마스 페인(18세기 유럽과 미국에서 활동한 사상가.—편집자), 에디슨, 찰스 다윈, 링컨, 버뱅크, 나폴레옹, 포드, 카네기였다. 나는 이들을 '보이지 않는 자문단'이라고 부르며 오랫동안 밤마다 상상 속에서 회의를 열었다.

그 과정은 다음과 같다. 나는 잠자리에 들기 바로 전에 눈을 감고, 상상의 눈으로 나와 함께 회의 탁자에 앉아 있는 이 사람들을 본다. 회의에서 나는 위인들 사이에 그냥 앉아 있는 게 아니라 의장 노릇을 하면서 통솔한다.

이 야간 회의를 배경으로 마음껏 상상의 나래를 펼칠 때 나는 아주 확고한 목적이 있었다. 상상 속 자문단이 가진 품성을 내 것으로 만드는 것이었다. 나는 무지와 미신의 환경에서 태어났다는 불리한 조건을 극복해야 한다는 사실을 일찌감치 깨닫고, 이 책에서 설명한 방법으로 다시 태어나기 위해 노력했다.

심리학을 착실하게 공부한 덕분에 나는 누구든 지금의 모습이 된 것이 본인의 지배적인 생각과 열망 때문임을 안다. **깊은 열망은 밖으로 표현해야 실현할 수 있다. 자기 암시는 품성을 형성하는 강력한 요인이자 유일한 원칙이다.**

나는 이런 정신 작용의 원칙을 알기에 품성을 재형성하는 준비를 제대로 할 수 있었다. 나는 상상 속 회의에서 자문 위원들에게 다음처럼 소리 내어 말하면서 원하는 지식을 요청했다.

"에머슨 씨, 당신의 삶을 남다르게 만든, 대자연에 대한 놀라운 이해를 얻고 싶습니다. 자연의 법칙을 이해하고 적응할 수 있었던 당신의 자질을 제 잠재의식에 깊이 새겨주기를 부탁합니다. 제가 이 목적에 쓸 만한 모든 지식의 원천에 도달하고 이를 활용하도록 도와주십시오."

"버뱅크 씨, 당신은 자연의 법칙을 조화롭게 이용해 선인장에서 가시를 떨구고 먹을 수 있는 음식으로 만들었습니다. 여태껏 풀잎 하나가 자라던 자리에 두 개가 자라게 하고, 꽃의 색을 더욱 화려하고 조화롭게 섞었습니다. 백합을 금빛으로 바꾼 분은 당신뿐이니 그 비법을 전해주십시오."

"나폴레옹 황제여, 사람들을 고무시키고 더 위대하고 결연한 정신으로 행동하도록 일깨운 놀라운 폐하의 능력을 몸소 본받으며 배우고 싶습니다. 또한 패배를 승리로 바꾸고 거대한 장해물을 뛰어넘을 수 있었던 꺾이지 않는 신념의 정신을 배우고 싶습니다. 운명의 황제, 기회의 임금, 숙명의 남성이여, 폐하에게 경의를 표합니다!"

"페인 씨, 당신은 자유롭게 사고하고, 용감하고 분명하게 신념을 드러낸 특별한 존재입니다. 그런 자질을 배우고 싶습니다!"

"다윈 씨, 당신은 자연과학 분야에서 편견이나 선입견 없이 원인과 결과를 연구하는 놀라운 인내심과 능력을 몸소 보여주었습니다. 그런 자질을 배우고 싶습니다."

"링컨 씨, 당신의 남다른 투철한 정의감, 지칠 줄 모르는 인내심, 유머 감각, 인간에 대한 이해와 관용을 제 품성에 담아 기르고 싶습니다."

"카네기 씨, 저는 이미 큰 빚을 지고 있습니다. 당신 덕분에 평생의 직업을 선택하고 큰 행복과 마음의 평화를 얻었으니까요. 당신은 산업계의 한 과업을 구축하는 과정에 체계적인 노력의 원칙을 매우 효과적으로 이용했습니다. 그 원칙을 완벽하게 이해하고 싶습니다."

"포드 씨, 제 작업에 필수인 수많은 자료를 제공해 가장 도움이 된 사람을 꼽으라면 당신을 빼놓을 수 없습니다. 귀하는 끈기, 결단력, 침착함, 자신감으로 가난을 극복했을 뿐만 아니라 노력을 체계화하고, 통합하고, 간소화하셨지요. 전 그 비결을 배워서 사람들이 당신의 발자취를 따라가도록 돕고 싶습니다."

"에디슨 씨, 당신의 자리를 제 오른쪽에 마련한 건 성공과 실패의 원인을 연구하는 동안 개인적으로 많은 도움을 받아서입니다. 대자연의 수많은 비밀을 밝혀낸 놀라운 신념의 정신, 패배에서 승리를 쟁취한 끊임없는 노력의 정신을 더 배우고 싶습니다."

가상의 자문 위원을 어떻게 대하는지는 내가 그때 가장 얻고 싶은 품성에 따라 달라지곤 했다. 나는 그들의 삶을 담은 기록을 세심하게 연구했다. 몇 달 동안 밤마다 이 과정을 반복했더니 놀랍게도 이 가상의 인물들이 마치 실제로 존재하는 듯했다. 뜻밖에도 이들은 저마다 개인적인 특징을 보여주었다. 이를테면 링컨은 항상 늦게 나타나 근엄하게 행진하듯 걸어 다니곤 했다. 그가 등장할 때면 뒷짐을 지고 아주 천천히 걸었고, 가끔은 지나가다가 멈춰 서서 내 어깨에 잠시 손을 얹었다. 게다가 표정은 언제나 진지했다. 웃는 모습은 좀처럼 볼 수 없었다. 분열된 나라에 대한 걱정 탓에 심각할 수밖에 없는 것 같았다.

다른 사람들은 그렇지 않았다. 버뱅크와 페인은 재치 있는 농담을 즐겼는데, 그런 모습에 다른 자문 위원들은 이따금 충격을 받는 것처럼 보였다. 어느 날 밤 페인은 내가 예전에 다니던 교회에서 '이성의 시대'를 주제로 강연을 해보자고 제안했다. 탁자에 둘러앉은 많은 사람이 그 제안을 듣고 실컷 웃었으나 나폴레옹은 웃지 않았다! 심지어 입을 굳게 다문 채 '끙' 소리를 크게 내는 바람에 다들 놀란 표정으로 그를 보았다. 그에게 교회는 개혁의 대상이 아니라, 민중의 집단 행위를 선동할 편리한 도구로 써먹는 국가의 노리개에 불과했으니 당연한 반응이었다.

한번은 버뱅크가 지각했다. 그는 아주 들뜬 모습으로 도착해서 실험하느라 늦었다고 해명했다. 그는 어떤 나무에서든 사과를 열리게 하는 실험을 하는 중이었다. 그러자 페인이 사과 때문에 남녀 사이의 모든 문제가 시작되었다는 걸 잊었냐면서 버뱅크를 나무랐다. 다윈은 호탕하게 웃으면서 작은 뱀이 큰 뱀으로 자라는 법이니 사과를 따러 숲에 들어갈 때 작은 뱀을 조심하라고 조언했다. 에머슨은 "뱀이 없는 곳에는 사과도 없습니다."라며 의견을 표했고, 나폴레옹은 "사과가 없으면 국가도 없소!"라면서 한마디 거들었다.

링컨은 회의가 끝날 때마다 언제나 가장 마지막에 자리를 떴다. 언젠가는 팔짱을 낀 채 고개를 숙이더니 몇 분 동안 가만히 있었다. 나는 방해가 될까 봐 가만히 있었다. 마침내 그는 천천히 고개를 들고 자리에서 일어나 문으로 걸어갔다. 그러다가 돌아서 다가오더니 내 어깨에 손을 얹고 말했다. "젊은이, 자네가 흔들림 없이 인생의 목적을 이루려면 용기가 많이 필요할 거야. 하지만 **어려움이 닥칠 때면 평범한 사람들이 지혜를 발휘한다**는 사실을 기억하게나. 역경이 스승이 될 걸세."

어느 날 저녁 에디슨이 다른 사람들보다 먼저 도착했다. 그가 걸어와 에머슨이 늘 앉던 내 왼쪽 자리에 앉더니 이렇게 이야기했다. "자네는 삶의 비밀을 발견할 운명을 타고났네. 때가 되면 삶은 에너지나 독립체의 거대한 집합이고, 인간이 스스로 생각하는 만큼이나 각각이 지적인 존재라는 사실을 발견하게 될 걸세. 이런 삶의 단위는 벌집처럼 한데 무리 지어 있다가 조화가 깨지면 결국 해체되지. 이 단위는 인간들처럼 똑같이 의견이 서로 다르고, 그래서 이따금 서로 다투기도 한다네. 이런 회의가 자네에게 큰 도움이 될 걸세. 회의를 통해서 자문 위원들이 생존에 도움받았던 몇몇 삶의 단위가 자네를 구해줄 것이네. 이 단위는 영원하지. 절대 죽지 않아! 자네의 생각과 열망은 마치 자석처럼 저 멀리 거대한 삶의 바다에서 삶의 단위를 끌어당기지. 친화적인 단위, 자네가 품은 열망의 본질과 조화를 이루는 단위만 끌려온다네."

그때 나머지 자문 위원들이 회의실로 들어오기 시작했다. 에디슨은 자리에서 일어나 자기 자리로 천천히 걸어갔다.

내가 이 일을 경험했을 당시 에디슨은 아직 살아 있었다. 워낙 인상적인 경험이라 나는 그를 찾아가 꿈 이야기를 전했다. 그는 활짝 웃으면서 "자네의 꿈은 상상하는 것보다 훨씬 더 현실 같군."이라고 말했다. 그는 더 이상의 설명을 덧붙이지 않았다.

이 회의들이 지나치게 생생해서 나는 그 결과가 두려워졌고, 그래서 몇 달 동안 회의를 중단했다. 너무 신비로운 경험이었기에 회의를 계속하다가는 순전히 내 상상 속의 경험이라는 사실을 잊어버릴까 봐 두려웠다.

회의를 중단하고 약 6개월이 지난 어느 날 밤이었다. 내가 잠에서 깼을 때, 아니면 깼다고 생각했을 때 머리맡에 서 있는 링컨을 발견했다. 링컨은 말했다. "머지않아 세상에 자네의 도움이 필요할 거야. 곧 혼란의 시기가 닥쳐서 사람들이 신념을 잃고 공황 상태에 빠질 걸세. 연구를 계속해서 자네의 철학을 완성하게나. 그게 바로 자네 삶의 사명이네. 어떤 이유에서든 그 사명을 소홀히 하면 원점으로 되돌아가서 수천 년 동안 자네들이 거쳐온 길을 다시 가야 할 것일세."

다음 날 아침 나는 꿈꾼 것인지, 아니면 실제로 깨어 있었던 것인지 분간할 수 없었다. 이후로도 확실히 결론 내지 못했다. 꿈이었다 해도 너무나 생생했기에 나는 다음 날 밤 회의를 다시 시작했다.

다음 회의에서 자문 위원들이 모두 함께 회의실로 들어와 회의 탁자에서 각자 평소에 앉던 자리에 서 있었고, 그러는 동안 링컨은 잔을 들고 "여러분, 다시 돌아온 친구를 위해 건배합시다."라고 말했다.

그 후에 나는 새로운 자문 위원을 추가하기 시작했으며, 이제 자문 위원회는 예수 그리스도, 성 바오로, 천문학자 갈릴레오 갈릴레이와 니콜라스 코페르니쿠스, 고대 그리스 철학자 아리스토텔레스 · 플라톤 · 소크라테스, 고대 그리스 작가 호머, 철학자 캉디드 볼테르 · 조르다노 브루노 · 바뤼흐 스피노자 · 이마누엘 칸트 · 아르투어 쇼펜하우어, 과학자 아이작 뉴턴, 공자, 영국 작가 헨리 드러먼드, 작가이자 출판업자 허버드, 작가이자 정치인 로버트 잉거솔, 미국 대통령 윌슨, 심리학자 윌리엄 제임스 등 50여 명으로 구성되어 있다.

위대한 리더는 육감의 힘을 활용했다

내가 용기를 내어 이 이야기를 하는 건 이번이 처음이다. 나는 이 문제를 계속 함구했다. 너무 특이한 경험이라 말하면 오해받을 소지가 있다는 걸 알았기 때문이다. 그래도 지금은 예전에 비해 남들의 시선에 좀 무뎌지고 이 경험을 지면에 옮길 만큼 대담해졌다. 나이가 들어 한 가지 좋은 점은 이따금 사람들이 어떻게 생각하고 이야기하든 간에 진실을 말할 용기가 커진다는 것이다.

오해를 막고자 나는 여전히 내 자문 회의가 순전히 상상의 산물이라고 여긴다는 점을 밝힌다. 비록 그렇다 할지라도 그 회의는 나를 영광스러운 모험의 길로 이끌었고, 진정한 위대함에 대한 인식을 일깨웠고, 창조적인 노력을 장려했고, 솔직한 생각을 과감하게 표현하게 해주었다.

뇌의 세포 구조 어딘가에 일반적으로 '직감'이라고 불리는 생각의 진동을 받아들이는 기관이 있다. 여태껏 과학은 이 육감 기관이 어디에 있는지 밝혀내지 못했지만 중요하지 않다. 인간이 신체 감각 이외의 원천에서 정확한 지식을 얻을 수 있다는 사실은 변함없다. 일반적으로 정신은 특별한 자극의 영향을 받을 때 이런 지식을 받아들인다. 비상 상태가 일어나 감정이 자극받고 심장이 평소보다 더 빠르게 뛰면 대개 육감이 작동한다. 운전하다가 사고가 날 뻔한 적이 있는 사람이라면 누구나 안다. 그런 순간에는 육감이 구원자로 출동한다는 것을 말이다.

이런 이야기들은 내가 지금부터 할 말을 위해 깔아놓은 일종의 포석이다. 내가 보이지 않는 자문단과의 회의에서 아이디어와 생각, 지식을 잘 받아들일 수 있었던 것은 육감 덕분이었다. 나는 비상 상황을 수십 차례 경험했고, 개중에는 생명이 위태로울 정도로 심각했던 적도 있었다. 하지만 보이지 않는 자문단 덕분에 기적적으로 헤쳐 나왔다.

내가 가상의 존재들과 자문 회의를 진행한 원래 목적은 따로 있었다. 자기 암시로 내가 얻고자 열망하는 특정한 특성을 잠재의식에 각인시키려 했었다. 하지만 최근 몇 년 동안 내 실험은 완전히 다른 국면으로 접어들었다. 이제는 나와 내 의뢰인이 어려운 문제에 직면할 때마다 나는 가상의 자문단을 찾아간다. 물론 이 자문에 전적으로 의존하는 건 아니지만 이따금 매우 놀라운 결과가 일어난다.

이 장은 대다수 사람에게 익숙하지 않은 주제를 다루고 있다. 육감이라는 주제는 평범한 열망을 가진 사람이라면 굳이 관심을 가지지 않을 것이다. 그러나 막대한 부를 이루는 것이 목표인 사람에게는 매우 흥미롭고 이로울 것이다.

포드는 의심할 여지 없이 육감을 이해하고 실용적으로 활용했다. 사업과 재정 운영의 규모가 방대한 만큼 육감을 반드시 이해하고 활용해야만 했다. 에디슨은 축음기와 영사기를 개발할 때처럼, 지침으로 삼을 만한 인간의 경험과 축적된 지식이 전혀 없는 발명품, 특히 기본 특허와 관련된 발명품을 개발할 때 육감을 이해하고 활용했다.

나폴레옹, 오토 폰 비스마르크, 잔 다르크, 예수 그리스도, 석가모니, 공자, 무함마드 등 거의 모든 위대한 리더가 십중팔구 육감을 이해하고 꾸준히 활용했다. 그들의 위대함 가운데 육감이 차지하는 지분은 상당하다.

육감은 마음대로 가질 수 있는 게 아니다. 이 책에서 설명한 다른 법칙을 적용하다 보면 이 위대한 힘을 활용할 능력이 천천히 생긴다. 특히 40세 전에 육감의 원리를 알게 되는 경우는 매우 드물다. 보통 50세가 훌쩍 넘어야 알게 되는데, 다년간의 명상과 자기 성찰, 진지한 사색을 통해서만 육감이 성숙해지고 비로소 사용할 수 있는 단계에 이를 수 있어서다.

당신이 어떤 사람이든, 어떤 목적으로 이 책을 읽든 상관없이, 심지어 이해하지 못한다 해도, 이 장에서 설명한 원리는 당신에게 유익할 것이다. 돈이나 다른 물질적인 것을 얻는 게 주된 목적이라면 더더욱 그렇다.

육감에 관한 설명을 이 책에 포함한 건 인생에서 무엇을 원하든 그것을 얻는 과정으로 확실하게 인도할 완벽한 성공 철학을 제시하는 것이 이 책의 목적이기 때문이다. <u>모든 성취의 출발점은 열망이다. 종착점은 지식이고 이 지식은 이해로 이어진다. 다시 말해 자신과 타인, 자연법칙과 행복을 인식하고 이해하게 될 것이다.</u>

이런 유의 이해는 오로지 육감의 원리를 완벽하게 이해하고 육감을 활용해야만 온전해진다. 요컨대 단순히 돈이 아니라 그 이상을 원하는 이들에게 도움을 주고자 육감을 부의 법칙에 포함시켰다.

이 장을 읽는 동안 분명 당신은 자신의 정신이 훨씬 더 높은 수준의 자극에 이르렀다는 사실을 깨달았을 것이다. 멋지다! 지금부터 한 달이 지난 후에 다시 이 장을 펼쳐서 한 번 더 읽고, 정신적 자극의 수준이 더 높아진 것을 확인해보라. 얼마나 달라졌는지는 신경 쓰지 마라. 그저 이 과정을 수시로 반복하면 마침내 실망을 털어내고, 두려움을 정복하고, 미루는 습관을 극복하고, 상상력을 자유롭게 발휘할 힘을 얻기 마련이다. 그때 모든 위대한 사상가, 화가, 음악가, 작가, 정치가를 움직이는 정신이었던 미지의 '그 무엇'의 손길을 느낄 것이다. 누군가 반대할 기미가 보일라치면 금세 손을 놓고 그만두던 과거에서 벗어나, 당신은 드디어 열망을 물리적인 대응물이나 재정적인 대응물로 쉽게 바꿀 수 있는 위치에 이른 것이다.

앞서 자기 암시, 열망, 잠재의식을 통해 신념을 계발하는 방법을 설명했다. 다음 장에서는 두려움을 완전히 정복하는 자세한 지침을 제시한다. 특히 모든 실망, 소심함, 미루는 습관, 무관심, 우유부단함, 그리고 야망, 자립심, 진취성, 자제력, 열정의 부족을 일으키는 6가지 두려움을 다룰 것이다.

이 6가지 적수는 무의식 속에만 있어서 존재를 감지하기 어려울 수 있으니, 이에 대한 내용을 읽으며 자신을 빈틈없이 살펴라.

또한 6가지 두려움을 분석할 때, 마음속에만 존재하는 이것들이 망령에 지나지 않는다는 점을 기억하라. 그리고 잊지 마라. 사람들이 스스로 마음에 입힌 피해는 대부분 통제되지 않은 상상력의 산물인 이 망령의 소행이다. 이 망령은 마치 살아서 육신의 탈을 쓰고 이 땅을 활보하는 것과 같아서 위험할 수 있다.

1929년 수백만 명의 마음을 사로잡은 '가난에 대한 두려움'이라는 망령은 미국 역사상 최악의 경제 공황을 일으킬 정도로 매우 생생했다. 더구나 이 망령은 아직도 사람들을 두려움에 떨게 하고 있다.

6가지 두려움을 이겨내고
부의 열쇠를 얻어라

"인간은 누구나 자기 마음을 완전히 통제할 능력이 있다.
그러니 두려움을 떨쳐내라."

이 마지막 장을 읽으면서 자신을 돌아보고 내 길을 가로막고 있는 망령이 얼마나 많은지 알아보자. 이 책에서 제시한 부의 법칙을 성공적으로 활용하려면 무엇보다 받아들일 준비가 되어야 한다. 준비는 어렵지 않다. 가장 먼저 제거해야 할 3가지 적을 연구하고 분석하며 이해하면 된다. 그리고 세 적이란 바로 우유부단, 의심, 두려움이다! 이 부정적인 요소들이 마음속에 남아 있는 한 육감은 작동할 수 없다.

사악한 삼총사는 밀접한 관계가 있다. 이들은 늘 붙어 다닌다. 우유부단은 두려움의 씨앗이다! 우유부단함이 의심을 만나면 두려움이 생긴다! 그 과정은 느린 데다가 눈에 띄지 않게 진행되기에 위험하다.

이제부터는 성공 철학을 실제로 활용하기에 앞서 갖추어야 할 마음가짐을 살펴본다. 또한 수많은 사람이 가난으로 내몰리는 최근의 상황을 분석하고, 돈으로 측정하든 아니면 돈보다 훨씬 더 가치 있는 마음의 상태로 측정하든 간에 부를 이루려는 모든 사람이 이해해야 할 진리를 제시한다.

이 장에서는 6가지 기본적인 두려움의 원인과 치료법을 조명했다. 적을 정복하려면 먼저 적의 정체가 무엇인지, 어떤 습성이 있는지, 어디에 있는지부터 알아야 한다. 이 책을 읽으면서 6가지 기본적인 두려움 가운데 어떤 것이 당신을 따라다니는지 파악하자. 두려움은 때로 무의식 속에 있어 찾아내기도 어렵고 제거하기는 더더욱 어렵다. 하지만 절대 기만당해서는 안 된다.

인간을 괴롭히는 6가지 두려움

두려움은 기본적으로 6가지로 나뉜다. 사람이라면 몇 가지 두려움에 시달리는 게 보통이다. 만일 두려움을 겪어보지 않았다면 운이 좋다고 할 수 있다. 가장 흔하게 나타나는 순서대로 두려움을 나열하면 다음과 같다.

1. 가난에 대한 두려움
2. 비판에 대한 두려움
3. 질병에 대한 두려움
4. 실연에 대한 두려움
5. 노년에 대한 두려움
6. 죽음에 대한 두려움

이외에 다른 두려움도 있으나 결국 6가지 범주에 속한다. 이 두려움들은 주위에 만연해 있다. 경기 침체가 지속되는 동안 사람들은 가난에 대한 두려움 속에서 허우적거렸다. 세계대전 중에는 죽음에 대한 두려움에 빠져 있었다. 전쟁이 끝난 후에는 곧바로 전 세계에 전염병이 확산하면서 질병에 대한 두려움도 같이 퍼졌다.

두려움은 마음의 상태에 지나지 않는다. 사람의 마음 상태는 통제와 지시를 받는다. 의사는 일반인보다 질병에 걸릴 가능성이 비교적 낮다. 의사는 수백 명의 환자와 매일 신체적으로 접촉하는데도 전염성 질환에 잘 걸리지 않는다. 그 이유가 전적으로 그렇지는 않겠지만 대체로 두려움이 없기 때문이다.

인간은 먼저 생각을 떠올리지 않으면 아무것도 창조하지 못한다. 더 중요한 사실이 있다. **인간의 생각은 자발적이든 비자발적이든 상관없이 곧바로 물리적인 등가물로 바뀌기 시작한다.** 대기를 통해 단지 우연히 포착한 다른 사람의 생각은 의도적으로 설계해서 창조한 생각만큼이나 재정적·사업적·직업적·사회적 운명을 결정한다.

남들에 비해 능력, 훈련, 경험, 지적 역량이 비슷하거나 오히려 더 출중한데도 태생적으로 불행해 보이는 사람이 있다. 그 까닭이 궁금하다면 매우 중요한 한 가지 사실을 이해해야 한다. **인간은 누구나 자기 마음을 완전히 통제할 능력이 있다.** 그러니 다른 사람의 생각에 마음을 열든지, 아니면 문을 단단히 걸어 잠그든지는 본인의 선택이다.

대자연은 인간에게 완벽하게 통제할 수 있는 한 가지를 주었는데, 바로 생각이다. 여기에 인간이 창조하는 모든 건 생각의 형태로 시작된다는 점을 고려하면 두려움을 지배하는 원리를 쉽게 이해할 수 있다.

모든 생각에는 물리적 등가물의 형태를 띠려는 경향이 있다는 말이 틀림없는 진실이라면, 두려움과 가난에 대한 생각은 용기와 금전적 이득으로 변환되지 않는다는 말도 마찬가지로 진실이다.

1929년 월스트리트가 붕괴한 이후 미국인은 가난에 대해 생각하기 시작했다. 느리지만 확실하게 그 집단적인 생각이 경기 침체라는 물리적 실체로 나타났다. 이것은 대자연의 법칙에 따라 일어날 수밖에 없는 일이었다.

가난에 대한 두려움

　가난과 부 사이에 타협이란 있을 수 없다! 가난과 부로 이어지는 길은 서로 반대 방향으로 향한다. 부를 원한다면 가난으로 이끄는 모든 상황을 거부해야 한다. (여기서 '부'라는 단어는 가장 넓은 의미로 사용되어 재정적·영적·정신적·물질적 부를 의미한다). 부로 가는 길의 출발점은 열망이다. 1장에서 열망을 올바르게 사용하는 완벽한 지침을 제시했다. 이 장에서는 열망을 실제로 사용하기 위한 마음가짐을 알려주겠다.

　이제 부의 법칙을 얼마나 잘 익혔는지 판단할 수 있는 장에 이르렀다. 만일 가난을 기꺼이 받아들이겠다면 그렇게 해도 좋다. 하지만 부를 원한다면 어떤 형태로 어느 정도의 부를 얻어야 만족할지 결정하라.

　<u>당신은 부로 향하는 길을 알고 있다. 이미 손에 넣은 지도를 따라가기만 하면 된다.</u> 혹시 출발하지 않거나 중도에 멈춘다면 탓할 사람은 오로지 '나'밖에 없다. 전적으로 본인의 책임이다. 삶에 부를 요구하지 않거나 요구하기를 거부한다면 어떤 변명을 둘러댄다 해도 그 책임을 면할 수 없다. 책임을 받아들일 때 필요한 것은 단 한 가지, 즉 마음의 상태다. 마음의 상태는 자신이 만드는 것이다.

　가난에 대한 두려움은 그 이상도, 그 이하도 아닌 마음의 상태다! 그러나 그것은 어떤 일에서든 성취의 가능성을 파괴할 수 있다. 경기 침체기가 이 진리를 명백히 보여준다.

　이 두려움은 이성의 기능을 마비시키고, 상상력을 파괴하고, 자립심을 죽이고, 열정을 약화시키고, 주도권을 약화시키고, 목적 의식을 불분명하게 하고, 미루기를 조장하고, 열정을 없애고, 자제력을 무력화한다. 한 사람의 성격에서 매력을 빼앗고, 정확한 사고의 가능성을 파괴하고, 노력을 분산시키고, 끈기를 제압하고, 의지력을 무산시키고, 야망을 파괴하고, 기억을 흐리고, 상상할 수 있는 모든 형태의 실패를 불러들인다. 사랑을 죽이고, 마음의 섬세한 감정을 처단하고, 우정을 방해하고, 오만가지 재앙을 불러오고, 불면증과 고뇌, 불행을 초래한다. 그렇지만 분명한 진실이 있다. <u>이 세상에는 마음이 열망할 수 있는 모든 것이 차고 넘치며, 명확한 목적이 있다면 우리와 열망 사이를 막을 벽은 없다</u>는 것이다.

가난에 대한 두려움은 의심할 여지 없이 6가지 두려움 중에서 가장 파괴적이다. 극복하기가 가장 어려운 만큼 두려움의 목록에서 최상위를 차지한다. 이 두려움의 근원에 대한 진실을 밝히려면 상당한 용기가 필요하고, 밝혀진 진실을 받아들이려면 더 큰 용기가 필요하다. 가난에 대한 두려움은 동족을 경제적으로 약탈하려는 인간의 유전적 경향에서 비롯되었다. 인간보다 열등한 동물은 대부분 본능에 따라 움직이고, 생각하는 능력이 부족한 탓에 동족을 잡아먹기도 한다. 이에 비해 사고력, 추리력과 함께 뛰어난 직관력을 갖춘 인간은 동족을 실제로 잡아먹지는 않지만 재정적으로 '잡아먹음으로써' 더 큰 만족감을 얻는다. 인간은 지금껏 동족으로부터 자신을 보호하기 위해 구상할 수 있는 온갖 법안을 통과시켰을 만큼 아주 탐욕스럽다.

모든 시대를 통틀어 돈을 향한 인간의 광기가 최고조에 달한 것은 지금인 듯싶다. 두둑한 은행 잔고를 보유하지 못한 사람은 먼지보다 못한 존재로 여겨진다. 하지만 무슨 수를 써서 모은 돈이든 간에 돈만 있으면 '왕'이나 '거물'로 떠받들여진다. 그런 사람은 법 위에 군림하고, 정계를 통치하고, 사업계를 지배하고, 지나가는 길마다 온 세상이 우러러보며 머리를 조아린다.

가난만큼 인간에게 고통과 모욕을 주는 것은 없다! 가난을 경험한 사람이 아니면 가난의 의미를 온전히 이해할 수 없다.

인간이 가난을 두려워하는 것은 당연하다. 인간은 오랜 세월의 경험으로 돈과 세속적인 소유물에 대한 문제에서는 도무지 믿을 사람이 없다는 것을 확실히 배웠다. 이는 신랄한 고발이지만 안타깝게도 진실이다.

부를 소유하고자 하는 인간의 열망은 너무 간절해서 무슨 수를 써서라도 부를 획득하려고 한다. 물론 가능하다면 합법적인 방법을 이용하지만, 필요나 편의에 따라 다른 방법을 쓰기도 한다.

자신을 분석하다 보면 인정하고 싶지 않은 약점이 드러난다. 평범하고 가난한 삶을 원치 않는 사람에게는 이런 성찰의 과정이 꼭 필요하다. 자신을 꼼꼼히 점검할 때 기억하라. 당신이 법관이자 배심원이다. 검사이자 변호인이다. 원고이자 피고다. 사실을 직시하라. 스스로 명확한 질문을 던지고 솔직한 답변을 요구하라. 조사가 끝나면 자신을 더 정확하게 알게 될 것이다. 혹시 이 자기 검증 과정에서 공정한 판사 역할을 못 하겠다면 당신을 잘 아는 사람에게 부탁하라. 잠시 민망할지는 모르나 진실을 얻을 수 있다!

대다수 사람에게 무엇이 가장 두려우냐고 물으면 "아무것도 두렵지 않다."라고 대답한다. 하지만 이는 정확한 대답이 아니다. 모종의 두려움 때문에 자신이 구속받고, 방해받고, 영적·육체적으로 채찍질을 당하고 있다는 사실을 깨닫는 사람은 드물다. 두려움이라는 감정은 매우 미묘하고 깊숙이 자리 잡고 있어서 심지어 평생 두려움을 안고 살면서도 그 존재를 깨닫지 못할 수 있다. 그러므로 용기 내어 분석해야만 두려움의 존재가 드러난다.

❖ 가난에 대한 두려움의 증상

자신의 성격을 꼼꼼히 살펴라. 다음과 같은 증상이 있는지 확인해 보자.

- **무관심** 일반적으로 야망이 부족하거나, 가난을 기꺼이 견디거나, 삶이 제공하는 모든 보상을 묵묵히 받아들이거나, 정신적으로나 육체적으로 게으르거나, 주도성, 상상력, 열정, 자제력이 부족하다.
- **우유부단함** 스스로 생각하지 못하고 다른 사람의 생각을 받아들이는 기질이 있다. 오래 고민한다.
- **의심** 실패를 숨기거나 변명하거나 옹호하려고 구실과 변명을 만들어낸다. 이따금 성공한 사람을 시기하거나 비판한다.
- **걱정** 다른 사람의 흠을 잡거나, 분수에 넘치게 지출하거나, 외모 관리를 소홀히 하거나, 인상을 쓰거나 찌푸리거나, 술이나 마약에 무절제하게 의존하거나, 신경질을 부리거나, 침착성을 잃거나, 자의식이 과하거나 자립심이 부족하다.
- **지나치게 조심스러움** 모든 상황에서 부정적인 면을 찾고, 성공의 수단에 집중하는 대신 실패 가능성을 생각하고 입에 올린다. 재앙으로 향하는 온갖 길을 알지만 실패를 피하기 위한 계획을 모색하지 않는

다. 아이디어와 계획을 실행에 옮길 적절한 시기를 무작정 기다린다. 실패한 사람은 기억하고 성공한 사람은 잊어버린다. 나무만 보고 숲을 보지 못한다. 비관적인 성격으로 소화 불량, 배변 장애, 원인 불명의 구토, 구취, 괴팍함 등의 징후를 보인다.

- **미루는 습관** 어제 끝냈어야 할 일을 내일로 미루는 습관이 있다. 일을 처리하지 않고 구실과 변명을 대느라 시간을 낭비한다. 이 증상은 '의심, 걱정, 지나치게 조심스러움' 증상과 밀접한 관계가 있다. 여차하면 책임을 회피한다. 완강하게 맞서 싸우지 않고 안주한다. 난관을 발전의 디딤돌로 삼아 활용하기보다 타협한다. 번영, 부유함, 부, 만족, 행복을 추구하지 않으며 푼돈에 만족하며 산다. 배수의 진을 치는 대신 실패에 대한 대비책을 마련한다. 자신감, 명확한 목적, 자제력, 주도성, 열정, 야망, 절약 정신, 건전한 추론 능력이 약하거나 전혀 없다. 부를 요구하는 대신 가난을 받아들인다. 부를 요구하고 부를 얻는 사람보다 가난을 받아들이는 사람들과 어울린다.

❖ 어째서 돈이 중요한가?

누군가는 내게 이렇게 물을 것이다. "돈에 관한 책을 쓴 이유가 뭔가요? 어째서 돈으로만 부를 평가하는 겁니까?" 누군가는 돈보다 더 바람직한 부의 형태가 있다고 믿고, 당연히 그럴 수 있다. 또한 아주 많은 사람이 말한다. "필요한 돈만 전부 줘봐요. 그럼 내가 원하는 걸 모두 찾을 테니."

내가 이 책을 쓴 건 뭐니 뭐니 해도 불과 얼마 전 온 세계가 경기 침체를 겪어서다. 그 여파로 수많은 사람이 가난에 대한 두려움에 사로

잡혔다. 기자이자 컬럼니스트인 웨스트브룩 페글러는 《뉴욕월드텔레그램》에서 두려움이 사람에게 어떤 영향을 미치는지를 훌륭하게 묘사했다.

> 돈은 조개껍질이나 금속판, 종잇조각에 불과하며, 이 세상에는 돈으로 살 수 없는 마음과 영혼의 보물이 있다. 하지만 파산한 사람들은 마음과 영혼을 지킬 수 없다. 어떤 남성이 빈털터리가 되고 일자리를 구할 수 없어서 길거리로 내몰렸다. 처진 어깨, 머리 모양, 걸음걸이, 눈빛으로 그의 영혼에 어떤 일이 일어났는지 알 수 있다. 이때 그는 일자리가 있는 사람들이 성격이나 지성, 능력 면에서 자신의 적수가 되지 않는다는 사실을 알더라도 열등감을 피할 길이 없다.
>
> 반면에 그 사람들은 (심지어 그의 친구들까지) 우월감을 느끼고, 무의식적으로 그를 희생양으로 여긴다. 남성은 한동안 돈을 빌릴 수는 있으나 예전처럼 생활할 만큼 충분하지 않을 테고, 오랫동안 계속해서 돈을 빌릴 수도 없는 노릇이다. 그러나 먹고살기 위해 돈을 빌리는 일 자체가 우울한 경험이며, 빌린 돈은 노력해서 번 돈과 달리 기운을 북돋워주지도 못한다. 물론 이는 모두 놈팡이나 늘 아무짝에도 쓸모없는 사람이 아니라 정상적인 야망과 자존심을 가진 사람에게 해당하는 말이다.

실직한 남성은 일자리를 구하려고 먼 거리를 마다하지 않고 달려간다. 그런데 벌써 직원을 구했거나, 자질구레한 물건을 팔아 기본급조차 없이 수수료만 받는 형편없는 일자리일 수 있다. 그 일자리를 거절하고 다시 거리로 나온 그는 그저 정처 없이 헤맬 뿐 갈 곳이 없다. 그래서 하염없이 걷다가 발걸음을 멈춘다. 쇼윈도 안으로 자신에게 어울리지 않는 사치품을 바라보며 열등감을 느끼던 그는 열렬하게 흥미를 보이면서 걸음을 멈추고 들여다보는 사람들에게 자리를 양보한다. 다리를 쉬거나 몸을 좀 녹이려고 기차역에 들어가거나 도서관에서 앉아보지만, 그렇게 해서는 일자리를 찾을 수 없으니 다시 발걸음을 옮긴다. 본인은 모를 테지만, 외모는 그렇지 않을지언정 정처 없이 헤매는 모습에서 그의 처지가 고스란히 드러날 것이다. 안정된 직장을 다니던 시절의 옷으로 잘 차려입고 있으나 처진 어깨는 감추어지지 않는다.

남성은 회계사, 사무원, 화학자, 운전기사 등 일로 바쁜 수많은 다른 사람을 보고 진심으로 부러워한다. 그들은 독립적이고 자존감이 높아 보인다. 남성은 자신도 훌륭한 사람이라고 주장해보지만 확신하지 못한다. 그를 이렇게 바꾼 건 바로 돈이다. 돈만 조금 있다면 그는 다시 예전의 모습으로 돌아갈 수 있을 것이다.

비판에 대한 두려움

이 두려움이 어떻게 생겨난 건지 확실히 파악하기는 힘들지만 하나는 명확하다. 인간이 비판에 대한 두려움을 품고 있다는 사실 말이다. 비판에 대한 두려움은 고도로 발달한 형태로 인간의 마음속에 자리한다.

그 시기에 대해서는 어떤 이들은 정치가 존재하면서부터 인간의 마음속에 이 두려움이 나타났다고 한다. 또 여성이 스타일에 신경 쓰며

옷을 입기 시작한 시대로 거슬러 올라간다고 믿는 사람도 있다.

나는 비판에 대한 기본적인 두려움이 일정 부분 인간의 타고난 본성에서 비롯한다고 생각한다. 이 본성이 인간에게 동족의 소유물을 빼앗거나 인격을 비판하는 행동을 정당화하게 한다. 이것이 도둑이 도둑질 당한 사람을 비판하고, 정치인이 미덕과 자질을 보여주기 위해서가 아니라 상대방을 흠집 내기 위해서 선거에 출마하는 이유다.

비판에 대한 두려움은 다양한 형태로 나타나는데 대체로 사소하고 하찮은 것이다. 이를테면 꽉 끼는 모자는 모근의 혈액 순환을 차단하여 탈모에 안 좋은 영향을 미친다. 헐렁한 장식용 모자를 쓰는 여성 중에는 대머리거나 머리숱이 적은 경우가 거의 없지 않은가. 그런데도 남성은 모자가 실제로 필요해서가 아니라 '남들도 모자를 쓰니까' 모자를 쓴다. 다른 사람들로부터 비판받을까 봐 남들을 따라 하다가 탈모라는 부작용을 겪기도 하는 것이다.

그렇다고 여성이 비판에 대한 두려움에서 자유로운 건 아니다. 이 두려움과 관련해서 자기가 남성보다 낫다고 주장하는 여성이 있다면 오래전 유행했던 모자를 쓰고 거리를 걸어보라고 하자!

약삭빠른 의류 제조업체는 비판에 대한 두려움을 잽싸게 이용한다. 계절이 바뀔 때마다 패션의 유행이 바뀐다. 유행 스타일을 결정하는 건 과연 누구일까? 물론 의류 구매자가 아니라 제조업체다. 그런데 왜 그토록 자주 스타일을 바꾸는 걸까? 답은 뻔하다. 더 많은 옷을 팔기 위해서다.

같은 이유로 자동차 제조업체도 자꾸 모델형을 바꾸어 자동차를 출시한다. 구형 모델이 실제로는 품질이 더 좋을지라도 사람들은 최신형을 더 운전하고 싶어 한다.

지금까지 삶의 작고 사소한 것을 중심으로 비판에 대한 두려움이 사람들의 행동에 미치는 영향을 설명했다. 이제 인간관계라는 더 중요한 측면에서 이 두려움이 영향을 미칠 때 사람이 어떤 식으로 행동하는지 살펴보겠다. 평균 35~40세에 해당하는 '정신적인 성숙기'에 도달한 사람을 예로 들어보자. 만일 그의 마음을 읽을 수 있다면, 종교인이 가르치는 이야기에 매우 확고한 불신과 저항감을 품고 있는 걸 알게 될 것이다.

그러나 이런 불신을 공개적으로 밝힐 만큼 용기 있는 사람은 그리 흔치 않다. 보통은 과학적 발견과 교육의 시대가 오기 전에 사람들을 구속했던 종교적 이야기를 믿지 않는다고 인정하기보다는 거짓말을 택할 것이다.

이 계몽 시대에도 왜 사람들은 종교에 대한 불신을 드러내지 못하는 것일까? 바로 비판에 대한 두려움 때문이다. 먼 과거에는 감히 영혼의 존재를 믿지 않는다고 표현했다는 이유로 화형을 당했다. 따라서 사람들이 비판을 두려워하게 된 것은 당연하다. 그리 멀지 않은 과거에도 비판이 가혹한 저벌을 동반하던 시절이 있었고, 일부 국가에서는 여전히 그렇다.

비판은 일종의 과도한 서비스다. 상대가 요청하든 요청하지 않든 상관없이 공짜로 나누어주니 말이다. 흔히 가장 가까운 친척이 최악의 비판자다. 특히 부모가 쓸데없는 비판으로 자녀의 마음에 열등감을 심는 건 범죄나 다름없다. 인간의 본성을 이해하는 고용주는 비판이 아니라 건설적인 제안으로 직원으로부터 최고의 모습을 끌어낸다. 부모도 자녀로부터 같은 결과를 얻을 수 있다. 비판은 인간의 마음에 두려움이나 분노를 심을 수 있지만 사랑이나 애정을 키우지는 못한다.

❖ 비판에 대한 두려움의 증상

비판에 대한 두려움은 가난에 대한 두려움만큼이나 흔하며 성공에 치명적인 영향을 미친다. 주로 주도성을 파괴하고 상상력을 발휘하지 못하게 하기 때문이다. 이 두려움의 주요 증상은 다음과 같다.

- **소심한 자의식** 평소에 긴장하거나, 대화를 나누고 낯선 사람을 만날 때 소심한 모습을 보이거나, 손과 팔다리를 어색하게 움직이거나 시선이 흔들린다.
- **자신감 부족** 목소리를 조절하지 못하거나, 다른 사람 앞에서 긴장하거나, 자세가 좋지 않거나, 기억력이 좋지 않다.
- **유약한 성격** 확고한 결단력, 개인적인 매력, 의견을 명확하게 표현하는 능력이 부족하다. 문제를 정면으로 마주하지 않고 회피하는 습관이 있다. 다른 사람의 의견을 신중하게 검토하지 않고 동의하곤 한다.
- **열등감** 열등감을 감추기 위해 말과 행동으로 자화자찬하는 습관이 있다. 다른 사람에게 깊은 인상을 주려고 어려운 단어를 진정한 뜻도 모른 채 쓴다. 다른 사람의 복장, 말투, 행동을 모방한다. 사실이 아닌 업적을 자랑하면서 우월감을 느낀다.
- **낭비벽** 분수에 넘치게 지출하면서 남에게 뒤처지지 않으려고 애쓴다.

- **주도성 부족** 자기 발전의 기회를 받아들이지 않는다. 의견을 표현하는 데 두려움을 느낀다. 본인의 아이디어에 자신감이 부족하다. 윗사람의 질문에 두루뭉술하게 답한다. 태도와 말투에 주저함이 보인다. 말과 행동이 진실하지 않다.
- **야망 부족** 정신적·육체적으로 게으르다. 자기주장이 부족하다. 의사 결정이 느리다. 다른 사람의 영향을 쉽게 받는다. 뒤에서는 비판하고 앞에서는 아첨한다. 이의를 제기하지 않고 패배를 인정한다. 다른 사람이 반대하면 하던 일을 그만둔다. 이유 없이 남을 의심한다. 태도와 말투에 요령이 부족하다. 실수에 대해 책임을 지지 않으려 한다.

질병에 대한 두려움

질병에 대한 두려움은 신체적 유전과 사회적 유전에서 원인을 찾을 수 있다. 이는 노년에 대한 두려움과 죽음에 대한 두려움의 원인과 밀접한 관련이 있다. 질병에 대한 두려움은 인간을 '끔찍한 세계'의 경계선 근처까지 데려간다. 인간은 이 세계를 잘 알지 못하지만 줄곧 그에 관한 불편한 이야기를 들어왔다. 또한 건강 판매 사업에 종사하는 일부 비윤리적인 사람이 질병에 대한 두려움을 부추기는 데 적잖이 한몫했다는 게 중론이다.

사람들이 질병을 두려워하는 것은 주로 불시에 죽음이 닥쳤을 때 일어날 수 있는 일에 대한 끔찍한 그림이 마음속에 있어서다. 게다가 죽음에는 경제적 손실이 따른다.

한 저명한 의사는 진찰받으러 병원을 찾는 사람 가운데 75퍼센트가 과대망상증과 같은 상상의 질병에 시달린다고 추산했다. 우리 몸은 두려워할 만한 질병의 원인이 없는데도 이따금 신체적 증상이 나타난다. 인간의 마음은 강력하고 위대하다! 마음이 무언가를 세울 수도, 무너트릴 수도 있으니 말이다.

제약 회사는 질병에 대한 두려움이라는 인간의 약점을 이용해 큰돈을 번다. 약 20년 전에는 쉽게 속아 넘어가는 인간의 특성을 이용하는 사기 행각이 얼마나 판을 쳤던지,《콜리어스위클리매거진》이 최고 악덕 제약 회사를 상대로 격렬한 캠페인을 벌일 정도였다.

세계대전 중에 독감이 유행했을 때, 뉴욕 시장은 질병에 대한 두려움 탓에 사람들이 피해 입는 것을 막고자 과감한 조치를 내렸다. 그는 신문사들을 대상으로 기자회견을 열어 이렇게 말했다. "유행성 독감에 관한 무시무시한 기사를 싣지 말아주십시오. 여러분이 협조하지 않으면 걷잡을 수 없는 상황이 벌어질 겁니다." 이에 신문사에서는 독감에 관한 기사를 중단했고, 그 결과 한 달이 채 지나지 않아 독감 유행이 성공적으로 사라졌다.

몇 년 전 일련의 실험을 진행한 결과, 암시로도 사람이 병에 걸릴 수 있다는 사실이 입증되었다. 이 실험에서는 지인 세 명이 차례로 '희생양'을 찾아가 "많이 아파 보이네, 어디 아파?"라고 묻는다. 보통 그 희생양은 첫 번째 질문자에게 씩 웃으면서 아무렇지도 않게 "아, 전혀. 난 괜찮아."라고 답했다. 두 번째로 질문을 받으면 대개 "왠지는 모르지만, 몸이 좋지 않아."라고 답했다. 그러다 세 번째로 질문을 받으면 실제로 몸이 아프다고 실토했다.

이 이야기가 의심스럽다면 지인에게 이 실험을 해보라. 하지만 적당한 선을 넘지 마라. 어떤 종교 집단은 주술 행위로 적에게 보복하려고 이렇게 한다. 그들은 이를 희생양에 '주문을 건다'고 표현한다.

질병이 때때로 부정적인 생각에서 시작된다는 강력한 증거가 존재한다. 이 생각은 암시를 통해 한 사람으로부터 다른 사람에게 정신적으로 전달되거나 아니면 본인이 직접 만들어낼 수 있다. 그래서 지혜로운 한 사람이 이런 말을 한 적이 있다. "누군가 내 건강이 어떠냐고 물을 때 나는 언제나 말로 대답하는 대신 그를 때려눕히고 싶다."

의사가 건강을 고려해 환자를 새로운 환경으로 보내는 건 정신적인 태도의 변화가 필요하기 때문이다. 누구나 질병에 대한 두려움의 씨앗을 마음속에 품고 있다. 걱정, 두려움, 낙담, 사랑과 사업에 대한 실망이 이 씨앗을 틔우고 키운다. 최근의 경기 불황 때 의사가 바삐 뛰어다닌 것도 부정적인 생각이 많은 사람이 그들의 건강을 해쳐서다.

♦ 질병에 대한 두려움의 증상

질병에 대한 두려움의 증상은 다음과 같다.

• **부정직 자기 암시** 온갖 질병의 증상을 찾고 기대함으로써 자기 암시를 부정적으로 사용하는 습관이 있다. 상상의 질병을 '즐기면서' 실제 질병인 것처럼 말한다. 다른 사람들이 치료 효과가 있다고 추천하는 모든 유행과 학설을 시도한다. 수술과 사고, 기타 질병에 관해 다른 사람에게 이야기한다. 전문가의 지도를 받지 않고 식이요법, 신체 운동, 체질 개선을 실험한다. 민간요법, 특허 의약품, 엉터리 치료법을 시

도한다.

- **건강 염려증** 병에 관해 말하고, 온통 병만 생각하고, 신경쇠약에 걸릴 만큼 병이 들까 봐 노심초사한다. 약으로는 건강 염려증을 고칠 수 없다. 부정적인 생각에서 비롯된 병이기에 치료제는 긍정적인 생각뿐이다. 의학 전문 용어로 상상의 질병이라는 뜻의 건강 염려증은 이따금 질병에 못지않게 해롭다. 이른바 신경성 질환은 대부분 상상의 질병에서 비롯된다.

- **운동 부족** 질병에 대한 두려움이 생기면 적절한 신체 운동을 하지 않고 야외 활동을 피하게 된다. 그 결과, 과체중이 되기 쉽다.

- **약한 신체** 타고난 신체 저항력이 무너져 질병에 취약해진다. 질병에 대한 두려움은 종종 가난에 대한 두려움과 관계가 있는데, 진료비와 입원비 등을 내야 할지 모른다며 끊임없이 걱정하는 건강 염려증 환자의 경우에는 특히 그렇다. 이런 유형의 사람은 질병에 대비하고, 죽음을 이야기하고, 묫자리나 매장 비용을 위해 돈을 모으는 데 많은 시간을 투자한다.

- **응석** 상상의 질병을 미끼로 동정을 구한다. 심지어는 일하지 않으려고 이런 수법을 쓰는 사람이 종종 있다. 게으름을 감추거나 야망이 부족한 것에 대해 핑계를 대려고 습관적으로 아픈 척한다.

- **절제력 부족** 두통, 신경통 등의 통증을 없애기 위해 원인을 제거하기보다는 술이나 마약에 의존한다. 질병에 관한 글을 읽고 병에 걸릴까 봐 걱정한다. 습관적으로 약품 광고를 살펴본다.

실연에 대한 두려움

실연에 대한 두려움은 인간의 본성적인 두려움이다. 6가지 두려움 중에서 이 두려움이 가장 고통스럽다. 심신을 파괴하고 심하면 영구적인 정신 이상까지 일으키기도 한다.

실연에 대한 두려움의 시초는 어쩌면 남성이 무력으로 여성을 빼앗던 석기 시대로 거슬러 올라갈 것이다. 지금도 수법은 변했지만 이런 행태가 남아 있다. 무력 대신에 설득하거나 예쁜 옷이나 자동차를 약속하거나 혹은 물리적 힘보다 훨씬 더 효과적인 미끼를 이용한다. 인간의 본성은 문명이 시작될 무렵과 같아도 표현 방식은 달라졌다고 할 수 있다.

면밀하게 분석한 결과, 여성이 남성보다 이 두려움에 더 취약한 것으로 나타났다. 그 이유는 쉽게 설명할 수 있다. 여성은 남성이 본질적으로 일부다처의 기질을 갖고 있으며 자신과 친밀한 관계에 있는 남성을 경쟁자에게 믿고 맡기면 안 된다는 것을 경험으로 배웠기 때문이다.

❖ 실연에 대한 두려움의 증상

이 두려움의 두드러진 증상은 다음과 같다.

· **질투** 합리적인 증거도 없이 친구나 연인을 습관적으로 의심한다. 근거 없이 배우자의 불륜을 비난한다. 모든 사람을 전반적으로 의심한다. 사람을 절대적으로 믿는 법이 없다.

- **험담** 친구, 친척, 사업 동료, 연인이 아주 작은 빌미만 제공해도, 혹은 아무런 이유도 없이 자주 험담한다.
- **도박** 사랑을 돈으로 살 수 있다고 믿고, 연인에게 줄 돈을 마련하기 위해 도박, 도둑질, 속임수 등 위험한 모험을 일삼는다. 연인에게 선물로 호감을 얻으려 분수에 넘치게 지출하거나 돈을 빌린다. 불면증에 시달리거나, 신경질을 내거나, 끈기가 없거나, 의지가 약하거나, 자제력이 부족하거나, 자립심이 부족하거나, 심술을 부린다.

노년에 대한 두려움

노년에 대한 두려움은 주로 2가지 원인에서 비롯된다. 첫째, 노년에 가난해질 수 있다는 생각이다. 둘째, '불과 유황'이니 '연옥'이니 하는 허튼소리를 늘어놓는 잔인한 종교적 가르침이다. 사실 이는 두려움으로 인간을 구속하려는 교묘한 술책이라고 할 수 있다.

노년에 대해 두려움을 느끼면서 인간이 마음을 졸이는 데는 타당한 이유가 있다. 하나는 자기가 소유한 재산을 빼앗아 갈 수도 있는 인간을 불신해서고, 다른 하나는 사회적 유전 법칙을 통해 무의식적으로 사후 세계에 대한 끔찍한 그림이 마음에 새겨져서다.

나이가 들수록 건강이 나빠질 확률이 높아지는데, 이 또한 노년에 대한 일반적인 두려움을 일으키는 원인이다. 성적 매력도 노년에 대한 두려움의 원인에 포함된다. 성적 매력이 줄어드는 것을 반길 사람은 없다.

노년에 대한 두려움이 생기는 가장 일반적인 원인은 가난해질 수 있는 가능성이다. 누구든 열악한 환경에서 가난하게 노후를 보낼 생각만으로도 등골이 오싹할 것이다. 또 다른 원인으로 신체적·경제적 자유와 독립성을 상실할 가능성이다.

❖ 노년에 대한 두려움의 증상

이 두려움의 가장 일반적인 증상은 다음과 같다.

- **열정 저하** 40세 무렵은 정신적으로 성숙한 나이지만 어떤 이는 자신이 '쇠락하고 있다'고 착각한다. 그 영향으로 몸이 둔해진다고 느끼고 열등감마저 생긴다. 그러나 사실 정신적으로나 영적으로 인간이 가장 쓸모 있는 시기는 40~60세다.
- **자기변명** 40세, 혹은 50세가 되었다는 이유만으로 자신이 "늙었다."라고 자조적으로 말한다. 사실은 오히려 지혜와 이해가 충만한 나이에 도달한 데 감사해야 한다.
- **어울리지 않는 옷차림과 행동** 주도성, 상상력, 자립심을 발휘하기에는 너무 나이가 많다는 잘못된 생각으로 이런 자질을 스스로 누르면서도 지나치게 어려 보이는 옷을 입고 젊은이의 행동을 흉내 낸다. 그래서 친구와 모르는 사람에게 비웃음을 산다.

죽음에 대한 두려움

어떤 사람은 죽음에 대한 두려움이 여러 두려움 중에서 가장 잔인하다고 여긴다. 이유는 분명하다. 죽음을 떠올릴 때 느끼는 끔찍함의 정도가 대단해서다. 심지어 사람들은 죽음에 대한 두려움 탓에 종교적 광신에 빠지기도 한다.

아주 오래전부터 인간은 '어디에서 와서 어디로 가는가'라는 답이 없는 질문을 되풀이했다. 나는 이와 관련한 연구를 진행하는 중에 『신들의 목록』이라는 책을 보았는데, 그 책에는 인류가 숭배한 3만의 신이 나열되어 있었다. 상상해보라! 가재에서 사람에 이르기까지 만물을 대표하는 3만의 신이 존재한다고. 인간이 죽음을 두려워하는 것은 당연하다.

종교 지도자는 사람들을 천국으로 안전하게 인도하거나 지옥으로 떨어뜨릴 수 없다. 하지만 지옥에 떨어질지도 모른다는 가능성 자체가 너무 끔찍한 나머지 이와 관련된 말을 들은 사람들은 이성이 마비되고 죽음에 대한 두려움이 커진다!

진실은 아무도 모른다. 천국이나 지옥이 어떤 곳인지, 그런 장소가 실제로 존재하는지 아는 사람은 아무도 없다. 이에 대한 확실한 지식이 부족한 틈을 타 사기꾼이 인간의 마음속으로 숨어들어 온갖 술책과 속임수, 기만, 사기로 그 마음을 통제한다.

죽음에 대한 두려움은 이제 위대한 대학이 존재하지 않던 시절만큼 흔하지 않다. 과학자는 세상에 진리의 등불을 비추었고, 그 덕분에 사람들은 죽음에 대한 끔찍한 두려움으로부터 빠르게 벗어나고 있다. 대학에서 공부하는 젊은이는 불과 유황에 쉽사리 영향을 받지 않는다. 생물학, 천문학, 지질학, 기타 관련 과학에 힘입어, 인간의 마음을 사로잡고 이성을 파괴했던 암흑시대의 두려움은 사라졌다.

사람이 죽음을 어떻게 생각하든 간에 죽음은 찾아온다. 죽음을 필연으로 받아들이고, 죽음에 대한 생각을 마음속에서 지워라. 죽음은 필연이다. 그렇지 않다면 모든 사람에게 죽음이 찾아올 리 없다. 어쩌면 죽음이 생각만큼 나쁘지 않을 수 있다.

세상은 오직 에너지와 물질로 구성되어 있다. 기초 물리학에서는 물질과 에너지가 생성되거나 파괴될 수 없다고 가르친다. 그리고 물질과 에너지는 변형될 수 있어도 파괴되지 않는다.

굳이 말하자면 생명은 에너지다. 에너지나 물질을 파괴할 수 없다면 당연히 생명도 파괴할 수 없다. 생명은 다른 형태의 에너지와 마찬가지로 다양한 전환이나 변화의 과정을 거칠 수는 있어도 파괴되지 않는다. 죽음은 단순한 전환일 뿐이다.

죽음이 단순한 변화나 전환이 아니라면 죽은 다음에는 길고 영원하며 평화로운 잠만 있을 뿐이다. 잠은 두려워할 대상이 아니다. 그러니 죽음에 대한 두려움을 영원히 지워라.

❖ 죽음에 대한 두려움의 증상

죽음에 대한 두려움의 일반적인 증상은 다음과 같다.

• **죽음에 대한 습관적인 생각** 삶의 목적이나 적절한 직업이 없으면 인생을 만끽하지 못하고 습관적으로 죽음을 생각한다. 노년층에서 주로

더 많이 나타나지만, 때로는 젊은이도 이 두려움의 희생양이 된다. 죽음에 대한 두려움의 가장 좋은 치료법은 성공하겠다는 불타는 열망이며, 이 열망은 다른 사람에게 이로운 봉사를 함으로써 힘을 얻는다. 바쁜 사람은 죽음을 생각할 겨를이 없다. 죽음을 걱정하기에는 삶이 무척이나 흥미진진해서다.

• **가난에 대한 걱정** 이따금 죽음에 대한 두려움은 '가난에 대한 두려움'과 밀접한 관련이 있다. 자기가 죽으면 사랑하는 사람들이 가난해지지 않을까 걱정하는 것이다.

• **질환** 병에 걸려 신체 저항력이 무너지면 죽음에 대한 두려움이 생기기도 한다.

이외에 죽음에 대한 두려움의 가장 일반적인 원인은 건강 악화, 가난, 실업, 실연, 정신 이상, 종교적 광신 등이다.

두려움이 걱정으로 변해 삶을 뒤흔들어도

걱정이란 두려움에서 오는 마음의 상태다. 그것은 느리지만 끈질기게 작동한다. 교활하고 교묘하다. 조금씩 파고들어 사람의 이성을 마비시키고 자신감과 주도성을 파괴한다. 걱정은 우유부단함에서 비롯되는 지속적인 두려움의 한 형태여서 통제가 가능하다.

불안한 마음은 무력하다. 우유부단함이 마음을 불안하게 만든다. 사람들은 경제적으로 안정된 시기에도 신속하게 결정을 내리고 밀고 나가려는 의지가 부족하다. 그러니 경제적으로 불안한 시기에 사람들은 더 신속하게 결정을 내리지 못할뿐더러 주변의 '집단적 우유부단' 상태로부터 영향까지 받는다.

경기 침체기에 세계는 '두려움 인플루엔자'와 '걱정 염증'이 만연했다. 1929년 월스트리트가 붕괴한 이후 퍼진 이 정신 질환의 유일한 치료제는 신속하고 확고한 결단력이다. 사실상 우리 모두가 복용해야 할 치료제다.

일단 확실한 행동 방침을 따르겠다고 결정하면 상황에 대해 걱정할 필요가 없다. 예전에 나는 두 시간 후면 전기의자에서 사형당할 사람을 면담한 적이 있다. 그는 감방에 있던 사형수 여덟 명 가운데 가장 침착했다. 나는 그에게 "곧 영원의 세상으로 떠날 텐데 기분이 어떠십니까?"라고 물었다. 그는 담담하게 웃으며 대답했다. "괜찮습니다. 생각해보세요, 형제님. 고통이 곧 끝날 겁니다. 제 인생은 온통 고통뿐이었습니다. 먹을 거, 입을 거 구하는 게 고난이었어요. 조금만 지나면 이런 게 필요하지 않겠지요. 얼마 뒤에 틀림없이 죽을 거라는 걸 알고 난 이후부터 줄곧 기분이 좋았습니다. 그때 운명을 기쁜 마음으로 받아들이기로 마음먹었죠."

그는 이야기를 나누면서 3인분은 족히 될 만큼 넉넉한 저녁밥을 먹어치웠다. 마치 더 이상 닥쳐올 재앙은 없다는 듯 제공된 음식을 한입씩 먹으면서 즐기는 모습이었다. 이 사내는 자신의 운명을 받아들이기로 결정했다! 물론 이와 달리 우리는 원치 않는 상황을 받아들이지 않겠다고 결정할 수도 있다.

6가지 두려움이 우유부단함을 거치면 걱정의 상태로 바뀐다. 죽음을 피할 수 없는 사건으로 받아들이겠다고 결정함으로써 죽음에 대한 두려움에서 영원히 벗어나라. 걱정하기보다는 부를 축적하겠다고 결정함으로써 가난에 대한 두려움을 몰아내라. 다른 사람의 생각, 행동, 말에 대해 걱정하지 않겠다고 결정함으로써 비판에 대한 두려움을 제압하라. 나이 드는 것을 불리한 것이 아니라, 젊어서는 알 수 없는 지혜와 자제력, 이해가 덤으로 따르는 축복이라고 받아들여라. 그렇게 결정하면 노화에 대한 두려움이 사라진다. 질병의 증상에 신경쓰지 않겠다고 결정함으로써 질병에 대한 두려움에서 벗어나라. 필요하다면 사랑 없이도 잘 지내겠다고 결정함으로써 실연에 대한 두려움을 극복하라.

삶에서 부딪치는 어떤 것도 걱정할 만한 가치가 없다고 결정함으로써 온갖 형태의 걱정 습관을 없애라. 이렇게 결정하면 평정심과 마음의 평화, 그리고 행복을 가져다주는 평온한 생각이 찾아올 것이다.

마음에 두려움이 가득한 사람은 지혜롭게 행동할 기회를 스스로 파괴할 뿐만 아니라, 만나는 모든 사람의 마음에도 파괴적인 진동을 전달함으로써 그들의 기회까지 파괴한다.

개나 말조차도 주인이 용기 내지 못하는 순간을 알아차린다. 주인이 발산하는 두려움의 진동을 감지하고 알아서 행동한다. 더 지능이 낮은 동물에게도 두려움의 진동을 감지하는 능력이 있다. 꿀벌은 사람의 마음에서 두려움을 곧바로 감지한다. 이유는 알 수 없지만 두려움을 느끼지 않는 사람보다 두려움의 진동을 방출하는 사람이 꿀벌에게 쏘일 가능성이 더 크다. 두려움의 진동은 사람의 목소리가 방송국에서 라디오 수신기로 전달되는 것만큼 빠르고 확실하게 동일한 매개체를 통해

한 마음에서 다른 마음으로 전달된다.

부정적이거나 파괴적인 생각을 말로 표현하는 사람은 파괴적인 결과를 반드시 체험할 것이다. 파괴적인 생각은 방출하면 반동이 일어나 되돌아온다. 우선 파괴적인 성격의 생각을 방출하는 사람은 창조적 상상력이 무너짐에 따라 손해를 입는다는 점을 명심해야 한다. 그리고 마음속에 파괴적인 감정이 존재하면 사람들을 물리치는 부정적인 성격이 형성되어 적을 만든다. 부정적인 생각은 다른 사람에게 피해를 줄 뿐만 아니라, 본인의 잠재의식 속에 자리 잡아 성격의 일부가 된다.

생각은 단지 방출하는 것만으로 끝나지 않는다. **생각이 방출되면 사방으로 퍼져나가는 한편, 이를 방출하는 사람의 잠재의식 속에도 영원히 자리를 잡는다.**

당신은 인생에서 성공하려고 할 것이다. 그러려면 마음의 평화를 찾고, 살면서 필요한 물질을 획득하고, 무엇보다도 행복을 얻어야 한다. 이 모든 성공의 증거는 생각의 발화에서 시작된다.

당신은 자신의 마음을 다스릴 수 있고, 어떤 생각의 발화를 선택하든 키울 힘이 있다. 당신에게는 그것을 건설적으로 사용할 책임이 따른다. 당신은 자기 운명을 결정하는 주인이다. 본인의 환경에 영향을 미치고, 이끌고, 결국에는 다스림으로써 원하는 삶을 창조할 수 있다. 그렇지 않고 원하는 삶을 창조할 특권을 소홀히 한다면 '상황'이라는 망망대해에 던져져 파도 위의 나무토막처럼 이리저리 떠밀릴 것이다.

'부정적 영향'이라는 일곱 번째 악마

    6가지 기본적 두려움 외에도 사람들을 고통스럽게 하는 또 다른 해악이 있다. 이 해악은 실패의 씨앗이 풍성하게 자라는 비옥한 토양인데, 그 존재를 알아차리기가 쉽지 않다. 사실 이 고통은 두려움으로 분류할 수 없다. 6가지 두려움보다 더 깊숙이 자리 잡고 있어서 대개 더 치명적이다. 적절한 이름이 없으니 일단 이 해악을 '부정적인 영향에 대한 취약성'이라고 부르자.

    큰 부를 축적하는 사람은 언제나 이 해악으로부터 자신을 지킨다! 가난에 시달리는 사람은 절대 그렇지 않다! 어떤 직종에서든 간에 성공하는 사람은 틀림없이 악에 저항하겠다고 마음을 다잡는다. **부를 축적할 목적으로 이 책을 읽는다면 자신이 부정적인 영향에 취약한 사람인지 아닌지 꼼꼼하게 판단해야 한다.** 이 과정을 소홀히 한다면 열망하는 대상을 얻을 권리를 스스로 박탈하는 셈이다.

    당신 자신을 철저하게 진단하라. 이어서 제시되는 자기 진단용 질문을 읽고 나서 답안을 작성할 때 스스로를 엄격하게 살펴라. 당신을 기다리며 매복하고 있는 적군을 수색하듯 세심하게 작업을 수행하고 눈앞에 나타난 적군을 처리하듯 결점을 처리하라.

    일곱 번째 해악은 노상강도보다도 막아내기 힘들다. 현실에서 우리는 사법 체계의 조직적인 도움을 받을 수 있으나, 이 해악은 우리가 그 존재를 인식하지 못할 때, 잠들어 있을 때, 그리고 깨어 있는 동안에도 공격하기 때문이다. 더구나 그것은 오로지 마음의 상태여서 눈에 보이지 않는다. 또한 이 해악은 인간의 경험만큼이나 다양한 형태로 공격하므로 위험하다. 때로는 친척이 선의에서 하는 말을 통해 마음에 들어온다. 그런가 하면 당신의 정신에서 생겨나기도 한다. 비록 속도는 빠르지 않아도 언제나 독에 못지않게 치명적이다.

♣ 부정적 영향에서 나를 지키는 법

스스로 만든 부정적인 영향이든, 부정적인 주변 사람들의 행동에 따른 결과든, 당신이 부정적인 영향으로부터 자신을 보호하려면 의지력이 있음을 인식하고 계속 활용해야 한다. 그래서 마음속에 부정적인 영향을 막는 면역의 벽을 쌓아야 한다.

모든 인간은 태생적으로 게으르고 무관심하며 약점을 겨냥한 모든 암시에 취약하다. 사람들은 태생적으로 지금까지 살펴본 6가지 두려움에 취약하다. 그러므로 이 두려움에 대응하는 습관을 기르도록 한다. 부정적인 영향은 흔히 잠재의식을 통해 작용하기에 감지하기 어렵다. 이 점을 인식하고, 어떤 식으로든 당신에게 우울감과 실망감을 주는 사람에 대해서는 마음의 문을 닫아라. 그리고 감기, 몸살, 통증, 상상의 질병을 핑계 삼는 일은 그만두어라.

<u>스스로 생각하고 행동하도록 영향을 주는 사람들을 신중하게 찾아라.</u> 문제가 일어날 것이라고 예상하지 마라. 그렇게 하면 오히려 없던 문제도 생긴다.

모든 인간에게는 공통된 약점이 있다. 다른 이의 부정적인 영향에 마음을 열어두는 습관이다. 대부분의 사람이 그런 약점이 있는 사실조차 모르기 때문에 더욱 위험하다. 설령 안다 해도 약점을 방치하거나 바로잡지 않으면 통제할 수 없는 일상적인 습관으로 자리 잡게 된다.

❖ 나를 잘 알면 답이 보인다

자신을 있는 그대로 보고자 하는 사람을 위해 다음의 질문을 마련했다. 질문을 읽고 큰 소리로 답해보라. 그러면 더 솔직해질 수 있다.

자기 진단용 질문

- "기분이 안 좋다."라며 자주 불평하는 편인가? 그렇다면 원인은 무엇인가?
- 사소한 일을 빌미로 다른 사람을 험담하는가?
- 업무상 실수를 자주 저지르는가? 그렇다면 이유는 무엇인가?
- 대화를 나눌 때 빈정대거나 공격적으로 말하는가?
- 의도적으로 다른 사람과의 관계를 피하는 편인가? 그렇다면 이유는 무엇인가?
- 자주 소화 불량에 걸리는가? 그렇다면 원인은 무엇인가?
- 인생이 무의미하고 미래가 절망적으로 보이는가? 그렇다면 이유는 무엇인가?
- 내 직업이 마음에 드는가? 그렇지 않다면 이유는 무엇인가?
- 자기 연민을 자주 느끼는가? 그렇다면 이유는 무엇인가?
- 나보다 뛰어난 사람들이 부러운가?
- 성공과 실패 가운데 어느 쪽을 더 많이 생각하는가?
- 나이가 들면서 자신감이 올라가는가 아니면 떨어지는가?

- 모든 실수에서 소중한 교훈을 얻는가? 친척이나 지인이 내 걱정을 하면 가만히 내버려두는가? 그렇다면 그 이유는 무엇인가?
- 이따금 '뜬구름 속'에 있는가? 이따금 깊은 낙담에 빠지는가?
- 가장 고무적인 영향을 주는 사람은 누구인가? 그 이유는 무엇인가?
- 부정적이거나 실망스러운 영향을 피할 수 있는데도 견디고 있는가?
- 외모에 신경 쓰지 않는가? 그렇다면 언제, 왜 그런가?
- 고민에 신경 쓸 겨를이 없을 만큼 바쁘게 움직이면서 '문제를 잠재우는' 법을 배웠는가?
- 스스로 생각하지 못하고 다른 사람의 생각을 받아들일 때 스스로 '줏대 없는 사람'이라고 여기는가?
- 내면 관리를 소홀히 해서 성미가 까다롭고 화를 잘 내는 사람이 되었는가?
- 충분히 예방할 수 있었는데도 방치해서 걱정하는 일이 얼마나 많은가? 왜 그런 일을 놔두는가?
- '마음을 가라앉히기 위해' 술이나 마약, 담배에 의존하는가? 그렇다면 왜 그 대신 의지력을 발휘하지 않는가?
- 내게 '잔소리하는' 사람이 있는가? 있다면, 이유는 무엇인가?
- 명확한 중대 목표가 있는가? 있다면 어떤 목표며, 그 목표를 달성하기 위해 어떤 계획을 세웠는가?
- 6가지 두려움 탓에 괴로운가? 그렇다면 어떤 두려움인가?
- 다른 사람의 부정적 영향으로부터 나를 보호할 방법이 있는가? 마

음을 긍정적으로 만들기 위해 자기 암시를 의도적으로 활용하는가?
- 물질적 소유와 생각을 스스로 다스릴 수 있는 특권 가운데 어느 것을 더 중요하게 생각하는가?
- 내 판단과는 다른데도 다른 사람의 영향을 쉽게 받는가?
- 오늘 내 지식이나 마음 상태에 가치 있는 무언가를 더했는가?
- 나를 불행하게 만드는 상황에 직면하는가, 아니면 책임을 회피하는가?
- 모든 실수와 실패를 분석하고 이를 통해 무언가 얻으려고 노력하는가? 아니면 그럴 필요가 없다는 태도를 보이는가?
- 나의 가장 치명적인 약점을 3가지 꼽을 수 있는가? 이를 고치기 위해 무엇을 하고 있는가?
- 다른 사람이 내게 공감을 구하며 고민을 털어놓는가?
- 일상적인 경험이나 교훈, 영향력 중 개인적인 발전에 도움이 되는 것을 선택하는가?
- 대체로 다른 사람들에게 부정적인 영향을 끼치는가?
- 다른 사람들의 어떤 습관 때문에 가장 짜증이 나는가?
- 혼자 힘으로 의견을 정하는가? 아니면 다른 사람의 영향을 받는가?
- 모든 실망스러운 영향으로부터 나를 보호할 수 있는 마음가짐을 길렀는가?
- 내 직업에서 믿음과 희망을 얻는가?
- 모든 형태의 두려움에서 벗어날 만큼 내 영적인 힘이 충분히 강하

다고 생각하는가?
- 종교가 긍정적인 마음가짐을 유지하는 데 도움이 되는가?
- 다른 사람의 걱정을 함께 나누어야 한다는 의무감을 느끼는가? 그렇다면 그 이유는 무엇인가?
- '유유상종'이라고 믿는다면, 내가 끌리는 친구를 눈여겨보고 어떤 사실을 발견했는가?
- 가장 친밀한 관계를 맺고 있는 사람과 내가 경험하는 불행 사이에 어떤 연관성이 있다고 생각하는가?
- 친구라고 생각하는 사람이 실제로는 내 마음에 부정적인 영향을 끼치는 최악의 적일 가능성이 있는가?
- 내게 이로운 사람과 해로운 사람을 어떤 기준으로 판단하는가?
- 친한 동료가 나보다 정신적으로 뛰어난가, 아니면 뒤떨어지는가?
- 하루 24시간 중 직업, 수면, 놀이와 휴식, 유용한 지식의 습득, 시간 낭비의 각 항목에 얼마나 많은 시간을 할애하는가?
- 주변의 지인(나를 가장 격려하는 사람, 가장 많이 주의를 주는 사람, 나를 가장 실망스럽게 하는 사람, 다른 방법으로 가장 많이 도와주는 사람) 중 어떤 사람에게 얼마나 많은 시간을 할애하는가?
- 내 큰 걱정거리는 무엇인가? 왜 그것을 묵인하는가?
- 다른 사람이 내가 원치 않는 조언을 할 때 의심 없이 받아들이는가? 아니면 그 동기를 분석하는가?
- 가장 큰 열망은 무엇인가? 그것을 이루고 싶은가? 이 열망을 위해

- 다른 모든 열망을 기꺼이 뒤로 미룰 수 있는가? 그것을 이루기 위해 매일 얼마나 많은 시간을 투자하는가?
- 마음이 자주 바뀌는가? 그렇다면 이유는 무엇인가? 한번 시작한 일은 대체로 끝까지 마무리하는가?
- 다른 사람의 사업, 직책, 학력, 재산에 쉽게 영향을 받는가? 다른 사람의 생각이나 말에 쉽게 영향을 받는가?
- 사회적 지위나 경제적 지위를 고려해 사람들의 비위를 맞추는가?
- 현존하는 인물 가운데 누구를 가장 위대하다고 생각하는가? 그 사람은 어떤 점에서 나보다 뛰어난가?
- 이 질문들을 검토하고 답하는 데 얼마나 많은 시간을 투자했는가?(보통 전체 목록을 분석하고 답하는 데 최소한 하루는 필요하다.)

이 모든 질문에 솔직하게 답했다면 당신은 자신에 대해 더 많이 알게 되었을 것이다. 질문을 주의 깊게 살펴보고, 몇 달 동안 매주 한 번씩 다시 읽어라. 그러면 질문에 솔직하게 답하는 간단한 방법만으로도 자신을 얼마나 많이 알게 되었는지 깜짝 놀랄 것이다. 답이 확실하지 않은 질문이 있다면 당신을 잘 아는 사람, 특히 당신에게 아부할 이유가 없는 사람에게 조언을 구하라. 다른 이의 눈을 통해 자신을 바라보는 것은 놀라운 경험이다.

스스로 완벽하게 다스릴 수 있는 한 가지

우리가 절대적으로 다스릴 수 있는 건 단 하나, 바로 자기 생각뿐이다. 이는 인간에게 알려진 가장 의미 있고 고무적인 사실이다! 생각을 다스리는 것은 인간의 신성한 본성이다. 그리고 이 신성한 특권은 우리가 자기 운명을 다스릴 수 있는 유일한 수단이다. <u>자신의 마음조차 다스리지 못한다면 다른 무엇도 다스릴 수 없다.</u>

설령 본인이 가진 것에 그다지 관심이 없다 하더라도 무관심의 범위를 물질적인 소유물까지로 제한하라. <u>마음은 영적 재산이다!</u> 고귀한 왕족을 대하듯 조심스럽게 자신의 마음을 보호하고 활용하라. 인간에게 의지력이 있는 건 바로 이 때문이다.

안타깝게도 의도가 있건 없건 간에 부정적인 암시로 다른 사람의 마음에 해를 끼치는 사람을 막을 법적 보호 장치는 없다. 사실 이런 형태의 파괴는 무거운 법정형으로 처벌해야 마땅하다. 물질적인 부를 일구는 합법적인 기회를 잃게 할 수 있으니 말이다.

부정적인 사람들은 "지금껏 그런 기계를 만든 사람이 없으므로 에디슨도 축음기를 만들 수 없을 것이다."라고 말했다. 하지만 에디슨은 그 말을 믿지 않았다. 그는 마음이 구상하고 믿는 것이라면 무엇이든지 만들어낼 수 있다고 믿었으며, 이를 원동력으로 삼아 남들보다 위대해졌다.

부정적인 사람들은 울위스에게 "고작 5센트, 10센트짜리 물건만 팔아서는 파산할 것이다."라고 했다. 그러나 울위스는 그 말을 믿지 않았다. 그는 믿음을 가지고 계획을 밀고 나간다면 합리적인 범위 내에서 무엇이든 가능하다는 사실을 알았다. 결국 다른 사람들의 부정적인 암시로부터 마음을 지켜냄으로써 울워스는 1억 달러가 넘는 재산을 모았다.

부정적인 사람들은 워싱턴에게 "훨씬 더 막강한 영국군을 상대로 이길 수 없다."라고 말했지만, 워싱턴은 믿음이라는 신성한 권리를 행사했다. 그 결과 이 책이 성조기가 휘날리는 땅에서 출판될 수 있었던 반면, 영국군 장군이었던 콘월리스 경의 이름은 사람들의 기억에서 거의 사라졌다.

포드가 디트로이트 거리에서 처음으로 조잡하게 만든 자동차를 시험했을 때 의심병 환자들은 가소롭다는 듯이 비웃었다. 어떤 사람은 "그 물건은 실용화되지 않을 것이다."라고 했다. "아무도 그런 기계를 돈 주고 사지 않을 것이다."라고 말하는 사람도 있었다. 하지만 포드는 "믿음직한 자동차를 타고 지구를 질주할 것이다."라고 말했고, 그의 말은 현실이 되었다! 자신의 판단을 믿겠다는 결정 덕분에 그는 대대손손 쓰고도 남을 만큼 돈을 모았다. 막대한 부를 원하는 사람이라면 기억하라. 포드와 10만 명이 넘는 회사 직원 사이에 차이점은 사실 이것뿐이다. 포드는 자신의 마음을 다스렸지만, 다른 이들은 마음을 다스리려고 노력하지 않았다.

포드가 거듭 언급되는 이유는 그가 마음을 다스리는 의지력으로 무엇을 성취할 수 있는지를 보여준 놀라운 사례여서다. 그가 세운 기록은 "내게는 기회가 없었다."라는 식상한 변명을 뿌리째 뽑아버린다. 포드에게도 기회는 없었다. 하지만 그는 기회를 스스로 창조하고 끈기를 발휘해 엄청난 갑부가 되었다.

마음을 다스리는 능력은 자기 훈련과 습관의 결과물이다. 당신이 마음을 다스리지 않으면 마음이 당신을 다스린다. 타협이란 존재하지 않는다. 마음을 다스리는 가장 실용적인 방법은 확고한 목적과 명확한 계획에 따라 바쁘게 움직이는 습관이다. 주목할 만한 성공을 거둔 사람을 꼼꼼히 살펴보라. 그는 마음을 다스리고, 나아가 그 힘을 명확한 목표를 달성하는 데 사용했을 것이다. 마음을 다스리는 힘이 없다면 성공할 수 없다.

'만일…'이라는 55가지 변명

성공하지 못하는 사람들에게는 공통점이 있다. 그들은 실패하는 이유를 모두 꿰뚫고 있으며, 성과를 거두지 못한 데 대해 빈틈없이 완벽한 변명거리가 있다. 하지만 변명으로는 돈을 벌 수 없다. 세상이 궁금해하는 건 한 가지뿐이다. 당신은 성공했는가?

한 성격 분석가가 '만일 …했다면' 변명을 총정리했다. 이를 읽으면서 그중 당신이 실제로 쓰는 변명을 확인하고 자신을 주의 깊게 점검하라. 이 책에서 제시하는 부의 법칙 앞에서는 더 이상 그 변명이 힘을 쓰지 못하게 하라.

- 딸린 식구가 없다면…

- 누군가 충분히 밀어준다면…
- 돈이 있다면…
- 교육을 잘 받으면…
- 일자리를 구할 수 있으면…
- 건강하다면…
- 시간만 있으면…
- 때를 더 잘 만난다면…
- 다른 사람들이 나를 이해한다면…
- 주변 환경이 달라진다면…
- 다시 태어날 수 있다면…
- 사람들이 뭐라 하든 두렵지 않다면…
- 기회가 있었다면…
- 지금 기회가 생기면…
- 다른 사람들이 못살게 굴지 않으면…
- 내 발목을 잡는 일이 전혀 일어나지 않으면…
- 더 젊다면…
- 원하는 걸 할 수만 있다면…
- 부잣집에서 태어났다면…
- 적임자를 만날 수 있다면…
- 남들처럼 재능이 있다면…
- 자기주장을 할 용기가 있다면…
- 지나간 기회를 잡기만 했다면…
- 사람들이 내 신경을 돋우지 않는다면…

- 집안일과 육아만 아니라면…
- 돈을 좀 저축할 수 있다면…
- 상사의 인정을 받는다면…
- 누군가가 도와준다면…
- 가족이 나를 이해한다면…
- 대도시에 살았다면…
- 시작만이라도 할 수 있다면…
- 자유롭다면…
- 저런 성격이라면…
- 날씬하다면…
- 내 재능을 알아준다면…
- 운이 좋으면…
- 빚만 다 갚으면…
- 실패하지 않았다면…
- 방법만 안다면…
- 모든 사람이 반대하지 않는다면…
- 걱정거리가 그리 많지 않다면…
- 천생연분과 결혼할 수 있다면…
- 사람들이 그리 멍청하지 않다면…
- 우리 가족이 저리 돈을 펑펑 쓰지 않는다면…
- 자신감이 있다면…
- 행운이 내 편이라면…
- 팔자가 좋았다면…

- 운명이 정해져 있는 게 아니라면…
- 그렇게 열심히 일할 필요가 없었다면…
- 돈을 잃지 않았다면…
- 다른 동네에 산다면…
- 과거가 없다면…
- 내 사업체가 있다면…
- 다른 사람들이 내 말에 귀를 기울여준다면…

그리고 가장 큰 변명은 바로 이것이다.

나를 있는 그대로 볼 용기가 있다면, 내게 무엇이 잘못되었는지 깨닫고 바로잡을 수 있다면, 실수에서 무언가를 얻고 다른 사람들의 경험에서 무언가를 배울 기회를 가질 수 있다면, 내 약점을 분석하는 데 더 많은 시간을 보내고 약점을 덮을 구실을 찾느라 시간을 덜 들인다면… 지금쯤 나는 원하던 자리에 있을 것이다.

실패를 해명하느라 변명을 둘러대는 건 온 인류의 취미다. 인류만큼이나 오래된 이 습관은 성공에 치명적이다! 사람들은 왜 변명에 집착할까? 답은 분명하다. 자신이 만든 것이기 때문이다! 변명은 상상의 산물이다. **자신의 창작품을 방어하는 건 인간의 본성이다.**

변명을 만들어내는 건 뿌리 깊은 습관이다. 더구나 자신이 하는 일에 정당성을 부여하는 습관이라면 더더욱 버리기 힘들다. **"최초이자 최고의 승리는 자아를 정복하는 것이다. 자기 자신에게 정복당하는 것**

은 무엇보다 수치스럽고 절대 용납할 수 없는 일이다."라던 플라톤의 말은 이 진리를 염두에 둔 것이었다. 또 다른 철학자는 같은 생각을 이렇게 표현했다. "내가 다른 사람에게서 목격한 추악함이 대부분 내 본성을 반영한 것임을 발견했을 때 몹시 놀랐다."

허버드는 다음처럼 말했다. "사람들이 약점을 감추기 위해 변명을 만들어내고, 의도적으로 자신을 속이기 위해 많은 시간을 소비하는 이유가 내게는 언제나 수수께끼였다. 그 시간을 다르게 사용한다면 약점을 충분히 바로잡을 수 있고 변명 따위는 필요 없을 것이다."

마지막으로 나는 당신에게 이 말을 다시 일깨우고 싶다. "인생은 장기판이고, 맞은편의 상대는 시간이다. 말을 움직이기 전에 망설이거나 혹은 재빨리 움직이지 않으면 상대가 당신의 말을 전멸시킬 것이다. 당신의 상대는 우유부단함을 용납하지 않는다!"

지금까지는 인생에서 자신이 원하는 걸 얻지 못해도 논리적으로 변명할 수 있었을지 모르지만, 그런 변명은 더 이상 통하지 않는다. **이제 삶이라는 풍성한 부의 문을 열 만능열쇠가 당신의 손에 있다.**

이 만능열쇠는 눈에 보이지 않아도 강력하다! 그것은 당신의 마음속에서 확실한 형태의 부를 향한 불타는 열망을 창조하는 특권이다. 열쇠를 사용하는 데 따르는 불이익은 없다. 하지만 열쇠를 사용하지 않으면 대가를 치러야 한다. 그 대가란 실패. 열쇠를 사용하면 엄청난 보상이 따른다. 바로 자아를 정복하고 인생으로부터 원하는 대가를 받아내는 모든 이에게 찾아오는 만족감이다. 노력할 만한 가치가 충분히 있는 보상이다. 당신도 확인해보겠는가?

불멸의 에머슨은 "인연이 있다면 우리는 반드시 만날 것이다."라고 말했다. 맺음말로 그의 생각을 빌려 이렇게 말하고 싶다.

인연이 있었기에 당신과 내가 이 책을 통해 만난 것이다.

마치는 말

　당신을 지원하는 상비군이 명성, 재산, 마음의 평화, 인생에서 원하는 모든 것을 가져다줄 것이다!

　마음속에서 당신은 지구상에서 가장 '강력한' 군대를 볼 수 있다. 강력하다는 단어가 강조된 것을 주목하라. 이 군대가 명령자의 명령을 수행할 태세를 갖추고 차렷 자세로 서 있다. 당신이 이 군대를 지휘한다면 그것은 당신의 군대다.

　이 군대의 병사들에게는 이름표가 붙어 있다. 마스터 마인드, 명확한 핵심 목표, 자신감, 저축 습관, 주도성, 리더십, 상상력, 열정, 자제력, 받은 것 이상의 일을 해내는 습관, 호감 가는 성격, 정확한 사고, 집중력, 협력, 실패, 관용, 황금률. 이것들은 위대한 미국인 500명과 유명한 리더들의 삶을 장기간 연구한 결과, 지속적이고 진정한 성공의 법칙임이 입증되었다.

　힘은 조직적인 노력에서 나온다. 이 병사들에게는 그런 힘이 있다. 이 13가지 힘 혹은 개인적 자질을 완전히 정복하면 당신은 인생에서 부를 성취할 수 있다.

옮긴이 이미숙

계명대학교 영어영문학과를 졸업하고 동대학원 영어영문학과 석사학위를 취득하였으며, 한국외국어대학교 통번역대학원에서 수학했다. 현재 번역 에이전시 엔터스코리아에서 출판기획 및 전문 번역가로 활동하고 있다. 옮긴 책으로는 『제임스 앨런 운의 법칙』(공역), 『데일 카네기 인간관계론』, 『데일 카네기의 주도권 수업』, 『부자의 공리』 등이 있다.

아포리아 11

나폴레온 힐 부의 법칙

1판 1쇄 인쇄 2025년 7월 30일
1판 1쇄 발행 2025년 8월 27일

지은이 나폴레온 힐
옮긴이 이미숙
펴낸이 김영곤
펴낸곳 (주)북이십일 21세기북스

정보개발팀장 이리현 **정보개발팀** 이수정 김민혜 현미나 이지윤 양지원
외주편집 눈씨 **디자인 표지 본문** STUDIO 보글 **조판** 푸른나무디자인
마케팅 김설아
영업팀 정지은 한충희 장철용 강경남 황성진 김도연 이민재
해외기획실 최연순 소은선 홍희정
제작팀 이영민 권경민

출판등록 2000년 5월 6일 제406-2003-061호
주소 (10881) 경기도 파주시 회동길 201(문발동)
대표전화 031-955-2100 **팩스** 031-955-2151 **이메일** book21@book21.co.kr

ⓒ 나폴레온 힐, 2025
ISBN 979-11-7357-431-3 04190
    979-11-7357-428-3 04190(세트)
KI신서 13721

(주)북이십일 경계를 허무는 콘텐츠 리더

21세기북스 채널에서 도서 정보와 다양한 영상자료, 이벤트를 만나세요!
페이스북 facebook.com/21cbooks   블로그 blog.naver.com/21c_editors
인스타그램 instagram.com/jiinpill21   홈페이지 www.book21.com   유튜브 youtube.com/book21pub

책값은 뒤표지에 있습니다.
이 책 내용의 일부 또는 전부를 재사용하려면 반드시 (주)북이십일의 동의를 얻어야 합니다.
잘못 만들어진 책은 구입하신 서점에서 교환해드립니다.

일상에서 마주친 사유의 정거장

아포리아는 '해결하기 어려운 난제'를 뜻하는 그리스어로,
사유의 지평을 넓혀줄 '새로운 클래식'입니다.
지금까지와는 다른 삶 속으로 나아갈 우리가 탐구해야 할 지식과 지혜를 펴냅니다.

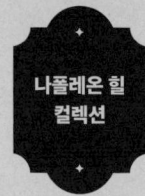

나폴레온 힐 컬렉션

01 나폴레온 힐 기적은 당신 안에 있다
내 안의 무한한 힘을 깨우는 13가지 지혜

"당신의 운명을 결정하는 것은 당신의 생각뿐이다"
두려움과 한계를 뛰어넘는 사고의 전환법을 담은 자기계발 필독서

나폴레온 힐 지음, 최지숙 옮김 | 256쪽(양장) | 20,000원

02 나폴레온 힐 90일 자기 경영
인생의 주도권을 잡고 매일 성취하라

"끝까지 해낸 사람들은 무엇이 다를까?"
성공을 자석처럼 끌어당기는 90일 프로그램

돈 그린·나폴레온 힐 재단 지음, 도지영 옮김 | 432쪽(양장) | 25,000원

03 나폴레온 힐 부의 법칙
세계 단 1%만 아는 부를 축적하는 13가지 법칙

"강렬히 열망하는 자만이 부를 얻는다!"
20세기 최고의 자기계발 유산. 수많은 억만장자와 역사가 증명한 부의 바이블

나폴레온 힐 지음, 이미숙 옮김 | 320쪽(양장) | 22,000원

04 나폴레온 힐 성공의 법칙 1
성공의 무한한 잠재력을 깨우는 15가지 법칙

"오직 확신하는 자가 성공을 이룬다!"
세기의 부를 이룬 앤드루 카네기부터 존 록펠러까지 25년간 집대성한 위대한 성공학 바이블 1편

나폴레온 힐 지음, 박선령 옮김 | 448쪽(양장) | 25,000원

05 나폴레온 힐 성공의 법칙 2
성공의 무한한 잠재력을 깨우는 15가지 법칙

"100년간 증명된 성공의 황금률을 만나라!"
앤드루 카네기의 유산에서 시작된 25년간 집대성한 위대한 성공학 바이블 2편

나폴레온 힐 지음, 김보미 옮김 | 384쪽(양장) | 23,000원